KB068019

언어의 역사

A LITTLE BOOK of LANGUAGE

말과 글에 관한 궁금증을 풀다

언어의 역사

데이비드 크리스털 지음 | 서순승 옮김

| 추천의 말 |

탁월하다. 〈타임스〉

경쾌하다……. 이 책은 음성학, 언어의 변천, 사회적 용례, 인터넷, 위기 언어, 문학어 등 언어의 모든 것을 다루는 소박한 이야기다. 〈인디펜던트〉

데이비드 크리스털은 매력적인 여행안내자다……. 그는 인터넷 시대에 언어가 변화하는 양상을 두고 불평을 토로하기보다는 오히려 기대에 찬 흥분을 감추지 않는다. 〈보스턴 글로브〉

언어의 신비와 가변성을 두고 벌이는 한바탕 신나는 놀이…… 이 주제에 관심 있는 모든 사람을 위한 완벽한 입문서다. 〈퍼블리셔스 위클리〉

기발한 착상…… 늘 책 속에 코를 박고 사는 어린아이에게 멋진 선물이 될 것이다. 이 책은 아이들이 한 걸음 물러나 아주 새롭고, 어쩌면 삶을 바꾸는 방식으로 언어에 대해 깊이 생각하게끔 독려할 것이다.

〈굿 북 가이드〉

이 책은 팔색조 같은 언어에 바치는 찬사다……. 늘 새로운 모습을 보여주면서 우리로 하여금 진지하게 생각하도록 만든다. 〈시애틀 타임스〉

언어와, 언어의 발전으로 안내하는 즐거운 책이다. 〈북셀러〉

독자로 하여금 진지하게 생각하게 만든다…… 상쾌한 신선함으로. 2주일에 하나꼴로 언어가 사라져가는 현재 상황에서 출판계에 이보다 더 시의적절하고 반가운 소식이 어디 있으랴. 데이비드 크리스털은 아주 매혹적인 방식으로 갓난아기의 첫소리부터 종종 이해하기 힘든 문자메시지 언어에 이르기까지 자유자재로 넘나든다. 〈버밍엄 포스트〉

다채로운 모습의 언어를 자유자재로 다루는 장인, 데이비드 크리스털은 그의 눈길이 닿는 곳마다 신선함과 생동감을 불어넣는다…… 경고 한마디 : 단번에 끝내고 싶다는 충동을 억누를 수 없다면 아예 처음부터 책장을 뒤적이며 대충 훑어보겠다는 시도 자체를 하지 마시길. 너무나 매혹적인 작품이다. 「Who Do You Think You Are?」(BBC TV 프로그램)

이 멋진 책에서 전문 언어학자 데이비드 크리스털은 언어가 유용되거나 오용되는 방식을 탐색한다. 〈트리뷴〉

데이비드 크리스털은 언어라는 토대에 특유의 기발한 통찰력을 가미하여 작지만 깔끔한 하나의 패키지를 완성한다. 〈시드 매거진〉

| 차례 |

● 일러두기

1. 본문에 나오는 각주는 모두 옮긴이가 독자들의 이해를 돕기 위해 달았습니다.
2. 원어는 괄호 안에 병기하는 것을 원칙으로 삼되 경우에 따라 소괄호가 중복되는 경우 대괄호를 사용하여 의미를 분명하게 전달하고자 했습니다.
3. 원서에서 이탤릭체로 표기한 부분은 그대로 따랐습니다.
4. 일반적인 책명에는 '『 』'를, 작품명이나 방송 프로그램, 영화 제목에는 '「 」'를, 정기간행물(잡지 등)에는 '〈 〉'를 붙였습니다.

CHAPTER 1

베이비 토크

우리는 종종 언어로 바보짓을 한다. 갓난아기 앞에서가 대표적인 경우다. 그렇다면 어떻게 언어로 바보짓을 할까?

아기에게 말을 거는 것이다.

아기를 보면 누구나 '안녕', '이름이 뭐니?' 혹은 '어쩜 이리도 귀여울까!' 등과 같은 말을 건넨다.

왜 이런 말을 하는 걸까? 분명 아기는 아직 어떤 언어도 배우지 않았다. 따라서 다른 사람의 말을 한마디도 이해하지 못한다. 그런데도 우리는 마치 아기가 알아듣는 양 말을 건넨다.

갓난아기와 맨 처음 대화를 트는 사람은 보통 산모다. 다음 예문은 아기가 태어난 지 불과 몇 분이 지난 뒤 엄마가 건넨 말을 녹취한 것이다.

오 아가야 귀여워라, 아가야 귀여워라, 아가야, 아가야, 아가야, 오 그래 아가야…… 안녕…… 안녕…… 어쩜 이리도 예쁠까(Oh you are gorgeous, you are gorgeous, you are, you are, you are, oh yes you are… hello… hello… aren't you beautiful)…….

아기 엄마는 갓 태어난 아기를 안고 꽤 한참 동안 이렇게 했다. 그러는 동안 아기는 아무런 반응도 보이지 않았다. 울음소리는 그쳤고 두 눈까지 감겼다. 그래도 엄마는 개의치 않았다. 아기에게 철저히 무시당하면서도 엄마는 계속 말을 걸고 있었다.

가만히 들어보니 말하는 방식이 아주 독특하고 재미있었다. 정확하지는 않지만 그녀의 목소리를 글자로 옮겨보면 대략 다음과 같다.

오(Oh)
오(h)
오(h)
아가(you)
야(are)
귀여워라(gorgeous)
아가(you)
야(are)……

처음에 고음으로 시작된 목소리는 뒤로 갈수록 점차 낮아졌다. 마치 노래를 부르는 것만 같았다. '안녕(hello)'이라는 대목에서 목소리가 다시 올라갔다. 더군다나 그녀는 이 단어를 '안녀-엉(helll-loh)' 하는 식으로 길게 늘여 발음했다. '어쩜 이리도 예쁠까'에서 다시 고음으로 바뀌었는데, 마치 아기에게 동의를 구하는 것처럼 들렸다.

글을 통해서는 볼 수 없지만, 아기에게 말을 건네는 내내 엄마의 두 입술은 마치 누군가에게 키스를 보내기라도 하듯 동그랗게 말려 올라갔다. 입술을 앞으로 최대한 내밀고 '우리 아가, 어쩜 이리도 예쁠까(Aren't you a lovely little baby then)?'라고 말하면서 자신의 목소리를 가만히 들어보라. 흔히들 베이비 토크(baby-talk)라고 부르는 것이 바로 그런 소리다.

베이비 토크의 중요한 특징 중 하나는 입술을 둥글게 오므리는 것이다. 그렇게 해야 목소리에 과장된 멜로디가 실린다. 엄마가 아기에게 말을 건네는 방식의 또 다른 특징은 다음 예문처럼 같은 표현을 여러 번 반복하는 것이다.

> 오 아가야 귀여워라, 아가야 귀여워라, 아가야, 아가야, 아가야
>
> (Oh you are gorgeous, you are gorgeous, you are, you are, you are).

이런 표현법은 아주 특수하다고 할 수 있다. 누군가에게 다가가 같은 말을 연이어 세 차례나 반복한다고 생각해보라. 거리에서 친구를 마주쳤을 때 다음과 같이 말하는 사람은 아무도 없을 것이다.

안녕 존, 안녕 존, 안녕 존. 쇼핑 가니? 쇼핑 가니? 쇼핑 가니(Hi John, hi John, hi John. Coming to the shop? Coming to the shop? Coming to the shop)?

계속 이런 식이라면 정신병원에 보내질지도 모른다. 그렇지만 아기에게 이렇게 말한다고 이상하게 생각하는 사람은 아무도 없다.

이 엄마는 왜 그랬을까? 우리는 대부분 갓난아기에게 왜 이런 식으로 접근할까?

먼저 엄마의 관점에서 생각해보자. 엄마는 아기를 사랑하고, 아기에게 그런 사실을 알려주고 싶다. 하지만 그게 전부는 아니다. 아기가 자기 말에 대답해주기를, 다시 말해 어떤 식으로든 반응해주기를 바라는 것이다. 유감스럽게도 아기는 아직 말을 할 수 없다. 하지만 엄마는 이렇게 생각한다. '혹시 나를 바라보게 만들 수는 없을까? 이 세상에서 맨 처음으로 나를…… 혹시 아기의 관심을 끌어낼 수는 없을까?'

평범한 말이나 표현으로, 혹은 가만히 있어서는 다른 사람의 주의를 끌 수 없다. 고함을 지르거나 휘파람을 부는 것도 그 때문이다. 우리는 '헤이 프레드! 이쪽이야! 유-후(Hey, Fred! Over here! Yooo-hooo)~'와 같이 뭔가 두드러지도록 평범하지 않게 표현한다. '유-후~'라니, 참으로 괴상한 표현이지 않은가! 하지만 길 건너편에서 걷고 있는 누군가가 자신을 알아채길 바랄 때 흔히 그렇게 소리친다.

아기의 주의를 끌고 싶을 때도 우리는 특이한 소리를 낸다. 평범한 표현이나 방법으로는 잘 먹혀들지 않기 때문이다. 신생아들과 나눈 대화를 녹취하여 무수히 들어보았지만 다음과 같은 식의 딱딱한 어조로 말을 건네는 사람은 아무도 없었다.

> 안녕. 나는 너의 엄마란다. 이곳은 병원이야. 저분은 산파 아주머니이고. 너는 지금 침대에 누워 있어. 너의 이름은 메리야(Good morning. I am your mother. This is a hospital. That is a midwife. Here is a bed. Your name is Mary)…….

위의 예문은 좀 더 자란 아이에게 씀직한 말이다. 베이비 토크보다 더 사무적이고 정보도 더 많이 담고 있다. 마치 교사의 말투 같다. 두 살배기에게라면 '조심해, 그건 뜨거운 물이 나오는 꼭지야. 찬물은 그 옆 꼭지를……' 하는 표현도 가능하다. 하지만 우리는 갓난아기에게 그런 식으로 말하지 않는다.

이번에는 아기의 관점에서 생각해보자. 당신은 지금 막 이 세상에 도착했으며, 주위에서 온갖 일이 벌어지고 있다. 엄마의 배속에서 밖으로 나오는 일이 결코 즐거운 경험은 아니었으며, 그 때문에 많이 울기도 했다. 하지만 이제는 평온을 되찾았다. 따뜻하고 편안하다는 느낌이 든다. 그런데 누군가가 당신에게 난생처음 말을 건다. 무슨 말인지 도통 모르겠다. 하지만 잠깐! 혹시 들을 만한 가치가 있지 않을까? '이곳은 병원이야. 저분은 산파 아주머니이고. 너는 지금 침대에 누워 있어' 하는 무미건조하고 딱딱한 어조의 말이 들려온다면, 당신은 아마도 지금 막 도착한 이 새로운 세상이 엄청 지루하고 따분한 곳이라는 결론을 내리고 떠나온 곳으로 다시 돌아가고 싶은 마음이 들지도 모른다. 그와 달리 '우리 아가, 어쩜 이리도 예쁠까!'라는 말이 높낮이가 있는 목소리를 타고 음악의 멜로디처럼 귀를 간질이며 여러 차례 반복해 들려온다면, 당신은 틀림없이 이 새로운 세상이 상당히 재미있는 곳일 거라는 기대를 품게 된다. '그렇다면 눈을 뜨고 직접 확인해 봐야지. 아니, 이건 또 뭐야? 아주 재미있는 모양을 한 입술이잖아! 이 사람은 대체 누구지? 꽤 상냥해 보이는데.'

베이비 토크는 주변 사람들, 그중에서도 특히 엄마가 아기와 강한 유대감을 발전시키는 방법 중 하나다. 아기에게 이것은 언어 발달의 초석이기도 하다. 이런 식으로 말을 걸어 우리는 자연스럽게 아기에게 모국어를, 혹은 아기의 가족이 두 가지 이상의 언어를 쓴다면 당연히 모국어들을 가르치기 시작한다. 문장을 반복해서 그 문장이 아기의 뇌에 각인되도록 만듦으로써 우리는 무의식적으로 아기의 언어 학습 과정을 촉발한다. 외국어를 배우기 시작할 때 사람들은 말문을 틔우려면 어떤 과정이 필요한지를 잘 안다. 그 언어를 잘 아는 사람으로부터 일상 언어를 크고 분명한 목소리로 반복해 들어야 한다. 아기의 경우도 마찬가지다. 동일한 소리와 낱말, 그리고 문장 패턴을 반복해 들으면서 아기는 곧 언어에 능숙해진다.

하지만 '곧'이라면 구체적으로 언제를 말하는가? 아기가 말을 배우기까지는 시간이 얼마나 걸릴까? 그리고 아기는 모국어의 어떤 부분을 제일 먼저 배울까?

아기, 앵무새, 그리고 쾅

우리는 아기에게 베이비 토크를 한다. 그런데 이외에도 베이비 토크를 하는 두 경우가 있다.

하나는 동물에게 말을 걸 때다. 애완동물에게 하는 말을 주의 깊게 들어보면 우리가 갓난아기에게 쓰는 말투와 아주 흡사하다는 걸 알 수 있다. 사실 이 경우가 훨씬 더 이상할 수도 있다. 그런데도 사람들은 무의식적으로 그렇게 한다. 한번은 어머니가 앵무새에게 하는 말을 녹음해두었다가 나중에 들려드린 적이 있다. 어머니는 당신이 그처럼 이상한 소리를 냈다는 걸 깨닫곤 깜짝 놀라셨다. 물론 그 앵무새는 그렇게 생각하지 않았겠지만.

그렇다면 또 다른 경우는? 친한 친구를 놀릴 때 우리는 어린애 취급을 하기도 한다. 문을 닫다가 손가락을 쾅하고 찧었다고 해보자. 당신은 다친 손가락을 나머지 손으로 감싸며 "아야, 아파 죽겠네!"라고 소리친다. 그러면서 동정을 구하는 눈빛으로 친구를 바라본다. 그런데 웬걸, 그 친구는 당신이 별일도 아닌데 괜히 호들갑을 떤다고 생각해 이렇게 응수하는 게 아닌가. "이걸 어쩜 좋아. 예쁜 우리 강아지 손가락 다쳤구나, 응?" 물론 이런 경우 당신은 한동안 그 친구를 멀리할지도 모른다.

CHAPTER 2

울음소리에서 말로

첫돌 이전의 아기들이 내는 소리를 듣고 연구해보면 흥미로운 사실이 드러난다. 이를 통해 우리는 언어에 대해 많은 것을 배울 수 있다.

태어난 지 한 달쯤 지난 아기는 결코 언어라고 할 수 없는 이상한 소리를 낸다. 이 무렵에는 말을 하는 것이 아니라 그저 소리를 조합할 뿐이다. 다시 말해 목소리를 사용하여 가장 기본적인 욕구를 전달하는 것이다.

편의상 이들 소리를 뭉뚱그려 '울음소리(crying)'라고 하자. 그런데 울음소리도 상황에 따라 차이가 있다. 배가 고프다는 울음(hunger cry)을 문자로 옮겨보면 대략 다음과 같다.

으(w) 으(w) 으(w) 으(w)

아(a) 아(a) 아(a) 아(a)

아(a) 아(a) 아(a) 아(a)

아(a) 아(a) 아(a) 아(a)

각각의 '으아아(waa)' 소리는 아주 짧으며, 사이마다 짧은 휴지(休止)가 있다.

아기가 아플 때 지르는 소리는 이것과 금세 구별된다. 고통을 호소하는 울음(pain cry)을 문자로 옮겨보면 대략 다음과 같다.

으(w)

아(a)

아(a) 으(w)

아(a) 아(a)

아(a) 아(a) 으(w)

아(a) 아(a) 아(a) 으(w)

아(a) 아(a) 아(a) 아(a)

아(a) 아(a) 아(a) 아(a)

이 울음은 마치 높은 음의 목소리가 한꺼번에 폭발하듯 터져 나왔다가 갈수록 점점 더 짧아지고 낮아진다. 누군가가 아기를 안고 달래주면 울음소리는 멎는다. 안고 달래지 않으면 아기의 욕구가 충족될 때까지 같은 패턴이 계속 반복된다.

아기가 만족하면? 마치 옹알이를 하는 것처럼 목소리가 한결 잦아들며 편안해진다. 이때의 소리는 일반적으로 '기쁨의 울음(pleasure cry)'이라 불린다.

이 대목에서 한 가지 의문이 떠오른다. 아기의 모습은 볼 수 없고 오직 울음소리만 들려온다면, 이 아기가 현재 어떤 언어에 노출되어 있는지 구별할 수 있을까? 예를 들어 아기가 영어, 프랑스어, 혹은 중국어로 울고 있다고 말할 수 있을까? 대답은 '아니요'다. 태어난 지 한 달쯤 된 아기는 세계 어느 곳에서나 똑같은 소리를 낸다. 많은 학자들이 실험을 통해 이런 사실을 입증했다. 그들은 전 세계 곳곳의 아기를 대상으로 배고픔의 울음, 고통의 울음, 그리고 기쁨의 울음을 녹음하여 뒤섞은 다음, 조사에 참가한 사람들에게 "영국 아기를 구별할 수 있습니까?"라고 질문했다. 대답은 "아니요"였다. "그렇다면 프랑스 아기는요?" 역시 대답은 "아니요"였다. "그렇다면 중국 아기는요?" 이번에도 당연히 대답은 "아니요"였다.

하지만 그로부터 1년만 지나면 아기들은 영어, 프랑스어, 중국어 등 자신의 모국어로 각각 말하게 된다. 실제로 첫돌 즈음부터는 몇 마디씩 말하기 시작한다. 그렇다면 아기의 목소리에서 모국어의 뉘앙스가 묻어나는 것은 정확히 언제부터인가? 첫돌이 되기 전 1년 동안 아기를 관찰하며 확인해보자.

태어난 지 대략 3개월까지는 아기의 울음소리에서 별다른 변화를 감지할 수 없다. 그런데 그 시점이 지나면서 뭔가 새로운 일이 일어난다. 눈으로 직접 확인할 수 있는 변화다. 입술을 움직이면서 동시에 입으로 소리를 만들어내기 시작하는 것이다. '오(oo)~', 혹은 추위로 몸을 떨 때 자연스럽게 내뱉는 '부르르(brr)'와 같은 소리가 아기의 입을 타고 흘러나온다. 입 뒤쪽에서 나오는 목 울림소리(gurgle)도 보다 구체적이고 의도적으로 변한다. 이런 소리를 글자로 정확히 나타내기는 불가능하지만 그중 상당수는 마치 아기가 '구(goo)~' 혹은 '쿠(coo)~'라고 말하는 것처럼 들린다. 이 단계를 흔히 '쿠잉(cooing)'이라 부르는 것도 같은 이유에서다. 부모로서 가장 즐거운 시기가 바로 이 무렵이다. 아기가 처음으로 뭔가를 말하려 애쓰고 있다는 인상을 받기 때문이다.

그렇다면 영어 쿠잉, 프랑스어 쿠잉, 그리고 중국어 쿠잉이 따로 존재할까? 아니다. 언어 배경이 각각 달라도 태어난 지 3개월쯤 된 아기는 여전히 동일한 소리를 낸다.

이때부터 또 3개월이 지나면 아기는 이제 훨씬 더 통제된 방식으로 발음하려고 애쓰기 시작한다. 이 단계에 이르면 우리가 인식할 수 있다. 그중 상당수는 평소 우리 주변에서 사용하는 언어처럼 들린다. 아기는 특히 두 입술을 단단하게 모은 다음 갑자기 열어젖힘으로써 '바(ba)', '파(pa)' 혹은 '마(ma)'와 같은 소리를 낸다. 이러한 소리를 내거나 들으면 기분이 좋아지기 때문에 아기는 같은 소리를 계속 반복하게 된다. 아기가 의식적으로 이런 소리를 '바 바 바 바(ba ba ba ba)', '파 파 파 파(pa pa pa pa)', 혹은 '마 마 마 마(ma ma ma ma)' 하며 수차례 반복하는 경우 우리는 6개월 된 아기가 내는 소리를 비슷하게 흉내낼 수 있다. 이런 단계를 흔히 '배블링(babbling)' 혹은 옹알이라고 부른다.

아기는 생후 6개월에서 9개월 사이에 옹알이를 한다. 이 시기에 꽤 많은 소리를 시도한다. 우리는 '나 나 나(na na na)', '다 다 다(da da da)'는 물론 '부 부 부(bu bu bu)'나 '데 데 데(de de de)'와 같은 더욱 다양하게 조합된 갖가지 소리도 들을 수 있다. 이 시기는 언어 발달에서 아주 중요한 단계다. 마치 아기가 언어 연습을 하는 것 같다. 아기가 이렇게 생각한다고 상상할 수도 있지 않을까? '혀끝을 최대한 높이 말아 올린 다음 입천장에 몇 차례 힘껏 부딪쳐보면 어떨까? 소리가 듣기 좋은데. 이번에는 두 입술을 크게 부딪쳐볼까? 굉장해!'

이런 과정을 거치면서 아기는 자신이 내는 특정한 소리에 주위의 어른들이 흥분한다는 사실을 깨닫는다. '두 입술을 부딪쳐 내는 마-마-마-마(ma-ma-ma-ma)는 내게 젖을 주는 마음씨 좋은 아주머니를 특히 기쁘게 만든다. 그리고 다-다-다-다(da-da-da-da)는 나를 안고 아래위로 흔들어주는 굵은 목소리의 남자에게 강한 인상을 주는 듯하다. 그중 무엇보다 흥미로운 것은 내가 어떤 소리를 내면 그들도 똑같이 따라 한다는 사실이다. 아주 재미있는 놀이다. 그러니 계속할 수밖에!'

부모야 당연히 흥분한다. 영어를 포함한 여러 언어에서 '마-마-마(ma-ma-ma)'라는 소리는 '엄마(mummy)'에 해당하는 단어와 유사하게 들리고, '다-다-다(da-da-da)'라는 소리는 '아빠(daddy)'에 해당하는 단어와 유사하게 들린다. 그런 까닭에 부모는 아기가 드디어 자신들을 알아보고 불러준다고 생각하게 된다. 하지만 사실은 그렇지 않다. 아기는 그저 그 자체를 위해 소리를 만들어낸 것이다. 그중 어떤 것이 실제 단어와 비슷하게 들린다 해도 그것은 순전히 우연의 일치일 뿐이다. 영어를 배워나가는 아기가 '마-마(ma-ma)'라는 소리에 실제적인 의미가 담겨 있다는 사실을 깨닫기까지는 몇 달이 더 걸린다.

아기가 자신의 말을 이해하지 못한다는 것을 어떻게 알 수 있을까? 그건 엄마가 곁에 있건 없건 온갖 상황에서 '마-마-마(ma-ma-ma)'라는 소리를 동일하게 내뱉기 때문이다. 특정 외국어의 한 단어, 이를테면 프랑스어의 '포르트(porte)'를 배운다고 가정해보자. 이 단어는 '문(door)'을 뜻한다. 그런데 만약 누군가가 고양이나 사과 혹은 침대를 보고 '포르트(porte)'라고 부르는 것을 목격하거나 듣게 된다면 우리는 곧 그 혹은 그녀가 '포르트(porte)'라는 단어의 의미를 알지 못한다고 생각한다. 문과 마주치는 상황에서만 이 단어를 사용하는 경우라야 우리는 '포르트(porte)'의 의미를 제대로 익혔다고 말할 수 있다. 아기의 경우도 다르지 않다. 머지않아 아기도 영어에서 '마마(mama)'란 '엄마(mother)'에 관해 말하거나 엄마를 부를 때 사용하는 소리라는 사실을 배우게 된다. 하지만 생후 6개월 무렵에는 아직 그런 단계까지 이르지 못한다.

여기서 또 3개월이 흐르면 언어 발달에서 아주 중요한 사건이 발생한다. 앞서 배블링 단계를 언급하면서 빠뜨린 사실 하나가 있는데, 다름 아니라 모든 소리가 제멋대로 또는 비체계적으로 나온다는 점이다. '바-바-바-바(ba-ba-ba-ba)'라는 소리의 경우 실제로는 맨 처음의 '바(ba)'만 강하고 비교적 또렷하게 발음될 뿐 뒷부분은 일관성도 없이 그저 어물어물 넘어간다. 그 때문에 연속된 전체 소리가 특정한 형태를 갖지 못한다. 하지만 생후 9개월 무렵이 되면 우리는 처음으로 '바-바(ba-ba)'와 같이 형태를 지닌(다시 말해 특정한 틀을 갖춘) 연속된 소리를 들을 수 있다. 아기가 비로소 실제 단어와 유사하게 발음하기 시작하는 것이다. 어떻게 이런 일이 가능할까?

이 무렵부터 아기가 언어의 가장 중요한 두 가지 특징인 리듬(rhythm)과 억양(intonation)을 배우기 때문이다. 억양 문제는 잠시 뒤로 미루고 먼저 리듬에 관해 살펴보자. 리듬이란 언어가 갖고 있는 '박자(beat)'다. 예를 들어 영어와 같은 언어에서는 한 문장을 큰 소리로 읽어나가면서 된소리(즉 강세가 있는 부분)가 들릴 때마다 손뼉을 칠 경우 박자를 확인할 수 있다. 예를 들어보자.

I think it's time we went to town.

이 문장에서는 'think', 'time', 'went', 'town'에 강세 혹은 강박(strong beat)이 온다. 그리고 문장의 리듬은 전체적으로 'te-tum-te-tum-te-tum-te-tum' 형식이다.

오늘날의 영어에서는 이런 형태의 리듬이 전형적이다. 예를 들어 많은 시에서 이런 리듬이 확인되며, 동요에서도 널리 사용된다.

The grand old Duke of York(늙었지만 위대한 요크 공작은)

He had ten thousand men(1만 명의 수하를 거느렸다네).

이 영국 동요에서는 'te-tum-te-tum-te-tum' 형식이 반복된다. 그리고 이 형식은 윌리엄 셰익스피어(William Shakespeare)가 즐겨 사용한 운율이다. 그의 연극에서 주인공들이 사용하는 가장 주된 리듬이 바로 이 형식이다.

하지만 이것이 모든 언어에서 사용되는 리듬은 아니다. 프랑스인은 자신들의 언어를 이런 식으로 말하지 않는다. 그들의 음성언어는 오히려 'rat-a-tat-a-tat-a-tat' 형식과 유사하게 들린다. 그리고 다시 중국인의 음성언어는 이들 두 언어의 경우와 전혀 다르다. 중국인이 말하는 것을 듣고 영국인은 종종 그들의 언어 행위를 '노래하듯 가락을 넣어 말하기(sing-song)'라고 묘사한다.

생후 9개월 무렵부터 아기는 현재 습득하고 있는 언어의 리듬을 반영하여 자신의 음성언어에 약간씩 박자를 부여하기 시작한다. 영국 아기의 음성언어는 'te-tum-te-tum' 형식과 유사하게 들리기 시작하고, 프랑스 아기의 음성언어는 'rat-a-tat-a-tat' 형식과 유사하게 들리기 시작한다. 그리고 중국 아기의 음성언어는 마치 노래를 부르는 것처럼 들리기 시작한다. 물론 그들의 음성언어는 아직 충분한 길이를 갖지 못한다. 이 시기의 아기는 엄마에게 'I think it's time we went to town'이라고 말하거나 'The Grand Old Duke of York'를 암송하지는 않는다. 하지만 그들은 분명 '마마(mama)' 혹은 '다다(dada)'와 같은 짧은 음성언어를 명확히 표현하려고 *애쓴다*. 그리고 그들이 내뱉는 소리는 실제 낱말과 아주 유사하게 들리기 시작한다. 그들의 음성언어는 아직 분명한 의미를 담아내지 못하지만 이전보다 훨씬 더 분명하고 체계적으로 발음된다. 진정한 언어를 구사할 순간이 다가온다는 것을 우리는 느낄 수 있다.

앞서 잠깐 언급했던 언어의 또 다른 중요 특징인 억양도 이런 느낌에 크게 일조한다. 억양이란 한 언어의 멜로디 혹은 음악이다. 즉 우리가 말할 때 우리의 목소리가 오르내리는 방식을 의미한다. 누군가에게 비가 오고 있다고 말할 때 우리는 그 사실을 어떤 식으로 전달할까?

It's raining, isn't it!(혹은 어쩌면 'innit')

이 경우 우리는 특정한 상황을 *알리고 있다(telling)*. 따라서 우리는 말에 '알림조' 멜로디를 담는다. 마치 현재 말하고 있는 내용을 잘 알고 있는 것처럼 우리의 목소리는 위에서 아래로 내려간다. 우리는 진술을 하고 있는 것이다. 반면 비가 내리는지 전혀 모른*다*고 가정해보자. 이 경우 우리는 혹시 그럴지도 모른다고 추측하기 때문에 누군가에게 사실 여부를 확인하라고 요구한다. 앞의 예문과 동일한 단어들이 사용되지만 물음표가 붙는다.

It's raining, isn't it?

이 경우 우리는 누군가에게 *묻고 있는(asking)* 것이다. 따라서 우리는 말에 '의문조'의 멜로디를 담는다. 마치 질문을 던지듯 우리의 목소리는 아래에서 위로 올라간다.

자, 이제 '챕터 1'의 말미에서 던졌던 질문에 답해보자. 아기는 모국어의 어떤 부분을 제일 먼저 배울까? 그것은 다름 아닌 리듬과 억양이다. 생후 9개월 된 영국·프랑스·중국 아기가 내는 소리를 각각 녹음하여 뒤섞은 다음 사람들에게 아기의 출생지를 구별하게 하면 거의 틀리지 않는다. 영어를 배우는 아기는 영어식으로 발음하기 시작하고, 프랑스어를 배우는 아기는 프랑스어식으로 발음하기 시작한다. 중국 아기도 마찬가지다. 우리는 이 무렵 아기의 발화에서 친숙한 리듬과 억양을 들을 수 있다.

첫돌 무렵부터 대다수의 아기는 본격적으로 억양 패턴을 익혀나가며, 그것을 통해 다양한 생각을 표현하기 시작한다. '중요한 것은 당신의 말이 담고 있는 내용이 아니라 당신이 그것을 표현한 방법이에요'라는 오래된 노랫말을 떠올려보자. 실제로 이런 상황은 누구나 흔히 경험한다. '정작 나를 화나게 만든 건 그의 말이 아니라 그가 말한 방식이었다'라는 말도 들어본 적이 있을 것이다. 나중에 다시 상세히 살펴보겠지만, 음조는 의미를 전달하는 아주 중요한 방법이다. 그리고 아기들은 생후 1년 전후에 음조를 사용하여 의미를 전달하기 시작한다.

나는 내 아이들 중 한 명이 첫돌이 되었을 무렵의 발화를 녹음해두었다. 아이는 문밖에서 들려오는 발소리를 듣고 질문조의 높은 억양으로 "다다(dada)"라고 소리쳤다. '아빠예요(Is it daddy)?'라는 의미였다. 내가 방으로 들어서자 이번에는 급히 하강하는 억양으로 "다다(dada)"라고 말했다. '맞네, 아빠다(Yes, it is daddy)'

라는 의미였다. 그러고는 아이가 두 팔을 벌리면서 호소조의 억양으로 다시 "다다(dada)"라고 말했다. '안아줘요, 아빠(Pick me up, daddy)!'라는 의미였다. 나중에 단어를 묶어 문장으로 만드는 법을 배우게 되면 아이는 같은 상황을 이렇게 표현할 수 있을 것이다. '아빠예요?', '맞네, 아빠다', '안아줘요, 아빠!'. 질문, 진술, 명령의 순이다. 하지만 생후 1년 무렵의 아이에게 단어의 연결을 기대할 수는 없었다. 단지 '다다(dada)'라는 표현만 알고 있을 뿐이기 때문이었다.

그렇다면 아이는 언제 '다다(dada)'라는 표현을 배웠을까? 아기들은 마법과 같은 '첫 단어'를 언제 배울까? 그리고 또 언제부터 단어를 묶어 문장으로 만들기 시작할까? 이것은 신비로운 언어습득 과정의 다음 단계에 속한다.

엄마 배 속에서의 듣기 연습

아기는 태어나기 전 엄마의 자궁 안에서도 소리를 들을 수 있다. 아주 작은 세포의 결합체로부터 출발하여 사람의 모습을 갖춰 세상 밖으로 나올 때까지는 일반적으로 9개월이 걸린다. 엄마의 자궁 안에서 6개월이 지나면 청각기관인 귀와, 들을 수 있게 해주는 뇌의 신경조직이 완전히 형성된다. 따라서 태아는 주위에서 들려오는 온갖 소리를 들을 수 있다.

태아가 엄마의 배 속에서도 소리를 듣는다는 사실을 어떻게 확인할 수 있을까? 때때로 의사는 임산부의 자궁 안에 탐침을 넣어 태아의 발육 상태를 점검하는데, 아주 작은 마이크를 통해 태아가 듣는 것을 쉽게 들을 수 있다.

그렇다면 태아는 과연 어떤 소리를 들을까? 엄마의 심장박동 소리. 피가 몸의 혈관을 통과하면서 내는 콸콸거리는 소리. 배에서 꼬르륵거리는 소리. 그리고 또, 엄마의 목소리! 엄마가 말을 하면 태아는 아득히 멀리서 들려오는 것 같은 희미한 소리를 들을 수 있다. 그것은 마치 우리가 손가락을 양 귓속에 찔러 넣고 다른 사람의 말소리를 들을 때와 비슷하다. 직접 실험해보라! 희미한 소리가 들려올 것이다. 물론 모든 단어를 정확히 알아듣지는 못하지만 소리의 리듬과 억양만은 분명히 구분할 수 있다. 말하자면 아기는 태어나기 전부터 이미 언어의 이러한 특징(리듬과 억양)을 듣는 연습을 한다. 출생 후 아기들이 언어의 리듬과 억양부터 배우기 시작하는 것도 아마 같은 이유에서일 것이다.

신생아를 대상으로 우리는 또 다른 흥미로운 실험을 할 수 있다. 신생아의 귀에 헤드폰을 씌운 다음 개가 짖는 소리, 남자의 목소리, 여자의 목소리, 엄마의 목소리 등 다양한 소리를 들려준다. 그리고 입에는 계측기와 연결한 고무젖꼭지를 물린다. 아기는 늘 일정한 속도로 젖꼭지를 빤다. 개 짖는 소리, 혹은 남자나 여자의 목소리를 들려주면 빠는 속도가 약간 빨라졌다가 다시 느려진다. 하지만 엄마의 목소리를 들려주자 빠는 속도가 폭발적으로 빨라지는 게 아닌가! 아기가 엄마의 목소리를 인식한 것이다.

태어난 지 불과 몇 시간밖에 안 된 아기를 대상으로도 이런 실험을 할 수 있다. 아기는 엄마의 목소리가 어떠한지를 익히려고 기다릴 필요가 없다. 배 속에 있을 때부터 이미 알고 있기 때문이다.

CHAPTER 3

이해 방법 학습

단어를 처음 배운다고 가정해보자. 일본어에 *바라바라(bara-bara)*라는 단어가 있으니 배워보라고 권유받을 때 당신이 제일 먼저 던지는 질문은 무엇일까? 십중팔구 이렇게 물어볼 것이다.

'그 단어는 무슨 뜻입니까?'

당연한 질문이다. 의미도 모르면서 어떤 단어를 배운다는 것은 그야말로 어불성설이기 때문이다. [실제로 바라바라(bara-bara)는 '억수같이 쏟아지는 비'라는 의미로, 만약 당신이 우산도 없이 도쿄 시내를 어슬렁거릴 경우 배워두면 아주 유용한 단어다!]

하지만 만약 당신이 갓난아기여서, 아직 말하는 법도 배우지 못한 까닭에 '그것이 무엇을 뜻합니까?'라고 물어볼 수도 없다면 어떨까? 당신은 도대체 어떻게 해야 할까?

그저 관찰하며 듣는 수밖에 없다. 당신은 주변에서 벌어지는 일들에 주의를 기울인다. 귀를 기울여야 할 대상은 무궁무진하다. 사람들은 당신이 먹거나 잠을 자는 시간을 제외하곤 끊임없이 말을 걸어온다. 그리고 사람들의 말을 들어줄 시간도 충분하다. 사실 그것 외에는 별달리 할 일도 없기 때문이다. 깨어 있는 상태에서 뭔가를 먹지 않는 경우 당신이 할 수 있는 일은 그저 누워서 세상의 모습, 세상의 느낌, 세상의 냄새, 세상의 소리 등 새로운 세상을 하나하나 받아들이는 것이 전부다. 그중에서도 특히 다른 사람의 입에서 나오는 소리가 관심을 끈다.

언어음(sound of speech)에는 뭔가 특별한 것이 있다. 우리는 태어나기 전부터 그런 소리를 들어왔다. 그리고 태어난 이후에는 그 소리가 아주 멋진 멜로디를 타고 울리는 것을 듣게 된다. 그 소리는 들으면 들을수록 매혹적이다. 그러다 마침내 우리는 우리의 사고와 감정을 표현하는 가장 훌륭한 도구가 바로 언어이며, 우리를 인간으로 느끼게 만드는 것 또한 언어라는 사실을 깨닫게 된다. 앞으로 살펴보겠지만, 동물도 서로 의사소통을 한다. 하지만 인간의 언어와 비견될 만한 체계는 전혀 갖추지 못했다.

아기는 듣는 것을 좋아한다. 무슨 소리가 들리면 아기는 소리 나는 방향으로 고개를 돌리기 때문이다. 이것은 청각 전문가 혹은 청각학자(audiologist)가 아기의 청력을 검사할 때 이용하는 방법이기도 하다. 청각학자는 아기의 등 뒤에 서서 작은 방울 소리 같은 소음을 들려준다. 이때 청력이 정상이면 아기의 머리는 반사적으로 소리가 들려오는 쪽으로 향한다. 여러 차례 소리를 들려줘도 아기의 머리가 전혀 움직이지 않는 경우 의사는 아기의 청각에 이상이 있다는 결론을 내리고 정확한 진단을 위해 정밀한 검사를 실시한다.

아기는 또한 듣기를 *원한다*. 아기는 언어 학습을 *원한다*. 물론 이 경우 '원한다'는 말은 우리가 자전거나 새로운 기종의 컴퓨터를 '원하는' 것처럼 무엇인가를 의도적으로 생각한다는 의미가 아니다. 말하자면 아기의 뇌는 언어들을 받아들일 *준비가 되어* 있다는 뜻이다. 아기의 뇌는 언어들을 갈망하고 있다. 다시 말해 언어에 의해 자극받고 언어에 의해 작동되기를 기다리고 있는 것이다. 언어학자들은 종종 아기의 뇌 속에 '언어습득 장치(language acquisition device)'가 들어 있다고 말한다. 이것은 세포로 이루어진 거대한 네트워크로, 수천 년간의 진화 과정을 통해 인간종이 태어난 후 가능한 한 이른 시점부터 서로 의사소통하는 법을 배울 수 있도록 도와주었다는 것이다. 아기가 언어들을 습득한다는 사실에, 그것도 아주 빠른 속도로 언어들을 습득할 수 있다는 사실에 그리 놀랄 필요는 없다. 아기는 그런 능력을 타고나기 때문이다.

여기서 '언어'가 아니라 굳이 '언어들'이라고 표현한 데는 그만한 이유가 있다. 실제로 전 세계의 아기들 중 4분의 3이 두 개 이상의 언어를 배우며, 심지어는 네댓 개의 언어를 동시에 배우는 경우도 비일비재하다. 단일 언어에 익숙한 공동체에서 살아온 사람이라면 놀랄 수도 있지만, 사실 이것은 매우 정상적인 현상이다. 아기의 관점에서 이 문제에 접근해보자. 아기는 주변 사람들이 말을 걸어온다는 것밖에 모른다. 다시 말해 귀에 들리는 단어가 서로 다른 언어에 속한다는 사실을 알지 못한다. 아기가 그런 사실을 깨닫기까지는 좀 더 시간이 걸린다. 엄마는 이런 식으로 말하고, 아빠는 저런 식으로 말하고, 가게 아주머니는 또 다른 식으로 말한다. 하지만 그게 어떻단 말인가? 아기의 귀에는 그저 단어들일 뿐이다. 아기는 그 단어 모두를 마치 호흡하는 것처럼 자연스럽게 받아들인다.

인간의 뇌는 수십 가지의 언어를 수용(혹은 처리)할 수 있다. 내가 수십 가지라고 단정하는 데도 그럴 만한 이유가 있다. 헤럴드 윌리엄스(Herald Williams)가 그 사실을 입증했기 때문이다. 그는 20세기 초에 〈타임스(The Times)〉의 국외 편집자를 지낸 인물로, 1918년 당시 국제연맹(League of Nations)이라 불리던 국제회의에 참석하여 각국 대표자들과 만나 그들의 언어로 대화하는 능력을 뽐냈다. 그는 무려 58개국 언어를 유창하게 구사할 수 있었다. 58개 국어라니!!! 아무리 많은 감탄부호를 붙여도 부족할 듯하다. 이에 비하면 이른바 이중 언어 사용(bilingualism) 능력은 그야말로 '새 발의 피'에 불과하다.

앞서 언급했듯이 아기가 처음으로 익히는 언어적 특징은 리듬과 억양이다. 그렇다면 그다음은? 부모는 그 답을 정확히 알고 있다. 자기 아기가 첫돌을 맞을 무렵이면 부모는 하나같이 뭔가를 초조하게 기다린다. 그리고 그런 바람이 이루어지는 순간 부모는 마치 자신들이 어린아이로 되돌아간 것처럼 기뻐 날뛴다. 대체 무얼 기다리는 걸까?

단어.

그것도 생애 최초로 아기가 내뱉는 단어.

아기는 주위에서 들려오는 말 속에서 단어를 재빨리 인식해낸다. 왜냐하면 말을 할 때 우리는 단어나 단어의 특정 부분을 문장의 나머지 부분보다 더 크게 발음하기 때문이다. 따라서 단어나 단어의 특정 부분이 두드러진다. 이런 상황을 가정해보자. 아기와 놀고 있는데 개 한 마리가 방으로 들어온다. 그러면 우리는 아기에게 뭐라고 말할까? 아마도 다음과 비슷할 것이다.

> 저기 봐! 개란다. 안녕, 강아지야(Oh look! It's a dog. Hello, doggie)…….

그렇다면 어떤 식으로 말할까? 다시 말해 이 가운데 어느 부분을 강조해야 할까? 예문을 큰 소리로 읽으며 어느 부분이 강하게 발음되는지 확인해보라. 자연스러운 흐름이라면 아마도 다음과 같을 것이다.

> 저기 봐! 개란다. 안녕, 강아지야(Oh look! It's a dog. Hello, doggie)…….

아기는 강하게 발음되는 밑줄 친 부분만 인식한다. 따라서 아기의 귀에는 다음과 같은 식으로 들릴 것이다.

봐(look)…… 개(dog)…… 안(lo)…… 개(dog).

특정 단어가 반복되고 있다는 점에 주목하자. 말하자면 우리는 무의식적으로 아기에게 '개(dog)'라는 단어를 가르치고 있는 셈이다.

그렇다면 아기는 우리가 하는 말을 이해할까? 단정할 수는 없지만, 몸짓언어로 판단할 때 단어의 의미를 알고 있는 듯하다. 이 문제를 두고 나는 언젠가 첫돌 무렵의 내 아들 스티븐(Steven)을 상대로 작은 실험을 해본 적이 있다. 스티븐은 장난감 버스, 공, 곰 인형이 포함된 몇 가지 장난감에 둘러싸인 채 앉아 있었는데, 장난감에는 별다른 관심이 없는 듯했다. 하지만 내가 "네 공 어디 있니?"라고 묻자 스티븐은 즉각 고개를 돌리더니 공을 향해 손을 뻗었다. 공을 갖고 노는 모습을 잠시 지켜본 뒤, 이번에는 "네 곰 인형 어디 있니?"라고 물었다. 그러자 다시 스티븐의 눈과 손이 곰 인형을 향했다. 그러고 나서 또 잠시 후 나는 "네 버스 어디 있니?"라고 물었다. 하지만 이번에는 아무런 반응이 없었다.

스티븐은 '공'과 '곰 인형'이라는 단어는 알지만 '버스'라는 단어는 아직 모르는 것 같았다. 물론 '버스'라는 단어도 알고 있지만 그 장난감을 찾는 게 귀찮았을 수도 있다. 어쩌면 그런 놀이 자체에 싫증이 났는지도 모른다. 혹시 이렇게 생각하고 있었던 건 아닐까? '이쯤에서 그만두죠. 실험 대상이 되는 데도 이젠 물렸단 말이에요. 배고파요!' 하지만 스티븐이 '버스'를 제외한 나머지 두 단어에 뚜렷한 반응을 보인 것만은 부정할 수 없는 사실이다.

아이의 언어를 연구하는 사람들은 주변에서 들려오는 말에 대한 아이들의 반응을 관찰하는 데 많은 시간을 할애한다. 때론 어른들과 아이들 간의 상호작용(대화)을 촬영한 다음 어른의 말에 아이가 어떤 신호를 보내는지 아주 세밀히 점검한다. 이런 신호들은 종종 눈이나 손발의 미세한 떨림과 같이 아주 미약하다. 물론 단순히 아이 곁에 앉아 있는 것만으로는 알아채기 힘들지만, 녹화된 영상을 반복해서 돌려보면 그처럼 미세한 움직임도 포착할 수 있다.

첫돌 무렵 스티븐은 몇 개의 단어를 익혔을까? 내가 느끼기론 대략 열두세 개가 아니었나 싶다. 스티븐은 분명 'mummy(엄마)', 'daddy(아빠)'는 물론 'ball(공)', 'bus(버스)', 'teddy(테디)', 'drink(음료수)' 등 몇 가지 다른 이름도 알고 있었다. 뿐만 아니라 몇몇 단어에는 그것과 연관된 동작을 보여주었다. 예를 들어 '정원을 빙글빙글 돌아요(round and round the garden)'와 같은 간지럼 태우기 게임을 한 후 질문조로 "또 할까(again)?"라고 물었을 때 보인 스티븐의 흥분된 몸짓언어에서 게임이 다시 시작되기를 바란다는 강한 메시지를 확인할 수 있다. '까꿍 놀이(Peep-bo)'에도 마찬가지 반응을 보였다. 스티븐은 쌓아올린 장난감 블록을 쓰러뜨리면 누군가가 "넘어졌다(down)" 하며 맞장구쳐준다는 사실을 알고 있었다. 뿐만 아니라 음식이 담긴 그릇을 말끔히 비우면 늘 "다 먹었다(all gone)"라는 말을 듣게 된다는 사실도 알았다. 스티븐은 이들 단어 중 몇몇은 아주 이른 시기인 생후 6개월 무렵부터 인식한 것 같다.

언어에 포함된 단어는 그 언어의 *어휘*(vocabulary)라 불린다. 말하자면 스티븐은 영어 어휘를 배우기 시작했다. 스티븐의 어휘 학습은 두 단계로 진행되었다. 첫 번째 단계는 주변에서 들려오는 단어를 이해하는 것이었다. 하지만 생후 12개월 무렵에는 아직 그런 단어를 스스로 말하는 방법을 배우지 못했다. 단어를 스스로 구사할 수 있을 때 우리는 *능동적 어휘*(active vocabulary)를 갖추었다고 말한다. 반면 단어를 이해하지만 실제로는 사용하지 못할 때 우리는 *수동적 어휘*(passive vocabulary)를 갖추었다고 말한다. 생후 12개월 무렵 스티븐은 열두 개쯤의 수동적 어휘는 갖추었지만 능동적 어휘는 전혀 갖추지 못했다.

하지만 변화가 일어나고 있었다. 그 작은 실험 이후 1주일 정도 지나자 마침내 스티븐은 태어나 처음으로 자신의 단어를 만들어냈다. 눈에 넣어도 아프지 않을 자식이 이루어낸 기적인데 기뻐하지 않을 부모가 어디 있으랴! 나와 내 아내는 숨을 죽인 채 기다렸다. '엄마'라는 단어일까, '아빠'라는 단어일까?

실망스럽게도 둘 다 아니었다. 스티븐이 처음 내뱉은 말은 '다 먹었다(all gone)'였다.

아이가 어떤 말을 처음으로 내뱉을지 추측하기는 불가능하다. 실제로 많은 아이들이 자신들의 언어로 된 '엄마' 혹은 '아빠'라는 표현을 제일 먼저 토해낸다. 하지만 종종 예상을 빗나가는데, 아이들 대부분이 특히 중요하다고 생각한 단어가 그 자리를 대신한다. 어떤 아이의 첫 번째 단어는 '차(car)'였다. 또 다른 아이는 '빅'['비스킷(biscuit)'을 뜻하는 'bic']이라고 말했고, 또 다른 아이는 '고양이(cat)'라고 말했다. 또 다른 아이는 '더 주세요(more)'라고 말했다. 그리고 앞서 말했듯이 스티븐은 '다 먹었다(all gone)'라고 했다.

'다 먹었다(all gone)'는 분명 두 단어의 조합(all+gone)으로 이루어진 말이다. 하지만 스티븐은 아직 단어의 조합이라는 개념을 몰랐다. 스티븐의 귀에는 단지 리드미컬한 두 개의 박자로 이루어진 연속된 소리일 뿐이었다. 스티븐의 발화에서 우리는 이 사실을 확인할 수 있다. 스티븐의 입에서 나온 소리는 마치 한 단어인 것처럼 'awdaw'와 비슷하게 들렸다. 당연히 아기는 아직 발음을 능숙하게 구사할 수 없었다. 'g' 발음을 할 수 없었으므로 'gone'이라는 단어의 첫 음이 'd'로 바뀌었다. 뿐만 아니라 두 단어 'all'과 'gone'의 끝소리도 제대로 듣지 못한 것 같다. (이 문제에 관해서는 나중에 다시 논의하겠다.) 하지만 나머지 부분에서는 일치했다.

일단 말문이 트이자 스티븐의 능동적 어휘가 급속도로 늘어나기 시작했다. 스티븐은 계속 또 다른 단어들에 도전했다. 그리고 한 달이 지나서는 대략 열 개의 단어를 말했다. 생후 18개월 무렵 스티븐의 능동적 어휘는 다시 50개로 늘어났다. 동시에 수동적 어휘도 빠른 속도로 늘어났다. 스티븐은 적어도 200개의 단어를 이해할 수 있었다. 그것은 또한 스티븐의 언어 학습이 본격적인 궤도로 진입하고 있다는 증거였다.

우리는 과연 단어를 몇 개나 알고 있을까?

이 세상에 존재하는 언어의 상당수는 각각 수십만 개씩의 단어를 갖추고 있다. 그리고 언어학자들의 중요한 과제 중 하나는 이러한 단어들을 체계적으로 정리하여 *사전(dictionary)*이라고 불리는 책으로 엮는 작업인데, 단어의 의미가 궁금하면 우리는 사전에서 그 답을 구할 수 있다.

당신은 몇 개의 단어를 알고 있나요? 이런 질문을 받으면 누구나 고개부터 갸웃거릴 것이다. 실제로 나는 여러 사람에게 이런 질문을 던진 적이 있다. 500개라고 말한 사람도 있었고, 1,000개라고 대답한 사람도 있었다. 또 어떤 사람은 5,000개 정도라고 말했다. 솔직히 말해 다들 확신이 서지 않은 상태에서 막연히 떠오르는 대로 대답했다.

지금까지 이 책에 등장한 단어를 모두 이해했다면 당신은 대략 800개의 서로 다른 단어를 읽어낸 셈이다. 분량으로 따지면 25쪽 정도다. 그리고 이 책의 마지막 장을 넘길 무렵이면 당신이 접한 단어의 수는 수천 개에 달할 것이다. 물론 이 책에는 언어 연구와 관련된 새로운 용어도 이따금 등장하지만, 대부분은 당신이 이 책을 펼치기 전에 이미 알고 있는 단어이다.

그리고 그 수천 개도 당신의 뇌에 저장되어 있는 단어 가운데 작은 일부분에 불과하다. 사실 이 책에서는 언어의 문제만 집

중적으로 다루기 때문에 사용되는 어휘 또한 극히 제한적이다. 우주 탐험, 스포츠카, 의류, 음식, 텔레비전 프로그램 등등 우리가 일상적으로 마주하는 다른 무수한 주제와 관련된 단어가 빠져 있다. 이를테면 의류와 관련된 어휘만 해도 이루 헤아릴 수 없을 정도다. 혹은 당신이 알고 있는 동물과 관련된 단어를 떠올려보라. 『해리포터(Harry Potter)』나 『반지의 제왕(The Lord of the Rings)』과 같은 판타지 소설에 등장하는 괴상한 단어는 또 어떻고.

10대로 접어드는 무렵의 청소년은 대부분 최소 2만 개의 어휘를 익히게 되며, 그들이 중·고등학교를 거치는 동안 역사, 물리, 지리 등과 같이 보다 전문적인 주제를 접하면서 그 수가 급속도로 늘어난다. 성인들은 대부분 이보다 두 배쯤 많은 어휘를 익힌다. 그리고 당신이 대학에 진학하여 관심 분야의 주제에 깊이 빠져들고, 그 과정에서 폭넓은 독서를 지속해나간다면 당신의 어휘는 여기에서 다시 두 배가량 늘어날 것이다.

시간이 허락되면 스스로 확인해보라. 1,500쪽 분량의 사전 한 권은 우리에게 대략 10만 개의 단어 정보를 제공한다. 첫 장부터 시작하여 단어를 하나하나 읽어나가면서 당신이 알고 있는 단어를 헤아려보라. 모르긴 몰라도 한 달쯤 걸리지 않을까?

CHAPTER 4

음파

내 아들 스티븐은 생후 6개월 무렵 '다 먹었다(all gone)'라는 말을 이해했다. 하지만 첫돌이 되어서야 그 말에 도전했는데, 사실 그때도 부분적으로만 성공했다. 스티븐의 말문은 왜 그렇게 늦게 트였을까? 그리고 처음부터 제대로 된 발음하지 못한 이유는 무엇일까?

외국어를 배운 적이 있는 사람이라면 그 답을 알 것이다. 새로 접하는 언어의 발음 중 몇몇은 모국어의 경우와 다르며, 따라서 그런 단어를 제대로 발음할 수 있기까지는 상당한 시간과 노력이 요구된다. 혀는 어디에 놓아야 할까? 또 입술은 어떤 모양을 만들어야 할까? 어떤 사람은 타고난 언어능력 덕분에 이상한 발음도 문제없이 척척 구사한다. 하지만 모두가 그런 행운을 타고

나지는 않는다. 우리는 대부분 연습하고 또 연습하는 것밖에 다른 방도가 없다.

아기의 경우도 이와 다르지 않다. 아니, 어쩌면 더 열악한 상황이라 할 수 있다. 그야말로 무(無)의 상태에서 출발해야 하기 때문에 아기는 혀, 입술, 아니 음성언어의 생성에 관여하는 모든 기관의 작동 원리를 스스로 깨쳐나가야 한다. 이것은 참으로 복잡한 과정으로, 제대로 체득하려면 오랜 시간 숱한 시행착오를 겪어야 한다.

'관여하는 모든 기관'이란 우리가 말을 할 때 이용하는 몸의 특정 부분을 의미한다. *발성기관(vocal organ)*이라 불리는 이런 부분은 우리가 상상하는 것보다 그 수가 훨씬 많다. 입술과 같은 기관은 눈으로 쉽게 확인된다. 반면 어떤 기관은 감추어져 있어 느낄 수만 있다. 아주 작은 기관이 있는가 하면, 아주 큰 기관도 있다.

그중 가장 큰 기관은 폐다. 아마도 당신은 폐가 '발성기관'이라고 생각하지 못했을 것이다. 우리의 가슴(흉곽) 속에 위치하며 입으로부터 한참 떨어져 있기 때문이다. 폐가 없다면 아예 말을 할 수가 없다. 말에는 소리를 운반하는 공기가 필요하다. 그런 공기의 흐름이 시작되는 곳이 바로 폐다.

소리를 듣게 되는 과정을 잠시 살펴보자. 나와 당신이 차도를 사이에 두고 나란히 걷고 있다면, 당신이 외치는 소리를 내가 어떻게 들을 수 있을까? 우리는 우리 둘 사이를 연결해주는 그 어떤 것도 볼 수 없다. 그런데 어떻게 소리가 차도를 가로질러 건넌단 말인가?

소리는 공기에 의해 전달된다. 당신이 발성기관을 작동하여 만드는 움직임이 공기의 진동을 일으키고, 다시 이 진동이 *음파(sound waves)*라고 불리는 일련의 비가시적 운동을 통해 차도를 가로지른다. 그리고 이 음파가 내 귓속으로 들어와 작은 뼈와 세포로 구성된 네트워크를 가동시킴으로써 비로소 나는 당신의 소리를 들을 수 있게 된다. 그런 다음 *내이신경(auditory nerve)*이라 불리는 특수한 신경조직이 음파를 뇌에 보내면 그곳에서 나는 소리를 인식하고 당신이 말한 내용을 이해하게 된다.

소리를 귀로 운반하는 약간의 공기가 없으면 이 모든 일은 아예 처음부터 불가능하다. 우리는 그런 공기를 폐에서 확보한다. 숨을 들이쉴 때 폐는 많은 양의 공기를 빨아들인다. 그리고 숨을 내뱉을 때 이 공기를 이용하여 우리의 언어음을 전달한다.

흥미롭게도 우리는 말을 하기 위해 정상적인 호흡 패턴을 바꾼다. 일반적으로 우리는 2~3초당 한 번씩 호흡을 한다. 원한다면 직접 실험해볼 수도 있다. 시계를 보면서 1분 동안 몇 번이나 숨을 들이마시고 내뱉는지를 확인해보라. 쉴 때는 보통 25회 정도이지만, 달리기를 한 직후라면 그 횟수가 두 배가 될 수도 있다.

말을 할 때는 우리의 호흡에서 변화가 일어난다. 우리는 빠른 속도로 숨을 들이마신 다음 천천히, 아주 천천히 숨을 내뱉는다. 그리고 대략 5~10초 후에 다시 숨을 들이마신다. 숨을 들이마시기 전에 꽤 오랫동안 말을 할 수 있는 사람도 있다. 그렇다면 *당신*은 한 번 호흡할 때 얼마나 오랫동안 말을 할 수 있을까? 숨을 들이마신 뒤 '하나, 둘, 셋……' 하는 식으로 계속 숫자를 헤아려보

라. 건강하다면 아홉이나 열까지 쉽게 셀 것이다. 숨을 최대한 깊이 들이마신다면 스물까지 헤아리는 것도 가능할지 모른다.

말을 할 때 우리는 반드시 세 단계를 거쳐야 한다. 먼저 무엇을 말할지를 결정해야 하는데, 이런 활동은 뇌에서 이루어진다. 두 번째로 우리의 뇌는 폐로 메시지를 보내 공기의 흐름을 느리게 만들어야 한다. 그리고 마지막으로 우리는 곧 말로 구체화될 소리를 형상화해야 한다. 그렇다면 우리는 어떻게 이런 과정을 밟아나갈까? 우선 공기가 폐에서 입으로 이동하는 경로를 따라가보자.

폐에서 출발한 공기는 기도(windpipe)를 지나 목구멍으로 올라가며, 그 과정에서 *성대(vocal folds)* 사이를 통과한다. 성대는 종종 '*vocal cords*'라고도 불리는데, 'cords'라는 단어가 늘 끈이나 줄을 연상시키기 때문에 나는 별로 탐탁하게 생각하지 않는다. 실제로 성대는 전혀 그렇게 생기지 않았다. 대신 나는 '*folds*'라는 표현을 적극 추천한다. 왜냐하면 성대는 V자 모양으로 우리의 기도를 앞뒤로 가로지르는 두 개의 얇은 점막 주름이기 때문이다. 의사들은 특수 거울로 우리의 기도를 위에서 아래로 내려다볼 수 있다.

그렇다면 성대는 정확히 어디에 위치해 있을까? 목의 앞부분을 부드럽게 만져보면 볼록 튀어나온 딱딱한 부분이 느껴질 것이다. 그곳이 바로 *아담의 사과(Adam's apple)*라고도 불리는 후골이다. 후골은 바로 뒤에 있는 성대를 보호한다. 두 개의 점막 주름이 만나는 부분은 목의 앞쪽에 위치한다. 가볍게 기침을 해보라. 그러

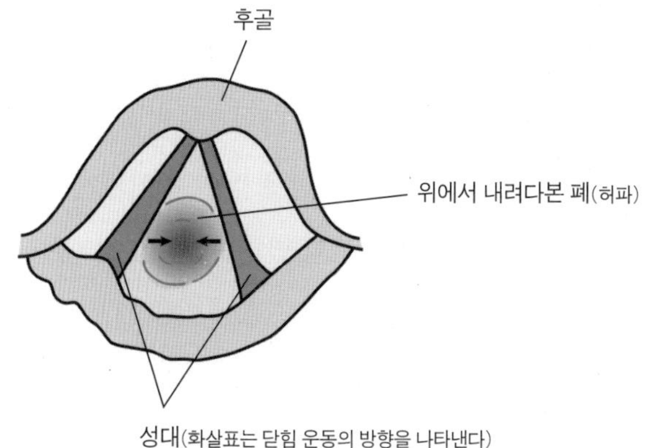

면 그 기침이 목의 어느 부분에서 나오는지를 확인할 수 있는데, 바로 그 지점이 점막 주름이 만나는 곳이다. 기침을 하면 목구멍 속 근육이 수축하면서 두 개의 점막 주름이 팽팽하게 조여든다. 그러면 그 아래로 공기가 모여들고, 우리가 숨을 내뱉는 순간 그 공기는 다시 요란한 소리를 내며 몸 밖으로 분출된다.

그렇다면 숨을 참으면 어떤 현상이 벌어질까? 직접 실험해보라. 성대가 다시 팽팽히 조여들며 공기가 밖으로 새어나가지 못하게 만든다. 당신은 목과 가슴근육이 수축하여 숨쉬기를 가로막고 있다는 사실을 느낄 수 있을 것이다. 다시 숨을 내뱉고 싶으면 근육을 이완시키기만 하면 그만이다. 그러면 '후우' 하는 파열음과 함께 성대가 다시 열리고, 당신은 다시 정상적으로 호흡을 시작한다.

이렇게 작동하는 성대를 가졌다는 사실이 우리 인간으로서는 얼마나 큰 행운인지 모른다. 숨을 참으면 공기압력이 형성되어 물체를 들어올리거나 당길 수 있다. 그리고 성대가 닫히면서 음식이나 액체가 폐로 들어가는 것이 방지된다. 누구나 한 번쯤은 부주의로 무엇인가를 잘못 먹거나 마심으로써 그것이 '잘못된 길로 내려간' 경험이 있을 것이다. 잘못 삼키면 어떻게 될까? 무엇인가를 삼키면 기도가 자동적으로 닫힌다. 하지만 너무 급하게 먹거나 마시면 삼킬 시간이 없기 때문에 기도가 계속 열려 있어서 캑캑거리며 기침을 하는 것이다. 최악의 경우 기도가 막혀 병원으로 실려가기도 한다.

수천 년 동안 진화해오면서 우리 인간이 성대를 이용해 말을 하게 되었다는 사실이 그저 신비롭고 놀라울 따름이다. 그것은 성대의 진동방식을 조절함으로써 가능하다. 우리 눈에 보이지 않을 만큼 무엇인가가 앞뒤로 아주 빠르게 움직일 때 진동이 일어난다. 하지만 우리는 호주머니 속에서 휴대전화가 진동하거나 세탁기가 윙윙거리며 돌아가는 경우에서처럼 그것을 느낄 수는 있다. 엄지와 검지 사이에 고무줄을 끼운 다음 힘껏 당겼다 놓아보라. 줄의 움직임은 거의 보이지 않지만 간질거리는 손가락의 감각에서 줄의 떨림, 즉 진동을 확인할 수 있다.

이처럼 말을 할 때도 성대 사이를 통과하는 공기에 의해 성대를 진동시킬 수 있다. 우리는 깨닫지 못하지만 실제로 성대는 보통 초당 100회 이상 진동한다. 또 성대의 진동 속도를 빠르거나 느리게 조절할 수도 있다. 성대의 진동이 느려지면 목소리의 음높이가 그만큼 내려가며, 반대로 성대의 진동이 빨라지면 목소리의 음높이가 그만큼 올라간다. 노래를 부르는 경우에도 똑같은 현상이 일어난다. 저음부로 갈수록 성대의 진동이 점점 더 느려지고, 고음부로 갈수록 성대의 진동이 점점 더 빨라진다. 아주 고음으로 노래하면 성대의 진동 속도가 거의 최고조에 달하기 때문에 우리는 목으로 그 긴장도를 느낄 수 있다.

그렇다면 성대의 진동 속도는 어느 정도일까? 성별과 나이에 따라 제각각이다. 통상적으로 남성이 여성보다, 그리고 성인이 아이들보다 낮은 음으로 말한다. 물론 사람마다 예외도 존재한다. 목소리가 매우 저음인 남성이 있는가 하면, 목소리가 최고음인 남성도 있다. 어떤 여성은 목소리가 날카로운 반면 어떤 여성은 목소리가 저음이다. 체형이나 외모로 목소리의 유형을 예측하기는 어렵다. 몸집이 클수록 상대적으로 목소리가 저음일까? 항상 그렇지는 않다.

남성은 대부분 말을 할 때 성대가 1초에 대략 120회 진동한다. 억양이 하강하면 진동이 초당 90회 정도로 느려지며, 억양이 상승하면 초당 350회까지 빨라질 수 있다. 베이스 음의 남성들 중에는 종종 초당 40~50회까지 성대의 진동을 늦출 수 있는 사람도 있다. 유튜브상에 등장하는 팀 스톰스(Tim Storms)라는 사람은 심지어 우리 귀에 더 이상 아무 소리가 들리지 않을 정도로까지 성대의 진동을 조절할 수 있다. 믿기지 않겠지만 목소리의 음높이가 최대한으로 떨어졌을 때의 진동이 초당 8회에 불과했다고 한다. 소리는 들을 수 없어도 진동은 엄연히 있었다. 이 순간 그의 입 가까이에 물이 든 컵을 갖다 댔다면 그의 성대에서 나오는 떨림 혹은 진동이 물의 표면을 움직이게 만든다는 사실을 확인할 수 있었을 것이다.

대부분의 여성은 남성보다 목소리가 고음이다. 말을 할 때 여성의 성대는 보통 1초에 200회가량 진동한다. 억양이 하강하면 성대의 진동이 초당 150회 정도로 느려지며, 억양이 상승하면 초당 1,000회까지 빨라질 수 있다. 심지어 소프라노 가수는 초당 1,500회를 뛰어넘기도 한다.

일반적으로 아이의 목소리는 아주 고음이다. 말을 할 때 아이의 성대는 1초에 300회가량 진동한다. 아이의 목소리는 그렇게 큰 폭으로 낮아지지 않는 반면 팝 콘서트에서 열광적인 소년소녀 팬들이 질러대는 괴성에 가까운 비명소리에서 확인되듯 상대적으로 고음부에서 무한한 잠재력을 보여준다. 물론 그런 비명소리는 성대를 혹사한 결과이지만 말이다.

10대들은 신체상의 호르몬 변화로 목소리가 '깨지기(break)'도 한다. 사춘기에는 성별과 상관없이 모두 목소리가 저음이 되지만, 남자아이의 변화가 훨씬 더 뚜렷하다. 소프라노와 알토이던 소년이 테너와 베이스로 바뀌어가는 것이다. 하지만 그런 변화가 하룻밤 사이에 일어나지는 않기 때문에 '깨진다'라는 표현에는 오해의 소지가 많다. 말하자면 상당한 시일에 걸쳐 소년들의 목소리가 점차 굵어져가는 것이다.

성대의 진동을 확인하기란 그리 어렵지 않다. 마치 노래를 부르는 것처럼 '아(ah)~' 소리를 내며 몇 초 동안 호흡을 멈춘 상태에서 엄지와 검지로 후골의 양쪽을 살짝 만져보라. 역효과가 날 수 있으니 너무 세게 눌러서는 안 된다. 아마 피부를 통해 진동을 느낄 수 있을 것이다. 이 방법이 통하지 않으면 친구에게 실험해보라. 목구멍에서 발생하는 진동은 다른 사람한테서 느끼는 것이 더 쉬울 수도 있기 때문이다.

당신 혼자서만 할 수 있는 실험도 있다. 성대의 진동음을 들어보는 것이다. 먼저 'sssss'와 'zzzzz'를 차례로 발음하는 연습을 해야 한다. 그런 다음 두 귀를 손가락으로 막고 연습한 대로 반복해보라. 'sssss' 하는 소리는 거의 들리지 않지만, 상대적으로 'zzzzz' 하는 소리는 너무 크게 들려서 깜짝 놀랄 것이다. 진동이 당신의 머리로 올라가기 때문이다.

'zzzzz'와 같이 성대의 진동을 통해 나는 소리는 *유성음*(*voiced sound*)이라 하고, 'sssss'와 같이 성대의 진동 없이 나는 소리는 *무성음*(*voiceless sound*)이라 한다. 속삭일 때는 진동이 전혀 없다. 목소리가 너무 작기 때문이다. 정상적으로 말을 할 때 소리의 음량(loudness)은 특정 소리에 강한 진동을 실어주는 방식에 따라 결정된다.

내 아들 스티븐은 'all gone'이라는 말을 하기 전에 이 모든 것을 배워야 했다. 먼저 성대의 진동을 일정한 속도로 유지하는 법을 익힌 다음, 아주 빠른 속도에서 아주 느린 속도로 변환하는 연습도 병행해야 했다. 왜냐하면 고음의 'all'을 발성하자마자 저음인 'gone'을 발성해야 하기 때문이었다. 노래를 부르는 것과 거의 같았다. 그것은 보통 부모가 아기에게 'all gone'이라고 말할 때 적용하는 방식이기도 하다. 그런데 스티븐은 그 방법을 완벽하게 익혔다. 스티븐의 입에서 나온 소리를 문자로 표현하면 다음과 유사하다.

Aw

daw

브라보 스티븐, 성대 조절 능력이 아주 탁월했다! 그런데 잠깐. 'l', 'g', 그리고 'n'은 도대체 어디로 사라졌지? 그리고 'all' 속의 'a'와 'gone' 속의 'o'는 엄연히 다른 소리잖아? 왜 구별하여 발음하지 않은 거야?

(만약 말을 할 수 있었다면) 스티븐은 이런 식으로 응수했을지도 모른다. "조금만 더 기다려봐요. 저는 이제 겨우 첫돌밖에 지나지 않았단 말이에요." 그리고 실제로 스티븐은 몇 달이 지난 후부터 당신이나 나처럼 'all gone'이라고 말할 수 있었다. 그렇다면 그렇게 하기 위해 또 무엇을 배워야 했을까?

후골은 어떻게 '아담의 사과'로 불리게 되었을까?

전해지는 이야기에 따르면 에덴동산에서 이브는 아담에게 사과를 내밀었다. 하지만 처음 먹어보는 것이라 당황한 나머지 사과 조각이 그만 목구멍에 걸리고 말았는데, 이브는 무사했다. 그런 이유로 여성에 비해 남성의 후골(Adam's apple)이 튀어나오게 되었다는 것이다.

진짜 이유는 그보다 덜 낭만적이다. 후골의 기원은 히브리어로 쓰인 (구약)성경을 다른 언어로 옮기는 과정에서 발생한 오류 때문일 가능성이 높다. 히브리어에서 '남자(man)'에 해당하는 단어가 '아담(adam)'이고, '튀어나온 부분이나 혹(bump)'에 해당하는 단어가 '사과(apple)'다. 그런 까닭에 사람들이 해당 구절을 다른 말로 번역하면서 '남자의 혹(bump of man)' 대신 '아담의 사과(apple of Adam)'라는 표현을 사용했고, 그 명칭이 그대로 굳어졌다는 것이다.

CHAPTER 5

발음하기

성대를 통과하여 목구멍으로 올라간 공기는 어떻게 될까? 결국 입이나 코를 통해 밖으로 배출된다. 정상적으로 숨을 쉴 때는 공기가 코를 통과하지만 말을 할 때는 입을 통과한다. 그리고 바로 이 입에서 중요한 일이 벌어진다.

입을 통과하는 공기는 마치 터널을 통과하는 바람과 같다. 우리가 혀, 입술이나 턱을 움직여 터널 형태에 변화를 줄 수 있다는 점이 다를 뿐이다. 새로운 형태를 만들 때마다 우리는 새로운 소리를 만든다. 약간의 움직임만으로도 다른 소리로 변한다. 인간은 입으로 수백 가지의 소리를 만들어낼 수 있다. 물론 각 언어는 그중 일부만 이용한다.

영어권에서 태어난 아기는 40여 가지의 서로 다른 소리를 익혀야 한다. 그뿐만 아니라 단어를 만들기 위해서는 갖가지 방법을 동원하여 그 소리를 하나로 묶어야 한다. 너무나 오랫동안 익숙해져온 터라 우리는 그것이 얼마나 까다로운 학습 과정이었는지를 쉽게 잊는다. 그런 과정을 거쳤기 때문에 우리의 혀는 지금 거의 자동적으로 입안 구석구석을 헤집으며 춤을 추는 것이다. 어떤 단어에서는 혀의 움직임이 정확히 감지되기도 한다. 영어 동요 「히커리 디커리 덕(Hickory dickory dock)」의 시작 부분을 발음해보면, 우리는 혀가 입천장 여러 곳을 번갈아 두드려댄다는 사실을 확연히 느낄 수 있다.

예를 들어 'dock'이라는 단어가 정확히 발음되기까지의 과정을 되짚어보자. 이 단어는 네 개의 글자로 구성되었지만 실제로 발음할 때 들리는 소리는 세 개밖에 되지 않는다.

첫 부분의 소리 [d]
가운데 부분의 소리 [o]
두 글자 'ck'로 구성된, 끝부분의 소리 [k]

[k]는 왜 한 글자가 아닌 두 글자로 쓰는가? 이 문제에 관해서는 다시 상세히 살펴볼 것이다.

소리의 명칭(발음기호)들이 갑자기 꺾쇠괄호 속에 등장하는 사실을 확인할 수 있을 것이다. 이는 말이나 언어를 연구하는 사람들의 관례에 따른 것으로, 철자가 아니라 소리가 주안점임을 분명히 하기 위해서다. 앞으로 이 책에서 꺾쇠괄호로 묶인 글자를 접하면 소리 혹은 발음을 다루고 있다는 점을 명심하라.

자, 그렇다면 [d]는 어떻게 발음될까? [da-da-da-da]라고 소리내보라. 혀가 윗니 안쪽을 강하게 치며 그 상태로 아주 잠깐 머문다. 동시에 폐로부터 올라오는 공기가 잇몸에 맞닿은 혀에 가로막혀 갑자기 출구를 잃는다. 그런 상태에서 갑자기 혀가 잇몸에서 다시 떨어지면, 갇혀 있던 공기가 빠른 속도로 빠져나간다. 마치 작은 폭발이 일어나는 것 같다.

[t] 또한 정확히 같은 식으로 발음된다. [ta-ta-ta-ta]라고 소리내보라. 이때도 혀끝이 윗니 안쪽을 강하게 치며 그 상태로 아주 잠깐 머문다. 이번에도 공기가 출구를 잃고 잠시 가로막혔다가, 혀끝을 떼는 순간 작은 폭발과 함께 빠르게 빠져나간다.

그렇다면 [d]와 [t]는 어떻게 다른가? 입모양이 동일한데 어떻게 이 두 소리를 구별하여 들을 수 있단 말인가? 성대가 개입하기 때문이다. [d]는 유성음이어서 성대가 진동하는 반면 [t]는 무성음이어서 성대가 진동하지 않는다. [d] 또한 [zzzzz]라고 발성할 때와 동일하게 윙윙거린다. 다만 상대적으로 지속시간이 긴 [z]와 달리 아주 순식간이어서 [d]가 그리 또렷이 들리지 않을 뿐이다.

아기가 발음을 익혀나가는 과정으로 다시 눈을 돌려보자. [d]를 제대로 발음하려면 먼저 혀를 정확한 위치에 정확한 시간만큼만 두었다가, 다시 정확한 방향으로 시간에 맞춰 재빨리 거두어들여야 한다. 성대를 진동시켜 다음 발음으로 나아가기 위해서다. 이 모든 과정이 제대로 이루어지기까지는 엄청난 연습이 필요하다. 사실 아기는 이 단계 이전까지 수없이 많은 시행착오를 겪는다. '챕터 2'에서 살펴보았듯이 아기들은 옹알이 단계에서 [d]를 수천 번씩 연습한다. 내 아들 스티븐이 마침내 이 소리를 완벽하게 익혔다는 사실은, 따지고 보면 그리 호들갑 떨 일도 아닌 것이다.

언어의 모든 소리가 매한가지다. 우리의 혀는 정확한 시간에 정확한 곳에 있어야 한다. 우리는 상황에 따라 성대를 진동시키기도 하고 그 가동을 멈추기도 해야 한다. 이를테면 [b] 혹은 [p]와 같은 소리를 낼 때처럼, 때론 입술도 정확한 위치에 놓여야 한다. 그뿐만 아니라 [r] 혹은 [l]의 경우처럼, 정확한 소리를 내기 위해 혀를 특이한 방식으로 움직이기도 한다. 아이가 모든 소리를 정확히 발음하기까지는 오랜 시간이 걸린다. 대부분은 생후 3년 무렵이면 제대로 발음할 수 있지만, 까다로운 것들은 더 많은 시간이 걸려야 익힐 수 있다.

개별 소리를 익히는 것으로 끝난다면야 그나마 쉽겠지만, 불행히도 더 어려운 과정이 기다리고 있다. 아이는 개별 소리를 연결하는 법을 배워야 하는데, 이 역시 까다롭기는 마찬가지다. 'sing'과 같은 단어는 어렵지 않게 발음할지 모르지만, 이를테면 'sting'처럼 한 단어 안에 있는 두 개의 소리를 연결하는 데 애를 먹는다. 이 난관을 뛰어넘었다 싶으면 또 다른 장애물이 가로막는다. 'string'처럼 세 개의 소리를 연속 발음해야 하는 것이다. 심지어는 예닐곱 살이나 된 아이조차 'stwing'이라고 발음하는 것을 종종 듣는다. [t]에 연이어 [r]을 발음하기가 그만큼 까다롭기 때문이다.

어느덧 내 아들 스티븐도 보다 까다로운 소리에 도전할 나이가 되었다. 스티븐은 'all gone'에 도전하여 'aw-daw'를 발음할 수 있게 되었다. 아직 [g] 소리에는 미치지 못했다. [ga-ga-ga-ga]라고 소리내보면, [g]를 제대로 발음하기 위해서는 혀뿌리 부분을 입천장 쪽으로 강하게 밀어야 한다는 사실을 확인할 수 있다. 따라서 이 시기의 아이들 대부분은 입의 앞부분에서 내는 [d] 소리보다 [g]를 발음하는 데 더 큰 어려움을 겪는다.

스티븐은 [g]를 윙윙거림과 작은 폭발이 동시에 이루어지면서 발생하는 소리 중 하나로 들은 게 분명했으며, 그대로 발음하기 위해 나름 최선을 다했다. 하지만 혀뿌리 부분이 아니라 혀의 앞부분을 입천장 쪽으로 밀어올렸기 때문에 [g] 대신 [d]라는 소리가 튀어나오고 만 것이다. 파이팅, 스티븐! 다음에는 더 잘할 수 있을 거야.

그렇다면 'gone'에 들어 있는 [n]은 왜 발음할 수 없었을까? [n]을 발음하기 위해서는 그보다 훨씬 더 까다로운 과정을 거쳐야 하기 때문이었다. 다시 말해 스티븐은 폐에서 올라오는 공기가 코를 통해 나오도록 만들 수 있어야 했던 것이다. [n]은 이른바 *비음(nasal sound)*에 속한다. 영어에서 비음은 오직 세 개뿐인데 [n]과 'mum'의 [m], 그리고 'sing'의 끝 [ng]이다. 비음을 내기 위해서는 공기가 입이 아니라 코로 나와야 한다.

어떻게 가능할까? 입을 크게 벌리고 거울로 목구멍을 들여다보면 입천장 뒤에 위에서 아래로 늘어뜨려진 둥근 형태의 부드러운 근육돌기가 보인다. 그것이 *목젖*(*uvula* : '*you*-view-la'로 발음)으로, '아(ah)'라고 소리 낼 때 보다 분명하게 보이는데 혀의 위치가 약간 낮춰지기 때문이다. 목구멍이 아파 병원에 가면 의사가 입을 벌리고 '아' 소리를 내보라고 하는 것도 같은 이유에서다. 그렇게 하면 의사가 목구멍 안쪽을 좀 더 쉽게 관찰할 수 있다.

직접 보거나 느낄 수는 없지만 우리는 목젖을 위아래로 움직일 수 있다. 정상적으로 호흡할 때는 목젖이 아래로 내려가면서 공기가 곧장 코로 올라가 밖으로 배출된다. 반면 목젖이 위로 올라가면, 다시 말해 우리가 목젖을 목구멍 뒷부분으로 강하게 밀어 위로 올라가는 통로를 차단하면 공기는 입으로 나올 수밖에 없다.

입의 안쪽에서 벌어지는 일들은 놀랍기 그지없다. 'My Auntie Mary went running into town to get some bananas'라는 문장을 말할 때 이 모든 소리를 만들기 위해 우리의 목젖은 무려 열한 차례나 오르내린다. 구별하기 쉽도록 비음에 밑줄을 그어보았다.

> My Auntie Mary went running into town to get some bananas.

'M'을 발음하기 위해 코로 공기를 내보낸 후 'y'와 'Au'를 발음하기 위해 이번에는 입으로 공기를 들이마시고, 연이어 'n'을 발음하기 위해 다시 코로 공기를 올려 보내는가 싶더니 이번에는 'tie'를 발음하기 위해 또다시 입으로 공기를 빨아들이는 등 비슷한 양상이 계속적으로 반복된다. 'bananas'와 같은 단어의 경우에는 – 물론 그 속도가 훨씬 더 빠르긴 하지만 – 마치 장난감 '요요(yo-yo)'처럼 목젖이 아래위로 오르내린다.

스티븐은 이런 원리를 알고 있었음이 분명하다. 실제로 스티븐은 'mama'라고 정확히 발음할 수 있었다. 다시 말해 빠른 연속 동작으로 목젖을 아래위로 오르내렸던 것이다. 하지만 스티븐은 단어 'gone'에 들어 있는 비음은 제대로 발음하지 못했다. 왜 그랬을까? 아마도 [n]을 또렷이 들을 수 없었던 것 같다. 사실 이 경우의 비음 [n]은 [d] 혹은 [s]처럼 크고 높은 소리에 비해 상대적으로 아주 작고 낮은 음이다.

거의 틀림없을 듯하다. 반복된 'awdaw'로 미루어, 우리는 스티븐이 두 단어로 이루어진 'all gone'의 가장 높은 소리를 말하려 했다는 사실을 확인할 수 있다. 스티븐은 각 단어의 끝소리, 다시 말해 이 어구의 가장 낮은 음에 해당하는 'l'과 'n'은 발음하지 못했다. 대부분의 아이는 비슷한 상황을 경험한다. 아이들은 단어의 시작과 중간을 먼저 익히고 난 다음 마지막 부분에 도전한다.

그렇지만 그 자체만으로도 대단한 노력이었다. 스티븐은 이제 영어 말하기의 본격적인 궤도에 진입해 있었다. 그로부터 불과 몇 달 사이에 보다 많은 소리에 도전하기 시작했으며, 세 살 무렵에는 그 소리를 꽤 능수능란하게 구사할 수 있었다. 그러는 동안 파리에 살고 있는 스티븐의 사촌들도 비슷한 과정을 밟아나가고 있었다. 물론 그들의 도전 대상은 영어가 아닌 프랑스어였다.

그리고 스티븐의 옆집에 사는 친구도 마찬가지였는데, 영어뿐만 아니라 웨일스어까지 동시에 배워나가고 있었다. 그 친구는 장차 2개 국어를 하게 될 것이다.

그렇다면 도대체 발음은 왜 배워야 하는 걸까? 발음 그 자체만으로는 아무런 의미도 갖지 않는다. '[t]가 무엇을 뜻하는가?' 혹은 '[s]가 무엇을 뜻하는가?'라는 식의 물음은 전혀 무의미하다. [t]나 [s]는 그 어떤 것도 의미하지 않기 때문이다. 소리를 결합하여 단어를 만들고 다시 그 단어를 연결하여 문장을 만들 때, *그제야* 우리는 그 소리에 어떤 의미를 부여하게 된다. 이런 과정이 어떻게 진행되는지 살펴보자.

발성기관

아래의 그림은 발성기관을 보여준다. 우리는 입술, 이, 혀, 목젖을 다양한 방식으로 움직이고 동시에 성대 진동에 변화를 줌으로써 수백 가지의 소리를 만들어낼 수 있다. 영어로 말할 때는 그중 극히 일부분만 이용될 뿐이다. 하지만 *음성학(phonetics)*이라 불리는 주제에 접근하기 위해서는 그 모든 것을 연구해야 한다. *음성학자(phonetician)*란 인간이 만들어낼 수 있는 모든 언어음을 연구하는 사람을 일컫는다.

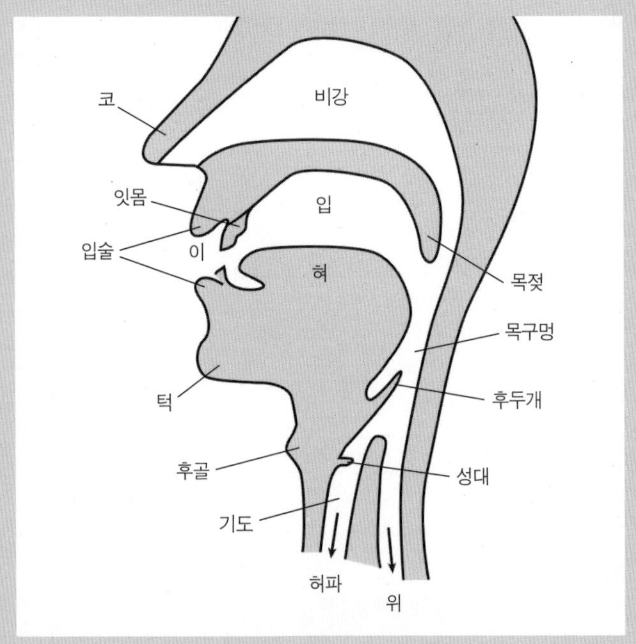

통상적으로 소리는 두 가지 유형, 즉 자음(*consonant*)과 모음(*vowel*)으로 나뉜다. 자음은 우리의 혀나 입술에 의해 공기가 입 밖으로 나오는 것이 일시적으로 차단될 때 만들어지는 소리로, [b]나 [m]처럼 완전히 차단되기도 하고 [f]와 [z]처럼 거의 완전히 차단되기도 한다. 그와 달리 모음은 입안에서 밖으로 나올 때 공기가 차단되지 않고 만들어지는 소리로 [a], [e], [u] 등이 여기에 해당한다.

단어를 발음하는 경우, 모음(V)은 중간 부분에 위치하는 반면 자음(C)은 시작 부분과 끝부분에 위치한다. 예를 들어보자.

pig	man	cups	string
CVC	CVC	CVCC	CCCVCC

모음과 자음에 관해서는 이후의 챕터에서 좀 더 상세히 다룰 것이다.

CHAPTER 6

문법의 발견

소리를 일정한 방식으로 연결하면 주변에서 특별한 일이 일어난다는 사실이 아기에게는 분명 신기해 보일 것이다. '다다(dada)'라고 말하면 늘 어떤 남자가 활짝 웃으며 반긴다. '마마(mama)'라고 말하면 특정한 여자가 그렇게 한다. '바이-바이(bye-bye)'라고 말하면 사람들이 손을 흔든다. '다 먹었다(all gone)'라고 말하면 누군가가 빈 그릇을 치우거나 먹을 것을 더 가져다준다. '나이트-나이트(night-night)'라고 말하면 사람들이 뽀뽀를 해준다.

단어가 흥미롭고 때론 유익하다는 사실을 인식하는 순간부터 아기로서는 '언어의 물꼬'가 트이는 셈이다. 생후 18개월 무렵의 아기는 대부분 50개가량의 단어를 익힌다. 그렇다면 언어의 왕초보자인 이들은 과연 무엇에 관한 말부터 배울까?

아기는 현재 자기 주변에서 진행되는 일에만 관심이 있다. 그 때문에 주로 다음과 같은 단어를 사용하여 – 물론 이 시기의 아기에게 모든 단어를 정확히 발음하기를 기대한다는 것은 무리다 – '지금 이 순간(here and now)'의 상황에 관해 말을 한다.

- 가족 구성원이나 방문자와 같이 사람에 관한 단어 : 'dada', 'grandma(할머니)', 'Tom', 'milkman(우유 배달부)' 등.
- 특정한 날의 사건에 관한 단어 : 'hello', 'night-night', 'all gone', 'fall down(넘어지다)' 등.
- 행동에 관한 단어 : 'kiss', 'tickle(간지럼을 태우다)', 'go' 등. 또한 어떤 행동을 *거부하는* 단어 : 'no', 'don't' 등.
- 음식에 관한 단어 : 'milk', 'juice', 'drink', 'din-din(dinner)' 등.
- 신체의 특정 부위를 가리키거나 특정 신체 부위의 동작이나 소리를 묘사하는 단어 : 'nose', 'toes' 혹은 'wee-wee(쉬~ 하는 소리)' 등.
- 의류에 관한 단어 : 'hat', 'nappy'[혹은 미국 영어의 'diaper(기저귀)'], 'pyjamas'(이 시기의 아기들은 대개 'jamas'라고 발음한다) 등.
- 동물에 관한 단어, 그중에서도 특히 텔레비전이나 DVD에서 아기의 관심을 끄는 동물의 이름 : 'dog', 'bird', 'Tigger' 등. 이들 단어 중 발음하기 쉽고 듣기에 귀여운 어미를 붙인, 아기에게 보다 친숙한 단어 : 'doggie(멍멍이)', 'birdie(짹짹이)', 'kitty(야옹이)', 'moo-cow(음매 소)' 등.
- 또 다른 흥미로운 대상인 교통수단에 관한 단어 : 'car',

'tractor', 'train', 'bus' 등. 그리고 'wheelbarrow'(일륜차 혹은 외바퀴 손수레, 내 아들 스티븐은 이 시기에 'eeba'라고 발음했다)와 같이 한 번 보면 결코 잊히지 않는 특별한 운송 수단.

- 장난감이나 놀이에 관한 단어 : 'ball', 'book', 'clap-hands(손뼉)' 등.
- 가정 집기에 관한 단어 : 'cup', 'light', 'spoon' 등. 특히 'clock', 'hoover(진공청소기)' 등과 같이 소음을 내는 물건을 가리키는 단어.
- 특정한 장소에 관한 단어 : 'where', 'there' 혹은 'look' 등. 그중 특히 중요한 단어로는 'in'과 'on'을 꼽을 수 있다.
- 상황이나 상태를 묘사하는 단어 : 'big', 'hot', 'yum-yum(냠냠)' 등.
- 맞장구치는 표현인 'yes'와 'ta'와 같이 현재 자신이 대화에 참여하고 있다는 사실을 알려주는 단어.

6개월 전까지 단어 하나조차 제대로 발음하지 못한 아기에게는 이 정도만 해도 상당한 양이다. 이 대목에서 우리는 일단 그 틀이 갖추어지기만 하면 아기가 엄청나게 빠른 속도로 발성기관을 이용하여 주변 세상에 대해 말하기 시작한다는 사실을 확인할 수 있다.

아기가 언어를 받아들이는 속도는 우리가 상상하는 것 이상이다. 생후 18개월 무렵에 약 50개의 능동적 어휘를 갖춘다는 것은 바꿔 말해 아기가 3~4일마다 한 개꼴로 새로운 단어를 익힌다는 의미가 아닌가! 실제로 아기는 이보다 훨씬 더 많은 어휘를 이해한다. 앞서 '챕터 3'에서 살펴보았듯이 아기가 이해하는 어휘는 사용할 수 있는 어휘의 3~4배에 달하기 때문이다. 한마디로 아기는 자기 주변에서 말해지는 엄청난 양의 어휘를 이해하는 것이다.

하지만 한 번에 한 단어씩밖에 사용하지 못한다면 말할 수 있는 범위 또한 제한적일 수밖에 없다. 한 단어 문장(one-word sentence)이 당신이 사용할 수 있는 전부라면 사실상 의미 있는 대화는 불가능할 것이다. 예를 들어 휴가를 보낸 장소와 같은 공동의 주제로 대화하면서 두 사람이 각자 돌아가면서 – '휴가(Holiday)?', '프랑스(France)', '날씨(Weather)?', '멋진(Lovely)' 등과 같이 – 한 번에 한 단어씩밖에 말할 수 없다고 가정해보자. 몇 마디 주고받지 않아 대화는 곧 난관에 부딪히고 말 것이다. 이를테면 '넌 뭘 하며 지냈니(What did you do)?', 혹은 '해변에 우리 소유의 큰 호텔이 있었거든(We had a great hotel just by the beach)' 등과 같은 식으로 두 사람이 실제로 말하고자 하는 문장은 불가능하기 때문이다.

생후 18개월 무렵이면 아기도 분명히 좀 더 복잡한 말을 해보고 싶을 것이다. 이 시기는 아기가 단어를 조합하기 시작하는 단계이기도 하다. 그들은 차츰 'gone' 대신 'teddy gone', 'juice gone', 'daddy gone'과 같은 식으로 말하기 시작한다. 마찬가지로 'milk'라는 단순한 표현 대신에 'milk there', 'milk gone', 'milk cup'('the milk is in the cup', 즉 '컵 속에 우유가 있다'는 의미) 등과 같은 식으로 우유에 관한 상황을 말하기 시작한다.

이 단계에 이르면 이전의 막무가내식 대화가 어느 정도 틀을 갖춰나가므로 어른, 특히 부모는 잠시도 아기에게서 눈을 떼려 하지 않는다. 적절한 예를 하나 들어보자. 생후 16개월 무렵으로 기억된다. 어느 날 거실 소파에 앉아 텔레비전을 보고 있는데, 내 딸 수(Sue)가 가장 좋아하는 곰 인형을 안고 내게로 아장아장 걸어오더니 뜬금없이 "push(밀어)"라고 말했다. 무슨 뜻인지 잠시 생각하다가 나는 장난스런 몸짓으로 그 아이를 살짝 밀쳤다. 그러자 딸아이가 얼굴을 찡그리며 "No! Push(아냐! 밀어)"라고 소리치는 게 아닌가. 잘못 짚은 것이었다. 그래서 다시 잠시 생각하다가 손짓으로 딸아이를 부르며 "Come on, then. Give me a push(그렇다면 이리 와. 나를 밀어)"라고 말한 후 반응을 기다렸다. 하지만 이번에도 제대로 맞히지 못했는지 "No! Push!"라는 말만 되풀이해 들었다.

순간 나는 당황스러웠다. 그런 내 모습을 눈치챘는지 딸아이가 내 손을 잡더니 장난감 그네가 있는 다른 방으로 나를 끌고 갔다. 그러고는 장난감 의자에 곰 인형을 앉힌 뒤 나를 돌아다보면서 다시 "밀어"라고 말했다. 아, 그랬구나. 그제야 나는 딸아이의 의도를 알았다. 그네에 앉은 인형을 밀어달라는 말이었던 것이다. 당연히 우리 공주님의 명령을 따를 수밖에!

"처음부터 그렇게 말하지 그랬니?"라고 한마디 던졌다가 딸아이로부터 따가운 눈총만 받았다. 가만히 생각해보니 이런 식의 불만을 토로한 것 같다.

'똑똑히 보고 말씀하세요. 저는 이제 겨우 생후 1년 반이 지난 아이란 말이에요. 제가 아는 것이라곤 한 단어 문장뿐이고요, 문법도 아직 제대로 배우지 않았어요. 조급하게 굴지 말고 제발 좀 더 시간을 주세요!'

자신이 원하는 바를 온전히 표현하려면 이미 알고 있는 것보다 더 많은 문법이 요구되었다. 만약 내 첫 번째 추측대로라면 딸아이는 'push me(나를 밀어줘)' 혹은 'you push me(아빠, 날 밀어줘)'와 같은 식으로 말해야 했다. 반면 두 번째 추측대로라면 'me push(내가 민다)' 혹은 'me push you(내가 아빠 민다)'와 같은 식으로 말해야 했다. 그리고 실제로 그 아이가 의도한 바를 제대로 표현한다면 'you push teddy(아빠, 테디 밀어줘)' 혹은 좀 더 상세하게 'come with me into the other room and give teddy a push on the swing(나와 함께 다른 방으로 가서 장난감 그네 위에 앉은 테디 밀어줘)'쯤 될 것 같다.

이 모든 표현을 생후 16개월 된 아이에게 기대하는 건 무리였다. 하지만 곧 상황이 변했다. 그로부터 불과 몇 달 후 수는 "push me"라고 정확히 말할 수 있었으며, 두 살이 지난 직후 "you push teddy"라고 말하기 시작했다. 그렇다면 보다 길고 복잡한 문장은? 그런 표현은 내 딸이 'and'와 같은 중요한 접속사를 배우기 시작한 세 살 이후에나 가능했다.

그렇다면 내 딸 수가 발견해가고 있는 이 문법이란 대체 무엇을 말하는가? 문법은 무엇인가? 'push'라는 표현에 대해 다시 한 번 잠깐 생각해보자. 도대체 무엇이 잘못되었는가? 의사전달이 제대로 이루어지지 않았다. 물론 나는 그 단어의 의미를 알고 있었지만, 그 표현을 통해 내 딸이 의도한 바는 제대로 알아챌 수 없었던 것이다. 이런 오류 혹은 오해를 바로잡아주는 것이 바로 문법이다. 다시 말해 문법은 단어들의 의미를 통하게 하는 방법으로, 문법이 없으면 의미의 막연함만 존재할 뿐이다.

문제는 대다수의 단어가 하나 이상의 의미를 갖는다는 점이다. 다시 말해 *여러 의미로 해석할 수 있는*(ambiguous) 것이다. 사전을 펼쳐보면 금세 확인할 수 있다. 사전에 표제어로 실린 단어는 대부분 여러 의미를 담고 있다. 'band(밴드)'라는 단어를 예로 들어보자. 아마 청소년이라면 생각하고 자시고 할 것도 없이 '팝 그룹(a pop group)'부터 떠올릴 것이다. 하지만 그것은 이 단어의 여러 의미 중 하나에 불과하다. 이 단어는 행진하고 있는 군악대를 의미할 수도 있고, 로빈 후드를 따른 한 무리의 군인과 도망자를 지칭할 수도 있다. 그뿐만 아니라 물건을 한데 묶는 데 사용하는 고무줄이나, 드레스 또는 모자의 일부분을 이루는 평평한 직물 조각을 의미할 수도 있다. 사전에서 'band'를 찾아보면 10여 개의 다른 의미가 담겨 있다는 사실을 확인할 수 있다. 그렇다면 어느 것이 어떤 의미에 해당하는지를 어떻게 구별할 수 있을까?

대답은 간단하다. 그 단어를 하나의 문장 속에 넣어보는 것이다. 그러면 문장의 문법구조를 통해 해당 단어의 의미를 쉽게 찾을 수 있다. 예를 들어보자.

• 텔레비전에서 뉴스 진행자가 'Soldiers were fighting a

band of rebels in the south of the country(그 나라의 남부 지역에서 군인들이 한 무리의 저항 세력에 맞서 싸우고 있었습니다)'라고 말했다면, 여기서 'band'는 'group of outlaws(범법자 집단)'를 지칭하는 게 당연하다. 팝 그룹을 의미할 수는 없다.

• 라디오 DJ가 'The band has a new single out this month(이 그룹은 이번 달에 새 앨범을 출시한다)'라고 말했다면, 여기서 'band'는 당연히 팝 그룹을 지칭한다.

• 옷가게 점원이 'You can have the jacket with a red band on the sleeve or a green one(소매에 붉은 띠가 있는 것과 초록색 띠가 있는 것, 두 종류의 재킷이 있습니다)'이라고 말하면서 사라고 권했다면, 여기서 'band'는 당연히 가늘고 길게 잘라진 직물 조각을 의미한다.

위의 예문에서 각각 문장 안의 다른 단어 덕분에 우리는 'band'라는 단어의 정확한 의미를 도출해낼 수 있다.

문장이 필요한 것도 바로 이 때문이다. 문장 덕분에 우리는 단어의 의미를 통하게 할 수 있다. 문장이 없으면 말이나 글로 우리의 의사를 제대로 전달할 수 없다. 어린아이들은 반드시 문법을 배워야 한다. 그리고 언어의 작동 원리를 이해하고 싶다면 어른들 또한 그렇게 해야 한다. 단어를 연결하여 다양한 문장을 만들도록 해주는 언어의 다양한 방법에 관한 모든 것을 우리는 배워야 한다. 다음과 같은 방법이 가능하다.

The poodle chased the cat(푸들이 고양이를 뒤쫓았다).

하지만 이런 방법은 가능하지 않다.

Poodle cat the the chased(푸들 고양이…… 뒤쫓았다).

단어의 *배열 순서*를 바꿈으로써 의미가 달라질 수 있다.

The cat chased the poodle(고양이가 푸들을 뒤쫓았다).

마찬가지로 단어의 *어미*를 바꿔도 의미를 변화시킬 수 있다.

The poodles chased the cats(푸들들이 고양이들을 뒤쫓았다).

단어로 문장을 만드는 방법은 수백 가지에 달한다. 그리고 초등학교에 입학할 무렵 아이는 그 대부분을 익힌다. 아이는 사건을 묘사하고, 질문을 던지고, 명령을 내리는 등 갖가지 언어 행위를 가능케 해주는 문장을 별 어려움 없이 만들 수 있다. 나아가 그들은 문장을 연결하여 이야기를 만들고, 대화를 하고, 문자메시지를 보낸다. 만약 문장이 없다면 아이는 방향을 잃고 헤매게 될 것이다.

언어 학습에서 문장구조에 대한 이해를 강조하는 것도 바로 이 때문이다. 문장을 구성하는 원리는 언어마다 제각각이다. 프랑스어를 비롯한 몇몇 언어는 영어와 달리 단어의 어미변화가 심하다. 반면 중국어를 비롯한 몇몇 언어는 영어처럼 단어의 어미변화가 전혀 일어나지 않는다. 한편 웨일스어를 비롯한 몇몇 언어는 단어의 배열 순서가 일반적인 경우와 완전히 다르다.

사람들이 자신의 생각을 어떻게 표현하고, 또 어떻게 서로 의사소통하는지 알고 싶으면 무엇보다도 그들의 문장 구성 방식을 연구해야 한다. 문장구조에 대한 연구가 바로 문법이다.

문법아 놀자!

우스갯소리를 만드는 고전적인 방법 중 하나는 문법을 이용하여 특정 단어의 의미를 놀이의 대상으로 삼는 것이다. 이것은 코미디언이나 텔레비전 시트콤에서 약방의 감초처럼 활용하는 방법이기도 하다. 특정 단어의 의미가 쉽게 드러나는 말을 불쑥 던진 다음, 그 단어가 전혀 다른 의미로 사용되는 문장을 곧바로 연결시키는 것이다. 사람들은 놀라 잠시 어리둥절하다가 결국에는 웃음을 터뜨린다. 한 가지 예를 들어보자.

Soldiers were fighting a band of rebels in the south the country. They didn't like their last album(그 나라의 남

부 지역에서 군인들이 한 무리의 저항 세력에 맞서 싸우고 있었습니다. 그들은 자신들의 마지막 앨범을 좋아하지 않았습니다).

이러한 방식으로 우스갯소리를 무한정 만들어낼 수 있다. (나는 이런 식의 우스갯소리가 결코 바람직하다고 생각하지 않는다. 독자 여러분께서 이 점을 헤아려주시길!) 다음은 또 다른 우스갯소리의 예문이다. 각자 머릿속에 떠오르는 대로 뒤에 붙일 문장을 완성해보자.

Sharon had a bright green band on her hat. It(샤론은 그녀의 모자에 밝은 초록색 띠를 두르고 있다. 그것은) ________________

____

____

____

CHAPTER 7

대화하기

소리, 단어, 문장은 왜 필요할까? 다섯 살 아이는 태어난 후부터 4만 시간 이상을 살아온 셈이 된다. 그런데 그들은 그중 많은 시간을 말을 배우는 데 소비한다. 아이는 자신의 언어가 담고 있는 무수한 소리, 수백 가지의 문장 구성법, 그리고 수천 개의 단어를 익혀왔다. 두 가지 이상의 언어를 사용하는 가정이나 공동체에서 자라는 아이들은 그보다 두세 배나 가중된 정신노동에 시달려야 하는데, 전 세계적으로 그 수가 수백만 명에 달한다. 왜 그래야 할까? 도대체 언어는 왜 필요한 것일까?

우리는 갖가지 이유에서 언어를 사용한다. 그중 가장 큰 이유는 서로 말을 주고받기 위해서다. 우리는 언어의 도움으로 잡담을 하고, 게임을 하고, 새로운 소식을 듣고, 농담을 하고, 도움을

청하고, 서로의 이름을 부르는 등 수천 가지의 일을 할 수 있다. 언어가 없다면 전혀 불가능한 일이다. 그중 가장 흔하고 일상적인 언어 사용 형태가 바로 '대화'다.

서로 말을 주고받는 행위는 아주 당연하고 자연스러운 것으로 여겨진다. 그 점에 관해서는 조금의 의문도 없다는 듯이 누구나 고개부터 끄덕인다. 하지만 실상은 그렇지 않다. 우리는 대화하는 방법을 배워 익혀야만 했다. 다시 말해 우리는 대화의 법칙을 학습해왔던 것이다.

그렇다면 성공적인 대화로 이끄는 가장 기본적인 법칙은 무엇일까? 교대로 말을 하는 것이다. 내가 먼저 말하면 그다음 당신이 말하고, 다시 내가 말하면 그다음 다시 당신이 말한다. 원칙적으로 여러 사람이 동시에 말을 하며 제대로 의사소통을 할 수는 없다. 물론 논쟁을 하는 경우처럼 때론 여러 사람이 동시에 말하기도 한다. 하지만 그것은 일시적인 현상으로, 상황이 진정되면 곧바로 주고받는 패턴으로 되돌아간다.

이러한 규칙은 여러 사람이 대화에 참여하는 경우 특히 중요하다. 길거리에 서서 친구 세 명과 최근에 개봉된 '007 시리즈'에 관해 대화를 한다고 가정해보자. 다들 나름 할 이야기가 있다. 대화가 순조롭게 진행되려면 네 명 모두에게 돌아가면서 각자의 생각을 말할 기회가 주어져야 한다. 그렇게 되면 모두가 만족하고 즐거울 것이다.

하지만 그렇지 않은 경우 불만을 품거나 기분이 상하는 친구가 생길 가능성이 높다. 그중 한 사람만 계속 말을 하며 다른 사람에게는 기회조차 주지 않는다고 가정해보자. 흔히들 이런 상황을 일컬어 '대화 독점(monopolizing the conversation)'이라고 한다. 혹은 당신 차례인데 다른 사람이 끼어들어 방해하는 바람에 당신이 하고자 하는 말을 끝마치지 못한다고 가정해보자. 언제 어디에나 남의 말에 끼어들기 좋아하는 사람이 있게 마련이다. 한 연구에 따르면 남자가 여자의 말을 가로막는 경우가 그와 반대되는 경우보다 흔하다고 한다.

대화에서 가장 기본적인 원칙인 순서 바꾸기(turn-taking)는 결코 자연스럽게 주어지지 않는다. 우리는 그 방법을 배워 익혀야 한다. 그리고 아기는 그런 학습 과정을 아주 이른 시기에, 다시 말해 생후 1년 안에 시작한다. 아기는 엄마가 말하는 것을 듣는다. 아기가 옹알거린다……. 엄마가 대답한다……. 아기가 다시 옹알거린다……. 엄마가 다시 대답한다. 듣기-말하기-듣기-말하기-듣기. 이 패턴이 모든 대화의 기본이다. 우리는 화자(speaker) 역할뿐 아니라 청자(listener) 역할을 하는 연습도 병행해야 한다.

첫돌이 지나면 아기의 대화는 보다 발전한다. 좀 더 많은 언어를 사용할 수 있게 됨에 따라 대화도 보다 예측 가능한 형태를 띠게 된다. 다음은 두 번째 돌 무렵의 수와 아빠인 나의 대화 중 한 예다. 우리는 함께 그림책을 보고 있었다. 내가 "What's that(저건 뭐니)?"이라고 묻자 수는 "Dog(개)"라고 대답했다. 이어 내가 "Yes, that's a dog(그래, 저건 개야)"라고 말한 뒤 "It's a big brown dog, isn't it(큰 갈색 개다, 그렇지)?"이라고 덧붙였다. 그러자 수는 "Yes(예)"라는 대답과 함께 'brown dog(갈색 개)'라는 말을 따라

했다. 말하자면 수는 용감하게도 'brown'이라는 새로운 단어의 발음에 도전한 것이었다.

부녀간에 이루어진 이 짧은 대화를 좀 더 세밀하게 분석해보자. 대화는 다섯 부분으로 나뉜다. 내가 묻자 딸이 대답했다. 그리고 다시 내가 딸의 말에 맞장구를 쳤다. 그런데 이 대목에서 특이점이 발견된다. 나는 그저 'Yes'라는 말로 그 대화를 중단할 수도 있었지만 그러지 않았다. 나는 딸의 빈약한 한 단어 문장에 살을 붙여 'that's a dog'라는 보다 큰 문장을 만들었다. 그럼으로써 나는 딸에게 단어를 덧붙여 문장으로 만드는 방법을 가르쳐준 셈이다. 오래지 않아 내 딸 수는 스스로 문장을 만들어내기 시작했다.

하지만 나는 한 문장을 가르치는 것으로 멈추지 않았다. 나는 개에 관한 추가 정보를 더해 또 다른 문장을 만들었다. 그 개는 클(big) 뿐만 아니라 갈색(brown)이었다. 다시 말하지만 나는 굳이 그런 것까지 말해줄 필요가 없었다. 그런데도 왜 그렇게 했을까? 그 다음으로 이어진 수의 말에서 그 답이 분명해진다. 내 딸이 난생 처음으로 'brown'이라는 단어를 발음한 것이다. 만약 그때 나에게서 듣지 않았다면 수가 굳이 그 단어를 찾아 발음을 시도하는 일은 없었을 게 분명하다. 의식하지도 못한 채 나는 어린 딸에게 특정 단어를 가르치고 있었던 셈이다.

부모와 두 살배기 아이 사이에 이루어지는 대화는 보통 이와 비슷하다. 부모는 끊임없이 이전에 아기 스스로 만든 것보다 조금 더 복잡한 문장을 아기에게 제시하려 한다. 말하자면 부모가 교사 역할을 하는 것이다.

다시 1년이 지나자 딸과의 대화는 새로운 국면으로 접어들었다. 아마 세 살 반쯤 되었을 때일 것이다. 어느 날 수가 내게 "Can I have a biscuit(비스킷 하나)?"이라고 말했다. 그때 나는 평소와 다른 특이한 행동을 취했다. 비스킷 하나를 꺼내 들고는 곧바로 건네주는 대신 "Can I have a biscuit(비스킷 하나)…?"이라고 되물었다. 그러자 즉각 내 의도를 알아챈 딸아이가 "Can I have a biscuit, please(비스킷 하나 주세요)!"라고 고쳐 말했다. 그제야 비로소 나는 "Good girl(참 잘했어요, 우리 공주님)!"이라는 칭찬과 함께 비스킷을 건네주었다. 물론 딸아이는 "ta(고맙습니다)"라는 말도 잊지 않았다.

이 짧은 대화에서 아빠인 나는 대체 무엇을 하고 있는 걸까? 딸 수에게 *예의 바*른 대화법을 가르치고 있는 것이다. 아이는 어릴 때부터 'please'나 'thank you'(처음에는 'ta')와 같은 표현을 말하는 법을 배워야 하는데, 이것은 아이가 몸에 익혀 완전히 습관화할 때까지 부모가 반복적으로 사용해야 가능하다. 그런 단계에 이르기까지는 꽤 많은 시간과 노력이 요구되지만, 일반적으로 네 살 무렵이면 대부분의 아이가 기본적인 언어 예절을 익히게 된다.

아이는 다른 사람에게 공손히 말하는 방법과 관련된 모든 것을 배워야 한다. 'Hello', 'Goodbye', 'Good morning', 'Good night' 등은 물론이고 어른을 부를 때 'Mr'나 'Mrs'를 붙이는 법을 배워야 한다. 그뿐만 아니라 누군가가 재채기를 하면 'Bless you(신의 가호가 있기를)!'라고 말할 줄도 알아야 한다. 그리고 몸의 어딘가를 다쳤거나 화가 나도 절대 입에 담지 말아야 할, 혹은 적어도 부모의 귀에 들어가게 해서는 안 되는 '상스러운 말(naughty words)'도 있다는 사실을 배워야 한다.

아이는 듣는 법도 배워야 한다. 이는 조용히 상대방의 말에 귀를 기울인다는 것 이상을 의미한다. 두 사람이 대화를 할 때 한 사람이 말하면 한 사람은 듣는 것이 당연하다. 하지만 듣는 입장이라고 해서 가만히 귀만 열어놓고 있는 것은 아니다. 그와 반대로 듣는 사람도 항상 적극적이어야 한다. 머리를 끄덕이거나 가로저어 동의나 반대 의사를 표시하고 '음(mhm)', '쯧쯧(tu tu)' 등과 같은 소리를 내거나 'yes', '어이쿠(gosh)', '아니, 정말(no, really)?' 등과 같은 식으로 맞장구를 치기도 한다. 듣는 사람은 상대방(말하는 사람)에게 일종의 *피드백*을 한다. 다시 말해 상대방의 말을 자신이 이해하고 있다는 점을 계속 상기시키는 것인데, 이는 대화에서 아주 중요하다. 일반적으로 말하는 사람은 자신이 현재 상대방을 납득시키고 있는지를 끊임없이 확인하고 싶어 한다. 상대방이 아무런 반응도 보이지 않는데 어떻게 말을 계속 이어나갈 수 있겠는가!

아기는 이런 종류의 피드백에 익숙하지 않다. 어린아이를 상대로 우리의 말이 제대로 먹혀드는지 확인할 수 없는 경우가 종종 발생하는 것도 바로 이 때문이다. 이것은 아이가 성장해가며 조금씩 배워나가야 할 사항이다. 남의 말을 들으면서 상대방에게 이런 식의 적극적인 반응을 보이기 시작하면 그 아이가 제대로 된 대화의 단계로 접어들었다는 신호라고 받아들여도 된다.

아이가 배워야 할 대화의 또 다른 특징은 '행간을 읽는 방법(how to read between the lines)', 다시 말해 다른 사람들이 던지는 말의 숨은 의미를 알아채는 방법이다. 사람들은 항상 의도하는 바를 직설적으로 표현하지는 않는다. 특히 상대방의 기분을 배려하는 경우에 그러하다. 날씨가 조금 쌀쌀한데 열린 문 옆에 서 있다고 가정해보자. 이런 상황이라면 방 안의 누군가가 당신을 향해 공손하게 "문 좀 닫아주시겠어요(Would you close the door, please)?" 라고 부탁하거나 직설적으로 "문 닫아요(Shut the door)!"라고 말할 것이다. 하지만 다음과 같은 식의 간접적인 방법으로 당신이 문을 닫아주면 고맙겠다는 의사표시를 할 수도 있다.

"방 안 공기가 왜 이렇게 차갑지(It's getting cold in here)."
"어 추워, 찬바람이 씽씽 부네(Gosh, there's a draught)."
"부르르르(Brrrr)."

사람들은 굳이 왜 이런 식으로 말하는 걸까? 직설적으로 부탁하면 혹시 상대방에게 불쾌감을 주지나 않을까 염려하기 때문이다. 간접적으로 에둘러 의사를 표현함으로써 문을 닫을지 말지에 관한 결정권을 상대방에게 일임한다. 이런 말을 듣고도 그대로 서 있을 만큼 무딘 사람은 그리 흔치 않다.

물론 완전히 자기 것으로 만들기까지는 상당한 시간이 걸리지만, 아이도 이 모든 것을 배워나가야 한다. 내가 초등학교에 다닐 때였다. 한 교사가 지나가면서 일곱 살쯤 되어 보이는 남자아이에게 "제임스, 마룻바닥에 분필이 떨어져 있네"라고 말했다. 그러자 제임스라고 불린 아이는 분필을 확인하곤 "예 선생님, 분필 보여요"라고 대답하면서 더 이상의 반응을 보이지 않았다. 화가 난 교사가 "그럼 당연히 주워야지!"라고 호통을 쳤다. 사실 그녀는 다른 대답을 기대했던 것이다. 그 사건을 계기로 오래지 않아 제임스는 행간 읽는 법을 배우게 되었을 것이다.

이상한 대화들

사람들은 종종 자기 자신과 대화한다. 혹은 식물이나 식기세척기(특히 어딘가 고장이 났을 경우)에게도 말을 건다. 아이는 장난감에게 말을 건다. 세 살 된 아이는 꽤 오랫동안 상상의 대화를 이어갈 수 있다. 엄마는 장난감과 아이의 대화 속에서 자신이 아이에게 했던 말이 고스란히 반복되는 것을 듣기도 한다. 그런 상황이 때론 아주 당혹스럽다.

오늘날 우리는 컴퓨터 기술의 도움으로 자동차에 비치된 이동식 전화기나 세탁기 등 다양한 종류의 기기와 대화한다. 기기는 우리의 말을 인식하고(물론 우리가 정확히 발음한다면) 그에 따른 작동을 한다. 예를 들어 '30도의 냉수'라고 명령하면 세탁기가 그대로 작동하는 식이다.

위성 내비게이션을 갖춘 자동차는 정반대인 경우다. 이번에는 기기가 우리에게 말을 건다. 기기에서 나오는 여성의 목소리가 "8킬로미터 직진한 후 좌회전하세요"라고 하면 그 명령을 거부하기 어렵다. 이때 나는 대개 "예, 엄마"라고 대답하곤 얌전히 지시를 따른다. 그러다 보니 그녀의 지시가 없으면 내가 잘 아는 방향으로 운전해가면서도 불안해지는 기현상까지 벌어지곤 한다. 혹시 방향을 잘못 잡았다가 그녀에게 호된 꾸지람을 듣지나 않을까 염려하는 것이다.

CHAPTER 8

읽고 쓰기 학습

'챕터 7' 말미에서 우리는 제임스라는 아이의 사례를 들어 '행간을 읽는 방법'에 관해 잠시 살펴보았다. 물론 그 아이는 읽고 있는 것이 아니라 듣고 있었다. 우리는 종종 문어(文語, written language)에서 사용되는 표현을 이용하여 구어(口語, spoken language)를 설명하는데, '행간 읽기'가 대표적인 경우다. 앞선 '챕터 5'에서 지적했듯이 우리가 말하는 소리 중 상당수는 눈으로 확인하기 어렵다. 반면 우리가 쓰는 부호는 쉽게 읽힌다. 이들 부호는 책의 페이지나 컴퓨터 화면에 그대로 노출되기 때문이다.

책, 컴퓨터, 텔레비전 등과 쉽게 접할 수 있는 세계의 특정 지역에서 성장하는 아이는 아주 이른 시기부터 읽기에 관해 배운다. 부모는 대개 채 두 살도 되기 전부터 자녀에게 이야기(주로 동화)

를 읽어준다. 심지어 어떤 부모는 아이를 안고 인터넷을 한다. 내가 아는 두 살배기 아이는 컴퓨터 자판의 몇몇 글자를 식별하는 법을 익혀 명령대로 누르기까지 했다. 조만간 전철 안에서 두 살배기 아이들이 문자메시지를 보내는 장면을 자주 목격하게 될지도 모른다.

책에 노출되는 경우 아이는 곧 읽기와 관련된 기본 사실들을 배우게 된다. 아이는 책이 페이지로 구성되어 있으며, 페이지마다 특정한 순서가 매겨져 있음을 알게 된다. 영어를 비롯한 대부분의 언어권 사람들은 오른쪽에서 왼쪽으로 책장을 넘긴다. 반면 아랍어와 같은 몇몇 언어권 사람들은 왼쪽에서 오른쪽으로 책장을 넘긴다. 아이는 또한 책을 특정한 방식으로 들고 읽어야 한다는 것도 배운다. 특히 그림책은 거꾸로 들고 읽으면 아주 이상하게 보인다. 뿐만 아니라 아이는 그림이, 그중에서도 특히 사람, 동물, 자동차 등 자기 주변 세계로부터 익혀 알고 있는 사물을 모사한 그림이 매우 매력적이라는 사실을 곧 깨닫게 된다.

아이는 페이지를 거의 채우다시피 하는 작고 까맣고 구불구불한 선의 존재도 인식한다. 그리고 시간이 흐르면 그런 선이 중요한 것을 가리킨다는 사실을 깨닫는다. 어떤 이야기가 정말로 재미있었다면 그것은 책을 읽어주는 사람이 그 까맣고 구불구불한 선으로부터 흥미로운 뭔가를 끄집어낼 수 있기 때문에 가능한 일이라는 사실을 차츰 알아가게 되는 것이다. 그런데 여기에도 배워야 할 규칙들이 있다. 까맣고 구불구불한 선들이 모여 일정한 간격의 줄을 만드는데, 이 줄들은 (영어의 경우) 위에서 아래로, 그리고 왼쪽에서 오른쪽으로 읽어야 한다. 하지만 아랍어나 중국어에 노출된 아이라면 오른쪽에서 왼쪽으로 읽어나가는 법을 배워야 한다.

오래지 않아 아이는 여러 번 반복해서 읽어도 책 자체는 (혹은 그 내용은) 전혀 변하지 않는다는 사실도 깨닫는다. 그 결과 아이는 반복 읽기를 통해 좋아하는 이야기를 암기할 수 있게 된다. 잠자리에서 아이에게 동화를 읽어주면서 몇 페이지를 슬쩍 건너뛰었다가 곤욕을 치른 적이 있는 부모라면 내 심정에 공감할 것이다. 언젠가 너무 피곤한 하루를 보낸 날 저녁, 나는 딸아이에게 잠자리 동화로 『아기 돼지 삼형제(The Three Little Pigs)』를 읽어주면서 짚으로 지은 집에서 곧장 벽돌로 지은 집으로 건너뛰었다. '아기 돼지 이형제'로 바꿔도 눈치채지 못할 거라고 착각했던 것이다. 하지만 어림도 없는 일이었다. 그 대가로 나는 호된 항의와 함께 동화책을 아예 처음부터 다시 읽어야 했다. 나무로 만든 둘째 돼지의 집에 특히 주의를 기울이면서.

우리는 종종 아이들이 문어에 얼마나 자주 노출되는지를 깨닫지 못한다. 가게 간판이나 게시판, 슈퍼마켓, 버스의 앞면이나 옆면, 신문이나 각종 봉투, 부엌 찬장에 비치된 각종 통이나 병, 텔레비전의 상업광고나 영화 홍보물, 그리고 당연히 컴퓨터 모니터나 휴대전화 등 아이가 글자나 문자를 접할 수 있는 곳은 지천으로 널려 있다. 따라서 3~4세가량의 아이가 문자를 이해한다고 해도 그리 놀랄 일은 아니다. 실제로 간단한 실험을 해보면 이런 사실이 금세 입증된다.

글자가 쓰여 있거나 쓰여 있지 않은 사물 혹은 상황을 찍은 사진 몇 장을 수집하라. 첫 번째 샘플로는 앞면에 번호판이 달려 있고 옆면에 회사명이 적힌 버스나 창문 위에 간판이 내걸린 상점을 담은 사진, 두 번째 샘플로는 시골 풍경이나 둘러서 있는 한 무리의 사람을 찍은 사진이 무난하겠다. 아이에게 사진을 보여주며 읽을 수 있는 무언가가 담긴 사진을 가리켜보라고 말해보라. 스스로 무엇인가를 읽는 법을 배우기 전의 아이조차도 쉽게 답을 찾을 수 있을 것이다.

신문을 보고 있는 성인 여성, 정원을 손질하고 있는 성인 남성, 문자메시지를 보내고 있는 소년, 자전거를 타고 있는 소녀의 모습을 각각 담고 있는 네 장의 사진으로도 비슷한 실험을 할 수 있다. 아이에게 사진을 보여주며 이번에는 무언가를 읽고 있는 사람을 가리켜보라고 말해보라. 읽을 준비를 갖춘 단계에 이른 아이라면 어렵지 않게 성인 여성과 소년을 선택할 것이다.

다음 단계는 좀 더 까다롭다. 페이지 위에 등장하는 서로 다른 부호들을 인식해야 하는 일이다. 영어에서는 알파벳과 구두점(punctuation)을 배워야 한다. 중국어와 일본어에서는 상형기호(pictorial sign)를 배워야 하는데, 이는 £, &, @ 등과 같이 불과 몇 개의 그림기호(picture sign)만 갖고 있는 영어의 경우와 확연히 구별된다.

다른 대부분의 언어와 마찬가지로 영어 표기는 알파벳을 이용한다. '알파벳(Alphabet)'이란 그리스어 표기체계(system of writing)의 처음 두 글자의 명칭인 '알파(alpha)'와 '베타(beta)'에서 유래한 단어다. 원래 알파벳에서는 소리와 글자가 일대일 대응 관계를 이룬다. 철자 〈b〉에 소리 [b]가 대응하고, 철자 〈s〉에 소리 [s]가 대응하는 것과 같은 식이다. 여기에서 '〈 〉'와 '[ ]'라는 두 개의 서로 다른 괄호 부호가 사용되고 있는데, 이는 글자 혹은 철자와 소리 혹은 발음을 구분하기 위해서다.

이상적인 형태의 알파벳은 1자 1음의 순수한 표음문자로, 이 경우에는 읽기가 아주 쉽다. 하지만 불행히도 영어는 그렇지 못하다. 영어 알파벳은 26개의 글자 혹은 자모로 구성되어 있는 반면 영어의 소리는 40개가 넘는다. 이는 곧 어떤 글자는 두 개 이상의 소리와 대응한다는 것을 의미한다. 예를 들어 글자 〈o〉는 어떻게 발음해야 할까? 상황에 따라 제각각이다. 'got', 'go', 'son', 'woman', 'women' 등과 같은 단어를 발음해보면 이 점을 확인할 수 있다. 'got'의 경우처럼 짧게 발음되기도 하고, 'go'의 경우처럼 길게 발음되기도 한다. 'women'의 경우처럼 심지어는 [i]와 비슷하게 발음되기도 한다.

이뿐만이 아니다. 때론 하나의 소리에 두 개의 글자가 대응한다. 누군가에게 조용히 하라고 말할 때 내는 소리를 예로 들어보자. 우리는 이 소리를 'sh(쉬)'라는 두 글자로 표기한다. 또한 이 소리를 길게 늘여 발음하는 경우 'shhhh(쉬~)' 하는 식으로 두 개 이상의 글자로 표기하고, 엄청나게 큰 소리로 말한다는 점을 강조하고 싶을 때는 'Sh(쉬)!'라는 식으로 느낌표를 붙인다. 이와 관련해서만도 배워야 할 게 한두 가지가 아니다. 또 다른 경우를 살펴보자. 먼저 대문자를 사용하여 'SHHH!'라고 표기할 수도 있고,

아예 한 단어로 만들어 'Shush'라고 적을 수도 있다.

대문자는 복잡성을 가중시킨다. 영어 알파벳은 원래 26개의 글자로 이루어져 있지만, 대문자가 더해지는 경우 두 가지 형식을 취하기 때문에 그 수가 52개로 늘어난다. 'big A'와 'little a', 'big B'와 'little b' 등과 같은 식으로 우리는 두 가지 형태의 글자를 동시에 갖고 있는 셈이다. 인쇄업자들은 'big'과 'little' 같은 단어를 사용하지 않는다. 그들 사이에서 대문자는 '어퍼케이스(upper-case)' 혹은 '캐피털 레터(capital letter)'로, 소문자는 '로어케이스(lower-case)'로 통용된다. 이들 용어는 옛날 식자공들이 인쇄에 필요한 활자를 두 개의 큰 상자, 즉 'case(케이스)'에 보관한 데서 기인한다. 큰 활자는 식자대(植字臺)의 상단에 위치한 상자 '어퍼케이스'에 보관된 반면 작은 활자는 그보다 아래에 놓인 상자 '로어케이스'에 보관했던 것이다.

문제는 여기서 그치지 않는다. 대문자와 소문자라는 두 가지 형식의 글자는 수없이 다양한 형태를 취할 수 있다. 다음은 잡지나 컴퓨터 모니터에 등장하는 글자 'A'의 몇 가지 형태를 예시한 것이다.

A, A, A, A, A, A, A, A, A, A

이들 변이 형태는 모두 *활자체(typeface)*라고 불리는 다양한 프린팅 디자인에서 나왔다. 시각상의 큰 차이에도 불구하고 이 모든 형태가 결국은 단일한 글자 'A'를 나타낸다는 사실을 우리는 서서히 배워왔다. 하지만 처음에는 이러한 차이가 읽기 학습에 방해가 될 수도 있다.

이 모든 어려움에도 불구하고 2~3년만 지나면 대부분의 아이는 읽는 법에 어느 정도 익숙해진다. 취학 전에 알파벳을 가르치는 부모도 있다. 이 경우 아이는 보통 자신의 이름 쓰기 등 극히 제한된 몇 글자로 반복 연습한다. 처음에는 개별 글자가 자기 이름을 의미한다고 생각한다. 이를테면 'L'은 'Lucky'를, 'M'은 'Mateo'를 의미한다. 그리고 점차 'X'는 'kiss(뽀뽀)'를, 'K'는 'cornflakes(콘플레이크)'를, 'P'는 'Parking(주차)'을, 'M'은 'McDonalds(맥도날드)'를 의미하는 식으로 그 적용 범위가 확장된다.

여기에서 'Ben'이나 'Dad'와 같이 글자를 연결하여 읽고 말하는 단계까지는 잠시다. 아이는 '단어'가 양옆에 일정한 공간을 가진다는 사실을 배운다. 그리고 이러한 단어 형태 중에는 페이지 위에서 유독 두드러지는 것도 있다는 사실을 깨닫는다. 예를 들어 그림동화 『위니 더 푸우(Winnie The Pooh)』를 함께 읽으면서 아이에게 등장하는 동물의 이름을 물어보는 경우, 그 페이지의 다른 단어는 전혀 모르면서 대다수가 'Pooh', 'Tigger', 'Owl'과 같은 단어를 가리킬 수도 있다.

이제 돌파구가 열린 셈이다. 아이는 연속된 세 글자 ⟨d⟩+⟨o⟩+⟨g⟩가 자신이 [dog]라고 말할 때 만들어지는 소리의 연속체와 상응한다는 사실을 배운다. 그리고 동시에 대부분의 단어가 이와 비슷한 규칙을 따른다는 사실도 깨닫는다. 물론 모두 다 그런 것은 아니다. 이를테면 'the'나 'cough'와 같은 이상한 단어는 다른 방식으로 접근해야 한다. 다시 말해 그대로 외워야 한다. 하지만 'cat', 'top', 'swim', 'strong', 'tomato'와 같은 단어는 한 글자씩 발음할 수 있다. 때론 두 글자에 하나의 소리가 대응하기도 한다는 사실을 깨닫고 난 이후부터 아이는 'tree', 'look' 등 무수한 단어에 도전한다. 그리고 결국에는 단어를 한 글자, 한 글자 읽어나가는 수준을 벗어나 읽기의 달인으로 도약하게 된다.

하지만 '한 글자, 한 글자 또박또박 읽기(sounding out)'는 결코 가볍게 버릴 수 있는 기술이 아니다. 새로운 긴 단어와 마주칠 때마다 다시 이 기술에 의존해야 한다. 예를 들어 생물학에서 중요하게 다뤄지는 개념어인 'DNA'의 원래 단어 'deoxyribonucleic acid'를 발음해보자. 유일한 방법은 'de-oxy-ri-bo-nu-cle-ic' 하는 식으로 한 부분씩 나누어 천천히 읽어나가는 것이다. 이번에는 이 단어를 나누지 말고 단번에 죽 읽어보라. 몇 번 연습해보면 별 어려움 없이, 혹은 굳이 머릿속에 분철을 떠올릴 필요 없이 발음할 수 있을 것이다.

취학 전에 이미 이 모든 것을 스스로 깨우쳐 간단한 이야기를 읽거나, 심지어 짧은 글짓기까지 할 수 있는 아이도 간혹 있다. 하지만 대부분의 읽기와 쓰기 학습은 학교에서 이루어진다. 아이들 중 몇몇이 읽기를 배우는 데 특별한 문제가 있다는 사실을 발견하는 것도 보통 학교에서다. 그런 아이는 소리와 글자의 관계를 이해하는 데 어려움을 겪는다. 그들은 페이지 위에서 글자가 나열

되는 순서를 제대로 파악하지 못한다. 아무리 뚫어져라 바라봐도 그들의 눈에는 글자가 종이 위에 온통 뒤죽박죽으로 흩뿌려진 까만 곡선과 점으로 비칠 뿐이다. 이런 학습 장애를 *난독증(dyslexia)*이라 부르는데, 이를 극복하려면 특별한 도움이 필요하다.

읽고 쓰는 능력의 유무에 따라 우리는 *비문맹자(literate)*와 *문맹자(illiterate)*로 구분한다. 전 세계적으로 읽고 쓰는 법을 배우지 못한 문맹자는 수백만 명에 달한다. 아마도 그들은 어렸을 때 주변에 학교가 없었거나, 설령 학교가 있었더라도 책이나 필기도구를 제대로 갖추지 못할 만큼 가난한 환경에서 자랐기 때문에 배우지 못했을 것이다. 심지어는 영국이나 미국과 같은 나라에서도 읽지 못하거나 읽는 데 큰 어려움을 겪는 사람이 의외로 많다. 그리고 실제로 영어를 사용하는 사람들은 거의 누구나 철자법이라는 까다로운 문제와 씨름해야 한다. 그렇다면 영어 철자법이 이처럼 악몽으로 변한 이유는 무엇일까?

특수문자들

앞을 못 보는 사람은 어떻게 읽는 법을 배울 수 있을까? 가장 널리 이용되는 방법 중 하나가 바로 시각장애인용 문자인 점자[*Braille* : 'brayl(브라일)'로 발음]인데, 19세기 초에 이 특수문자를 고안한 프랑스인 루이 브라유(Louis Braille)의 이름에서 따온 명칭이다. 직사각형 안에 특정하게 조합하여 양각한 점을 손가락 끝으로 만져 글자로 인식할 수 있게 만든 것이 가장 기본적인 형태다. 숫자, 구두점, 그리고 (프랑스어의 경우처럼) 강세가 표시되는 글자를 위한 특수 형태도 있다.

좀 더 발전된 버전에는 아주 빈번히 쓰이는 'and', 'you', 'have' 등의 단어나 (이를테면 'jumping', 'going'에 등장하는) 'ing'와 같이 단어의 특정 부분을 가리키는 형태도 있다. 이런 형태를 사용하면 점자의 개수가 크게 줄어들기 때문에, 특히 공공 표지나 식당의 메뉴판과 같이 공간이 제한된 곳에서 유용하다.

각각의 칸은 최대 여섯 개의 점으로 구성되는데, 그림 속의 검은색 점들은 돌출되었음을 나타낸다. 영어는 일반적으로 열 개씩의 칸으로 구성된 두 그룹과 여섯 개의 칸으로 구성된 마지막 그룹으로 나뉜다. 세심히 살펴보면 하단부에 검은색 점 하나가 더해진 것을 제외하곤 K에서 T까지와 A에서 J까지는 동일하다. 마찬가지로 하단부에 검은색 점 두 개가 더해진 것을 제외하곤 U, V, X, Y, Z와 A에서 E까지도 동일하다. W는 특이한 경우인데, 루이 브라유가 이 체계를 고안할 당시의 프랑스어 알파벳에는 이 글자가 존재하지 않았기 때문이다.

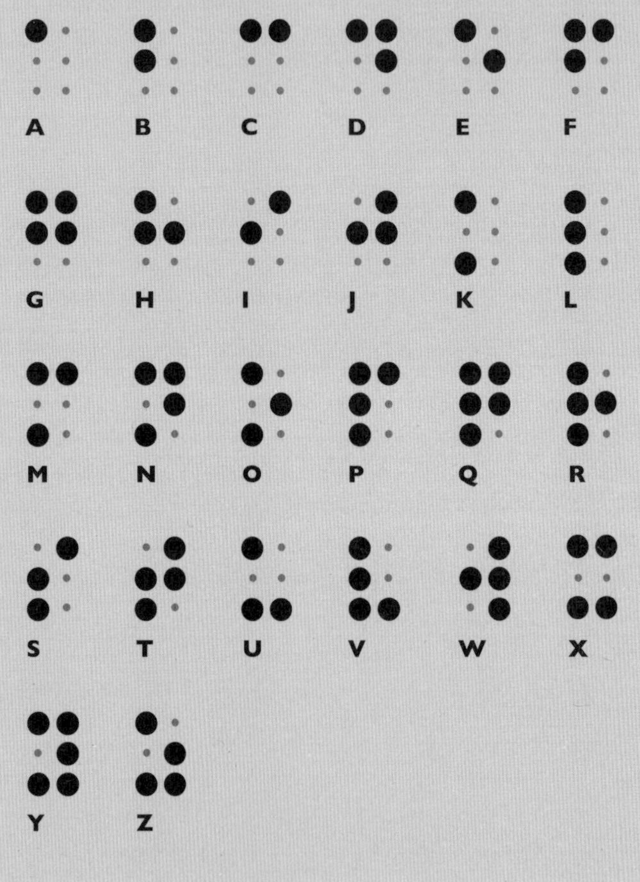

다음에 나와 있는 점자를 영어로 옮겨보라.

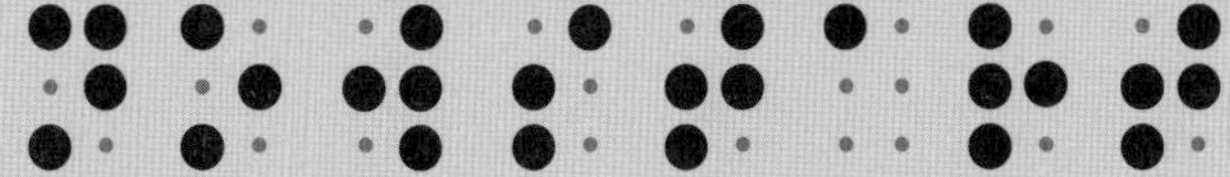

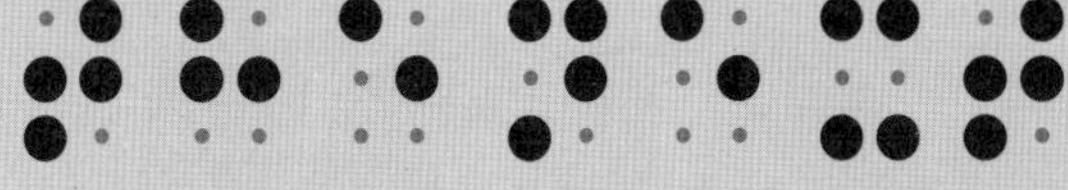

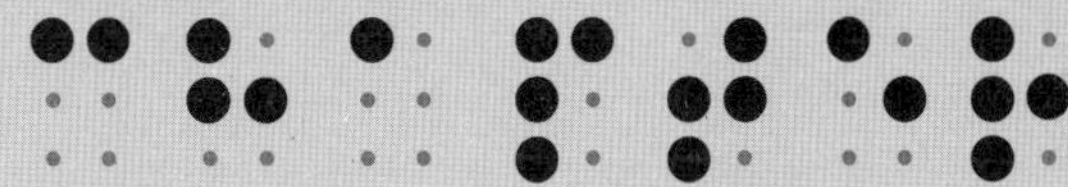

Now start the next chapter

CHAPTER 9

철자와의 씨름

읽는 데는 능숙하면서 철자에는 어려움을 겪을 때가 있다. 왜 그런 걸까?

독자를 위해 누군가가 미리 맞춤법에 따라 철자해놓았기 때문이다. 그건 결코 쉽지 않은 작업으로, 그 덕분에 우리는 단어를 대략 훑어나가면서 모든 글자에 세심한 주의를 기울이지 않아도 별 어려움 없이 텍스트를 이해한다. 심지어는 다음과 같은 경우처럼 몇몇 글자를 빠뜨리고도 문장을 읽을 수 있다.

I xpct you cn read ths sntnce.

앞으로 ('챕터 30'에서) 상세히 다루겠지만, 특히 문자메시지를 보내는 사람들이 이런 형식의 글쓰기를 선호한다. 하지만 어떤 단어를 철자할 때는 그 어떤 편법도 허용되지 않는다. 한 단어를 정확히 표현하려면 모든 글자를 빠짐없이 순서에 따라 나열해야 한다.

이것은 까다롭기 그지없는 일이다. 어떤 단어, 이를테면 'TOMATOES'를 큰 소리로 한 자 한 자 또박또박 읽어보라는 지시를 받았다고 가정해보자. 우리는 먼저 머릿속으로 이 단어의 구어적 형태를 그려본 다음–그 단어가 이전에 표기된 것을 본 적이 있다면–그것의 문어적 형태를 기억해내야 한다. 그리고 최종적으로 이 단어의 해당 글자를 다시 머릿속으로 하나하나 재확인한 다음 글자들의 명칭을 정확한 순서에 따라 큰 소리로 말해야 한다.

이 단어를 이전에 본 기억이 없다면 또 다른 일이 우리를 기다린다. 언어음에 대한 우리의 감각에 의존하여 머릿속으로 해당 단어의 철자를 그려보아야 하는 것이다. 정상적으로 철자되는 단어라면 크게 걱정하지 않아도 된다. 하지만 사람들은 보통 그처럼 쉬운 단어를 문제로 던지지 않는다. 특히 경연 대회인 경우에는 'accommodation,' 'bureaucratic', 'rhinoceros'와 같이 무시무시하게 철자하기 까다로운 단어를 선택한다.

철자 경연 대회(spelling competition)에 참가한 경험이 있는 사람이라면 얼마나 실수하기 쉬운지 잘 알 것이다. 설령 문제로 제시된 단어의 철자를 잘 알고 있더라도, 분초를 다투는 긴박한 상황에서 한 글자도 틀리면 안 된다는 강박관념까지 더해져 몇 글자를 틀리는 것은 차치하고 심지어는 아예 단어 자체를 혼동하는 경우가 비일비재하다. 이를테면 T-O-M-A-T-E-O-S라고 답할 경우, 단어의 끝머리에 E가 온다는 생각에만 사로잡힌 나머지 그 글자를 너무 빨리 말해버린 사례라 할 수 있다. 심사위원에게 하소연해도 소용없다. 철자란 무엇보다도 정확성이 생명이기 때문이다.

그렇다면 정확하게 철자해야 하는 이유는 무엇인가? 지난 300여 년 동안 철자가 사람의 가치를 판단하는 기준 중 하나가 되어왔기 때문이다. 철자가 틀리는 경우(다시 말해 맞춤법이 정확하지 않으면) 무식하거나, 부주의하거나, 게으르다는 인상을 준다. 비단 여기에서 머물지 않고 심지어는 한 사람의 인생을 좌지우지할 수도 있다. 두 사람이 동일한 직종에 지원했다고 가정해보자. 한 사람은 정확한 철자로 작성한 이력서를 제출한 반면 나머지 사람은 그러지 못했다면 둘 중 과연 누가 채용될 가능성이 높을까?

인터넷을 이용할 때도 마찬가지로 정확한 철자가 중요하다. 전자주소를 잘못 입력할 경우 우리는 원하는 사이트에 접속할 수 없다. 검색엔진에서 무엇인가를 찾으려는데 검색어를 잘못 입력할 경우 온갖 종류의 쓰레기들로부터 집중포화를 당하기 일쑤다. 구글과 같은 검색엔진은 아주 영리해서 흔히 발생하는 철자 오류를 인식하여 사용자에게 다시 입력하라고 요구하기도 한다. 언젠가 나는 플로리다(Florida)에 관한 정보를 얻고 싶었는데 실수로 그만 'Flordia'라고 입력하고 말았다. 그런데 친절하게도 컴퓨터가 '플로리다를 찾고 계십니까?' 하고 물어왔다. 아차, 실수했다. 그제야 나는 잘못을 깨달았다. 순간 얼마나 고마웠는지 모른다.

대부분의 컴퓨터는 철자 검사 기능을 갖추고 있으며, 실수로 무언가를 잘못 입력할 경우 상당한 도움이 된다. 잘못 입력한 단어는 붉은색으로 밑줄이 그어지는 등 어떤 식으로든 모니터에 표시된다. 하지만 철자검사기도 완전히 믿을 수 있는 건 아니다. 사전에 나오지 않는 단어인 경우에만 검사 기능이 작동하기 때문이다. 따라서 실제 단어와 비슷하게 보이는 철자 오류는 제대로 집어내지 못한다. 언젠가 미국인 교수 제럴드 자르(Jerrold Zar)는 「철자검사기에 바치는 송가(An Ode to a Spellchecker)」라는 시를 썼는데, 다음과 같이 시작된다.

Eye halve a spelling check her
It came with my pea sea.
It plane lee marks four my revue
Miss steaks aye kin knot sea.

어떤 철자검사기도 위의 문장에서 오류를 찾지 못한다. 직접 확인해보라.

철자법 혹은 맞춤법에 유의하지 않으면 갖가지 불편과 불이익이 초래된다. 인터넷 서핑을 제대로 할 수 없음은 물론이고 문자메시지를 보내는 데도 어려움을 겪는다. 문자메시지에서 일부 글자를 생략하는 게 '쿨(cool)'하다면, 무엇보다도 생략된 부분에 원래는 글자가 있었다는 사실을 알아야 한다. 문자메시지의 달인은 언제나 철자법의 달인이기도 하다. 우리에게 사용자명과 비밀번호를 요구하는 사이트에 등록하는 방법을 생각해보자. 철자가 하나라도 틀리면 아예 접속할 수 없다. 따라서 이런 경우 우리는 철자를 정확히 입력하기 위해 신경을 곤두세운다.

철자가 잘못되어도 크게 신경 쓸 필요가 없는 경우는 드물다. 페이스북(Facebook)이나 트위터(Twitter) 같은 소셜 네트워킹 사이트(social networking site)*를 이용한 온라인 채팅이나 인스턴트 메시지 혹은 문자메시지나 이메일을 보낼 때는 약간 이상한 철자도 일부 용인된다. 하지만 이 경우에도 주의가 필요하다. 철자가 너무 이상하면 전하고자 하는 말을 다른 사람들이 전혀 알아보지 못할 수도 있기 때문이다.

표준 철자법의 개발이 시급했던 것도 바로 이런 이유에서다. 모두가 동일한 방법으로 철자한다면 글을 통한 의사소통이 한결 원활해지지 않겠는가. 우리 모두가 각기 다른 철자 체계를 운용한다면 글을 통한 의사소통은 거의 불가능해질 것이다. 중세 시대에는 표준 철자법이 존재하지 않았다. 사람들은 자신들이 사용하는 말의 발음 형태를 반영하여 각자가 선호하는 방식으로 단어를 표기했다. 잉글랜드 북부 출신은 북부 지역의 억양을 반영하여 단어를 철자한 반면 잉글랜드 남부 출신은 남부 지역의 억양을 반영하여 단어를 철자했다. 또 사람마다 자신만이 선호하는 철자법이 있었다. 하지만 그 누구도 철자법의 일관성에는 관

* 서로 친구를 소개해 대인 관계의 폭을 넓히고자 개설한 공동체형 웹 사이트.

심을 두지 않았다. 중세 시대의 필사본에서 우리는 종종 동일한 단어가 같은 페이지에서, 혹은 심지어 같은 줄에서 서로 달리 표기된 것을 발견한다. 인명마저도 일관성이 없었다. 셰익스피어가 즐겨 사용한 서명만 해도 여섯 가지에 이른다고 전해지는데 'Shaksper', 'Shakspere', 'Shakspeare' 등이 여기에 포함된다.

사회에 새로운 분위기가 휘몰아친 18세기에 변화가 일어났다. 이제 철자는 교육을 받은 사람과 그러지 못한 사람을 구분하는 잣대가 되었다. 당시 영국에서 학교에 다닌 아이들은 철자법을 정확히 익혀야 했다. 매일 일정한 양의 철자 목록을 집으로 가져가 공부하고 다음 날 수업 시간에 그 결과를 검사받아야 했다. 말하자면 당시 학생들은 올바른 철자법을 강제로 주입받았던 것이다.

영어의 철자법이 이토록 까다로운 이유는 무엇일까? 지난 1,000년 동안 이 언어에 가해진 무수한 영향 때문이다. 영어는 앵글로색슨(Anglo-Saxon) 시대인 7세기에 수도승에 의해 최초로 기록되었는데, 당시 그들은 가능한 한 발음과 가깝게 철자하려고 최선을 다했다. 예를 들어 – 주의 깊게 들으면 – 네 개의 소리로 들리는 현재의 'queen'에 해당하는 단어는 흔히 'cwen'의 형태로 사용되며 네 글자로 표기되었다. 하지만 1066년 노르만 정복 이후 상황이 급변했다. 프랑스 작가들이 영국으로 몰려오면서 그들이 선호하는 철자법도 함께 가져왔다. 그중 하나가 바로 〈qu〉의 사용이다. 그리고 긴 모음은 〈ee〉로 표기했다.

수백 개의 단어가 그런 식으로 철자되었다. 단어 'night'의

〈gh〉가 등장한 것도 그 무렵이다. 그렇다면 'circle'과 'cell'의 경우 〈s〉가 아니라 〈c〉로 철자한 것은 무슨 까닭에서인가? 이 역시 프랑스인들의 영향 때문이다.

그렇다면 'ghost'의 〈gh〉는? 앵글로색슨 시대에는 단순히 〈g〉로 표기되었다. 하지만 이 경우에는 프랑스가 아닌 세계의 또 다른 지역인 벨기에와 네덜란드가 변화에 일조했다. 영국 최초의 인쇄업자인 윌리엄 캑스턴(William Caxton)이 1476년에 인쇄기를 조립하면서 한때 자신이 무역을 배운 북유럽 출신 사람들을 인쇄공으로 고용했다. 그들은 자신들이 선호하는 철자를 함께 가져왔는데, 그중 하나가 바로 〈gh〉였다. 당시 영어 단어 'ghost'에 해당한 네덜란드어는 'gheest'였다.

일단 책이 인쇄되기 시작하자 많은 단어의 철자가 고정되었다. 그것은 아주 반가운 소식이었다. 하지만 나쁜 소식도 있었다. 사람들이 점차 말하는 방식을 바꿔나가면서 결국에는 철자가 더 이상 발음을 반영하지 않게 된 것이다. 앵글로색슨 시대에는 'know'와 'knight' 같은 단어에 등장하는 〈k〉를 발음했으며, 그런 추세는 중세 시대까지 이어졌다. 그런 까닭에 캑스턴은 당연히 이들 단어에 〈k〉를 인쇄해 넣었다. 하지만 그 이후 사람들이 〈k〉를 발음하지 않게 되었고(이것에 관해서는 다음 챕터에서 다시 다룰 것이다), 그것이 오늘날 우리가 사용하는 발음으로 굳어진 것이다. 철자가 새로운 발음을 좇아 반영하는 식으로 변했다면 더없이 좋았을 텐데, 불행히도 그런 일은 일어나지 않았다. 캑스턴의 철자법이 받아들여졌으며, 그 결과 오늘날 우리는 위에 예시된 것과 같은 단어의 '묵음(silent letters)'까지 배워야 하는 수고를 떠안게 되었다.

그로부터 얼마 후인 16세기에 더 많은 '묵음'이 유입되었다. 당시 작가들은 영어 철자가 독자에게 단어의 어원을 알려주면 여러모로 도움이 될 거라고 생각했다. 'debt'라는 단어를 예로 들어보자. 이 단어는 현재 [det]로 발음하는데, 실제로 중세 시대에는 소리대로 철자되었다. 중세 시대의 필사본에서 우리는 〈det〉 혹은 〈dett〉로 표기된 것을 발견할 수 있다. 그렇다면 〈b〉는 도대체 어디에서 왔단 말인가? 'debt'는 라틴어 'debitum(빚, 부채)'에서 유래한다. 어원에 관해 암시하기 위해 작가들이 원래의 단어에 〈b〉를 첨가했고, 그 형태가 곧 관용으로 굳어진 것이다. 그 결과 우리는 오늘날에도 이 단어를 같은 식으로 철자한다.

그 후 400년 이상 동안 브리튼(Britain)* 사람들은 전 세계를 여행하며 새로운 물건, 새로운 경험, 새로운 이념, 그리고 새로운 단어를 자국으로 들여왔다. 포르투갈, 이탈리아, 아랍, 중국 등지의 여러 언어로부터 새로운 낱말이 속속 도착하면서 사람들은 그것을 철자하는 방식을 결정해야 했다. 그 결과 이전 영어에서 볼 수 없었던 아주 이상한 형태의 철자가 등장하기 시작했다. 그중 몇 가지를 예로 들어보면 다음과 같다.

grotesque(그로테스크, 괴기), pizza(피자), gymkhana(짐카나)**,

---

* 잉글랜드, 웨일스, 스코틀랜드를 통틀어 이르는 말.

** 마술(馬術) 경연 대회.

karate(가라테)*, tattoo(타투, 문신), llama(라마)**, bazaar(바자, 특매장), guitar(기타)

이들 단어 중 몇몇은 그 표준 철자법을 두고 사람들을 오랫동안 고민하게 만들었다. 심지어는 오늘날까지도 결론이 나지 않은 단어도 있다. 당신은 'yogurt'를 먹는가? 아니면 'yoghourt' 혹은 'yoghurt'를 먹는가? 현재 이 세 형태의 철자 모두가 통용된다.

영어 철자법은 원래 아주 단순한 체계였지만 지난 1,000여 년 동안 여러 방향으로 분화되면서 복잡해졌다. 물론 개혁을 통해 보다 단순화하려 한 사람들도 있었지만 제대로 성공한 경우는 없었다. 그 때문에 우리는 철자법 혹은 맞춤법을 배우기 위해 많은 시간과 노력을 쏟아야 한다. 하지만 일단 어느 단계까지 이르고 나면 그 후부터는 엄청나게 유용한 기술을 자유자재로 사용할 수 있다. 전 세계 사람들이 영어로 쓴 것을 읽을 수 있게 된다는 사실을 우리는 알고 있다. 또한 영어를 전 세계 영어권 사람들이 읽고 이해한다는 사실도 알고 있다. 모든 사람이 같은 방식으로 철자하는 법을 배울 경우 의사소통도 보다 수월해질 것이다. 만약 믿을 만한 표준 철자 체계가 없다면 인터넷도 곧장 붕괴되고 말 것이다.

---

* 손발을 이용하는 일본의 전통 격투기.

** 남아메리카의 산악지대에서 털을 얻거나 짐을 부리기 위해 기르는 가축.

철자 유희

일단 표준 체계가 확립되고 나면 사람들은 특수 효과를 위해 철자를 약간 뒤틀어볼 수 있다. 이를테면 QuikTrip(퀵트립)*, SuperValu(슈퍼밸류)**, Toy's 'R' Us(토이저러스, 'R'이 거꾸로 표기되기도 한다)*** 등과 같이 독특하게 철자한 회사명이나 상호가 도처에 널렸다. 마찬가지로 Nu Skin(뉴스킨)처럼 상품명이 특이하게 철자되기도 한다. 이상한 형태의 철자는 특히 인터넷 사이트에 흔히 등장하는데, 이는 새로운 도메인 네임(domain name)****을 만들 때 정상적인 철자 대부분이 이미 사용되고 있다는 사실에 기인한다. 우리가 인터넷 사이트에서 Flickr(플리커)와 같이 특이한 이름과 마주치는 것도 같은 이유에서다. 다음 예에서 확인할 수 있듯이, 팝 그룹 또한 이름을 지을 때 철자 유희를 한다.

the Beatles (비틀즈)	**Outkast** (아웃캐스트)	**Siouxsie Sioux** (수지 수)
Rob da Bank (롭 다 뱅크)	**Sugababes** (슈가베이비스)	**the Monkees** (몽키스)
Eminem (에미넴)	**Gorillaz** (고릴라즈)	**Boyzone** (보이존)

---

* 미국의 유명 편의점.
** 미국의 대형 도매업체.
*** 미국 최대의 장난감 유통업체.
**** 인터넷에 접속된 사이트를 식별하는 고유 명칭.

이런 방식으로 새로운 이름을 만들기는 그리 어렵지 않다. 팝 그룹을 결성하면서 'Cool Dudes'라는 이름을 떠올렸다고 생각해보자. 하지만 'cool dudes'라는 표현이 일상 대화에 자주 등장하기에 약간 식상하거나 지루하다는 사실을 곧 알게 될 것이다. 이런 경우 철자 유희를 통해 온갖 형태의 흥미로운 가능성을 발견할 수 있다. 예를 들어 'Kool Doods'라는 이름은 어떨까?

이런 철자 유희는 그 뒤에 감춰진 '진짜(real)' 철자를 우리가 알고 있는 경우라야 가능하다. 'cool'의 정상적인 철자가 'kool'이라고 생각하는 사람을 붙들고 뭘 할 수 있겠는가! 랩 가수도 철자법을 알아야 하는 건 마찬가지다.

CHAPTER 10

철자법과 그 변이형

해당 철자가 두 개 이상인 'yogurt'에 관해 잠시 언급한 바 있다. 그렇다면 이런 단어가 또 있을까? 실제로 꽤 많다.

사전의 표제어를 읽어보면 두 가지 이상의 방식으로 철자되는 단어가 의외로 많다는 사실이 확인된다. 그중 대부분은 영국 영어와 미국 영어의 차이에서 기인한다. 1800년대 초에 미국의 사전 제작자 노어 웹스터(Noah Webster)는 영어를 보다 미국적으로 만들기 위해 특정 단어의 철자를 변화시켰으며, 곧 그것이 통용되었다. 그 때문에 오늘날 영국인이 미국 신문을 읽을 경우 많은 단어에서 모국어와 차이가 있다고 느낀다. 물론 미국인이 영국 신문을 읽을 때도 상황은 마찬가지다.

미국 영어	영국 영어
color	colour
center	centre
pretense	pretence
traveler	traveller
jewelry	jewellery
gray	grey
pajamas	pyjamas
tires	tyres

이 같은 예는 무수히 많다.

미국에 거주하지 않는 사람들은 미국인이 어떻게 철자하건 자신과는 상관없는 일이라고 생각할지도 모른다. 하지만 불행히도 인생은 그렇게 단순하지 않다. 미국이 너무나 강력하고 영향력 있는 국가로 성장했기 때문에 영국, 오스트레일리아, 캐나다, 그리고 영어를 사용하는 다른 국가의 사람들은 미국 영어가 갈수록 힘을 얻고 있다는 사실을 인정할 수밖에 없다. 그들은 영화, 서적, 팝송, 인터넷 등 모든 매체에서 미국식 철자와 맞닥뜨린다. 방금 구글에 'color'이라고 입력해보았더니 조회 건수가 8억 6,700만 회에 달했다. 반면 'colour'의 조회 건수는 1억 6,300만 회에 불과했다. 사실 소프트웨어가 작동하는 방식 덕분에 두 철자의 검색 결과를 동시에 확인할 수 있었다.

그 결과 지난 200년 동안 미국식 철자가 전 세계의 다른 지역 사람들이 철자하는 방식에도 영향을 끼쳤다. 예전에 한때 영어에서 '백과사전'이라는 단어는 〈ae〉가 들어간 'encyclopaedia'만 있었다. 하지만 오늘날에는 〈e〉가 들어간 'encyclopedia'가 더 자주 등장한다. 두 번째 형태는 미국식 철자법을 따른 것으로, 시대가 바뀌면서 점차 영국식 철자법보다 보편화된 것이다. 컴퓨터 작업을 할 경우 영국인도 'programme', 'hard disc', 'analogue' 대신 미국식 철자법대로 'program', 'hard disk', 'analog'를 쓴다.

노어 웹스터가 미국식 영어를 깔끔하게 정리하려고 노력하는 동안 영국 사람들 또한 영국식 영어의 정비 작업에 몰입했다. 'raindeer'과 'reindeer', 'error'과 'errour', 'music'과 'musick' 등의 예에서처럼, 18세기에도 여전히 많은 단어가 두 개 이상의 철자를 갖고 있었다. 1755년에 새뮤얼 존슨(Samuel Johnson)은 거대한 사전을 편찬했으며, 인쇄소에서 즐겨 사용하면서 그가 선택한 단어들 중 상당수가 상용화되었다. 예를 들어 우리가 현재 ('receit'가 아니라) 〈p〉를 포함한 'receipt'로, 그리고 ('intire'가 아니라) 〈e〉를 포함한 'entire'로 철자하는 것도 그의 영향을 받았기 때문이다. 하지만 그가 선택한 단어들 모두가 수용되지는 않았다. 그는 〈c〉로 끝나는 단어에서는 모두 〈c〉 대신 〈ck〉로 철자되기를 원했지만 그의 바람은 이루어지지 않았다. 오늘날 우리가 'comick'과 musick'이 아니라 'comic'과 'music'이라고 표기한다는 사실이 그 점을 방증한다.

출판업자와 인쇄업자가 선택한 철자 방식 또한 우리가 철자의 옳고 그름을 판단하는 데 큰 영향을 준다. 하지만 그들 사이에도 의견 불일치는 늘 존재한다. 책 한 권을 뽑아 들고 특정한 단어를 찾아보라. 그리고 다른 책을 펼쳐보면 그 단어가 다른 식으로 철자된 것을 발견할 수도 있을 것이다. 다음은 그중 몇 가지다.

judgment	judgement	
recognise	recognize	
flower-pot	flower pot	flowerpot
biased	biassed	
movable	moveable	
enthral	enthrall	
the equator	the Equator	

때로는 우리가 사용하는 철자가 의미에 의존한다. 예를 들어 컴퓨터 프로그램은 'computer program'이라고 표기하지만, 공연 프로그램은 'theatre programme'이라고 표기한다.

대개의 경우 책에서는 이런 변이형이 등장하지 않는다. 출판되기 전에 *교열 담당자(copy-editor)*가 텍스트를 꼼꼼하게 검토하여 한 가지 이상의 철자를 가진 단어가 일관된 형태를 취하도록 만들어놓았기 때문이다. 소설책을 읽다가 다음과 같은 문장과 마주친다면 누구나 고개부터 갸웃할 것이다.

I *realised* John was upset and he *realized* I was(나는 존이 화가

났다는 것을 알아챘고, 존 역시 내가 화가 났다는 것을 알아챘다).

사실 (영국식) 영어에서는 두 표현 모두 가능하기 때문에 책이나 에세이를 쓰면서 두 철자를 번갈아 사용하는 잘못을 저지르기 쉽다. 하지만 교열 담당자가 이 비일관성을 바로잡는다. (이 책에서는 'realize'에 해당되는 단어들이 항상 'z'로 철자될 것이다.)

철자법의 중요성은 아무리 강조해도 지나치지 않다. (현재 통용되지 않는 옛날 방식의 철자를 사용하는 경우처럼) 잘못된 철자를 선택하면 아예 의미 전달이 불가능할 수도 있기 때문이다. 또 다른 한편으로 우리는 '올바른 철자(correct spelling)'가 때로는 두 개 이상 존재할 수 있다는 사실을 인정해야 한다. 우리는 철자의 옳고 그름을 어떤 식으로 판가름하는가? 대부분은 학창시절 교사에게 배운 대로 따를 뿐이다. 그리고 이전에도 늘 그래왔다.

철자법은 글쓰기에서 다른 사람들의 비판을 피하려면 반드시 배워 익혀야 하는 여러 방법 중 하나일 뿐이다. 그렇다면 나머지 방법은 무엇일까?

구두점의 올바른 사용도 이에 못지않게 중요하다. 수천 개에 달하는 철자와 비교할 때 기껏해야 열 개 남짓인 구두점은 상대적으로 배우기가 한결 수월할 거라고 생각하기 쉽지만, 실제로는 많은 장애물이 도사리고 있다. 한 문장이 끝남을 나타내려면 특정한 종류의 부호가 필요하다는 것을 배우기는 그리 어렵지 않다. 영어의 경우 그 몇 가지를 예로 들어보자.

Mary went into the garden.

Mary went into the garden?

Mary went into the garden!

Mary went into the garden…

물론 채팅이나 인스턴트 메시지와 같은 실시간 글쓰기의 경우에는 다음과 같은 표현도 가능하다.

Mary went into the garden!!!!!!!!!!

Mary went into the garden???

아이는 읽기를 배우면서 이처럼 서로 다른 부호가 무엇을 뜻하는지 하나둘씩 알아가게 되는데, 각 부호의 의미가 비교적 분명하기 때문에 그 속도가 매우 빠르다. 우리는 질문을 던질 때 물음표(question-mark)를, 격한 감정을 표현하고 싶을 때 느낌표(exclamation-mark)를, 문장이 아직 완료되지 않았음을 나타내고 싶을 때 세 개의 점으로 된 생략 부호(ellipsis)를 사용한다. 그리고 한 문장이 완전히 끝났을 때는 더 이상 보탤 말이 없다는 의미에서 마침표(full-stop)를 찍는다.

또 다른 몇 개의 구두점은 그 용법을 배우기가 훨씬 더 까다롭다. 뿐만 아니라 그 용법에 관한 규정도 아직 명확하지 않다. 쉼표(comma)가 대표적인 예다. 쉼표는 문장에서 단어의 소속 관계를 밝히는 데 중요한 단서를 제공하기 때문에 아주 유용하다. 누군가가 당신에게 다음과 같은 메시지를 남겼다면 몇 가지 물품을 구매해야 할까?

Get some fruit, juice, tomatoes, and eggs.

당연히 네 가지다. 그렇다면 다음과 같은 경우는?

Get some fruit juice, tomatoes, and eggs.

당연히 세 가지로, 쉼표가 이런 차이를 가능케 한다.

하지만 다음 예문처럼 단어 'tomatoes' 뒤에 쉼표가 없더라도 차이가 있는가?

Get some fruit, juice, tomatoes and eggs.

전혀 그렇지 않다. 그리고 책이나 잡지에서 이와 유사한 문장에 구두점이 찍힌 방식을 유심히 관찰하면 접속사 'and' 앞에 쉼표를 찍는 사람이 있는가 하면, 그렇지 않는 사람도 있다는 사실을 발견할 수 있다.

글쓰기에서 구두점을 찍는 방식에는 개인적인 요소가 강하게 작용한다. 내가 아는 한 작가는 가능한 한 모든 곳에 쉼표를 찍는다. 따라서 그의 문장은 다음과 같은 형태를 취한다.

Fortunately, the bus was on time, so Sheema wasn't late for the concert(다행히, 버스가 제시간에 도착했기 때문에, 시마는 콘서트에 늦지 않았다).

내가 아는 또 다른 작가는 가능한 한 모든 곳에 쉼표를 생략했다. 그의 손을 거치면 위의 예문이 다음과 같이 바뀐다.

Fortunately the bus was on time so Sheema wasn't late for the concert(다행히 버스가 제시간에 도착했기 때문에 시마는 콘서트에 늦지 않았다).

어떤 사람은 이와 같은 문장을 보면 버럭 역정을 내면서 "'fortunately'와 같은 단어 뒤에는 무조건 쉼표를 찍어야 한단 말이에요!"라며 항의한다. 하지만 모든 사람이 그들의 견해에 동의하지는 않는다. 더군다나 유명한 작가들도 두 가지 용법을 모두 사용한다.

쉼표를 사용하느냐 마느냐는 온갖 상황과 관계되어 있다. 이 문제와 관련하여 선택의 여지가 없는 경우도 있다. 현대 영어에서 다음과 같은 경우에는 누구나 쉼표를 찍는다.

They were playing trumpets, clarinets, violins, oboes(그들은 트럼펫, 클라리넷, 바이올린, 오보에 등등을 연주하고 있었다)…

하지만 다음과 같은 식으로 쉼표를 찍을 수는 없다.

The musicians, went home(그 음악가들은, 집으로 갔다).

한편 'fortunately'와 같은 경우 쉼표의 사용은 문장이 어떤 식으로 들리기를 원하느냐에 따른다. 쉼표를 더하거나 뺌으로써 문장의 흐름이나 리듬이 변할 수도 있다. 어떤 작가는 쉼표를 찍느냐 마느냐를 두고 고민에 고민을 거듭한다. 언젠가 극작가 오스카 와일드(Oscar Wilde)는 이렇게 말했다. "아침나절 내내 시 한 편을 교정하느라 끙끙대다가 겨우 쉼표 하나를 지웠다. 그런데 오후에 다시 그 쉼표를 제자리로 되돌려놓았다!"

철자법과 구두점, 그리고 그 용법에 관한 논쟁은 결코 영어에 국한된 것이 아니라 문자로 표기된 모든 언어에 적용되는 문제다. 물론 그 법칙이 영어와 다를 수도 있다. 스페인어에서는 물음표와 느낌표가 문장의 시작과 끝에 동시에 배치된다. 더군다나 문장의 시작에 오는 경우에는 뒤집혀지기까지 한다.

영어	스페인어
How are you?	¿Cómo está?['kohmoh esta(코모 에스타)'로 발음]
What a shame!	¡Qué lástima!['kay lasteema(카이 라스티마)'로 발음]

스페인어로 글을 쓸 때는 영어 법칙이 아니라 스페인 사람들이 사용하는 법칙을 따라야 한다.

심지어 우리 자신의 언어에서조차도 때로는 새로운 법칙을 배워야 한다. 부호 체계도 늘 변하기 때문이다. 특히 인터넷은 완전히 새로운 구두점들을 도입했다. 다음은 웹주소의 한 예다.

http://www.thisisanexample.com/chapter10

위의 주소를 큰 소리로 읽을 경우 우리는 'dot'와 'forward slash'(혹은 단순히 'slash')라고 발음해야 한다. 이는 영어 구두점의 역사에서 완전히 새로운 것들이다.

실제로 철자와 구두점에 관해 배워야 할 것은 한두 가지가 아니며, 모든 법칙과 그에 따른 예외 및 모호하기 그지없는 용법까지 익히려면 오랜 시간이 걸린다. 하지만 일단 이 고비만 넘기면 우리는 막강한 위치를 차지하게 된다. 우리는 똑같이 난관을 뚫고 나온 사람들로 구성된 세계적 클럽의 회원 자격을 얻게 되는 것이다. 이제 다른 사람이 쓴 글을 읽고 이해할 수 있을 뿐 아니라 우리가 쓴 글을 다른 사람이 읽고 이해할 수도 있다는 사실을 확신한다.

그런 상태를 한마디로 요약하자면 '표준(standard)'이라는 단어가 적절할 것 같다.

철자와 구두점을 익힘으로써 우리는 표준 영어 – 혹은 표준 스페인어, 표준 프랑스어, 기타 여러 지역의 표준어 – 에 그만큼 친숙해진다. 표준 쓰기 체계를 갖추었다는 것은 곧 사람들 간에 글을 통한 의사소통이 가능함을 의미한다. 철자와 구두점은 그러한 소통을 가능케 해주는 주요 수단 중 두 가지다.

주요 수단 중 두 가지라니? 그렇다면 또 다른 수단이 있다는 말이 아닌가? 그렇다. 우리는 우리가 사용하는 어휘에도 관심을 기울여야 한다. 그리고 무엇보다도 표준 문법을 배워야 한다.

특수문자 '@'은 어떻게 읽어야 할까?

1971년에 레이 톰린슨(Ray Tomlinson)이라는 컴퓨터 프로그래머가 역사상 최초의 이메일을 보냈다. 그는 메시지를 주고받는 컴퓨터 시스템 내부에서 이메일 발신자의 위치를 식별하게 해주는 부호가 필요했다. 이에 그는 텔레타이프 키보드로 입력할 수 있는 몇 개 안 되는 특수문자 중 ['at(앳)'으로 발음하는] @을 선택했다. 오늘날 영어권 사람들은 이 문자를 'at sign(앳 사인)'이라고 읽는다.

하지만 다른 언어권에서는 다양한 이름으로 불린다. 흥미로운 모양새 때문에 사람들은 이 부호를 벌레, 코끼리의 코, 원숭이의 꼬리 등 온갖 종류의 대상에 비유한다. 폴란드에서는 'malpa(말파, 폴란드어로 '원숭이')', 러시아에서는 'sobaka(소바카, 러시아어로 '강아지')', 그리스에서는 'papaka(파파카, 그리스어로 '새끼 오리')'로 불린다. 그중에서 내가 가장 좋아하는 이름은 핀란드 사람들이 붙인 'miukumauku(미우쿠마우쿠)'로, 핀란드어로 고양이의 울음소리인 '야옹'이다.

CHAPTER 11

문법 규칙과 그 변이형

앞서 '챕터 6'에서 언급했듯이 문법이란 단어를 조합하여 문장을 만드는 방법을 말한다. 말하기를 배우는 과정에서 우리는 이러한 방법을 관장하는 규칙을 발견한다. 영어에서 우리는 다음과 같은 문장을 수없이 듣는다.

I bought a coat(나는 외투 한 벌을 샀다).

Little Johnny broke a window(꼬마 자니가 창문 하나를 깨뜨렸다).

The postman delivered some letters(우편배달부가 편지 몇 통을 전했다).

우리는 각 문장이 세 부분으로 나뉜다는 사실을 알 수 있다.

누군가['I(나)', 'Little Johnny(꼬마 자니)', 'The postman(우편배달부)']가 무엇인가를 행했으며['bought(샀다)', 'broke(깨뜨렸다)', 'delivered(전했다)'], 그런 행위의 결과로 무엇인가가 발생했다['a coat(외투 한 벌)'이 구입되었고, 'a window(창문 하나)'가 깨졌고, 'some letters(편지 몇 통)'이 전달되었다]. 영어권에서는 누구나 이런 식으로 말하고 쓴다. 의미가 제대로 전달되려면 단어를 이 같은 순서로 배열해야 하는 것이다. 누군가가 다음과 같은 식으로 어순을 뒤바꿔 말한다면 자칫 정신병원으로 보내질지도 모른다.

Bought a coat I.

A window broke little Johnny.

Delivered the some letters postman.

우리는 문장의 각 부분에도 규칙이 있다는 사실을 배워야 한다. 우리는 'a coat', 'the postman', 'some letters' 대신 'coat a', 'postman the', 'letters some'이라고 말하지는 않는다. 마찬가지로 우리는 'little Johnny' 대신 'Johnny little'이라고 말하지 않는다. 그리고 이 점에는 누구나 동의한다.

사실 이것은 표준 영어의 기본 규칙에 속한다. 그리고 우리가 문법 용어를 안다면 그러한 규칙을 간단한 말로 표현할 수 있다. 예를 들어 'The'는 *정관사(definite article)*, 'postman'과 'window' 같은 단어는 *명사(noun)*라고 한다. 따라서 우리는 '영어에서 정관사는 항상 명사 앞에 위치한다'고 말할 수 있다.

그렇다면 모든 언어에 동일한 규칙이 적용되는 걸까? 전혀 그렇지 않다. 몇몇 언어에서는 정관사가 명사 *뒤에* 위치한다. 루마니아어에서 'hotel'이라는 단어는 영어와 같으며, 영어의 정관사 'the'에 해당하는 단어는 'ul'이다. 그런데 루마니아어로 'the hotel'을 말하고 싶으면 정관사와 명사의 순서를 바꿔 'hotelul(=hotel the)'이라고 해야 한다.

영어에는 수백 개에 달하는 문법 규칙이 있는데, 이는 모두 우리가 원하는 바를 말하도록 도와주기 위함이다. 두 개 이상의 사물에 대해 말하고 싶은 욕구를 해결해주기 위해 영어에는 'egg'와 'eggs', 'mouse'와 'mice' 등과 같은 식으로 *단수(singular)*와 더불어 *복수(plural)*도 존재한다. 사물들을 묘사하기 위해서는 'big', 'bigger', 'biggest'와 같은 식의 *비교하는(comparing)* 방법이 존재한다. 미래에 일어날 일에 대해 말하고 싶은 경우를 대비해서 – 'I will go', 'I might go', 'I'm about to go' 등의 경우처럼 – 조금씩 그 의미가 다르지만 여러 선택이 존재한다.

위에 제시한 규칙은 모든 영어 사용자에게 동일하게 적용된다. 다시 말해 이들 규칙은 표준 영어의 일부를 이룬다. 하지만 모든 사람에게 적용되지 않는 문장도 늘 존재한다. 예를 들어 마을에 우체국이 없다는 말은 어떤 식으로 표현할까? 다음에 제시하는 문장들은 여러 가능성 중 일부에 불과할 뿐이다.

1. The village does not have a post office.
2. The village has no post office.

3. The village doesn't have a post office.

4. The village hasn't got a post office.

5. The village hasn't got no post office.

6. The village ain't got no post office.

모든 문장이 동일한 상황을 말하지만 그 *뉘앙스*는 제각각이다. 예문 1과 2는 왠지 조심스럽고 정중하게 들린다. 그와 달리 예문 3과 4는 약간 일상적이고 구어적이라는 느낌을 풍기고, 예문 5와 6은 길거리에서 사용되는 언어처럼 들린다.

이 중에서 어떤 것이 신문 보도나 텔레비전 뉴스로 접하거나 들음직한 문장일까? 예문 1이나 2일 가능성이 가장 높다. 예문 3과 4는 시골 마을을 방문 중인 현장 취재 기자의 말처럼 들리고, 예문 5와 6은 그 기자가 인터뷰하고 있는 마을 사람의 말처럼 들린다. 기자가 누군가의 말을 인용하는 경우가 아니라면 예문 5와 6이 신문지상에 등장할 가능성은 거의 없다. 뉴스 진행자의 입에서 이런 식의 표현이 튀어나온 것을 들어본 적이 있는가? 다음과 같은 텔레비전 뉴스 보도를 가정해보자.

This is the six o'clock news. Thousands of people took to the streets today in the village of Plopton in Yorkshire, protesting about the closure of their local store. The village ain't got no post office, and(6시 뉴스입니다. 오늘 요크셔의 플롭톤 마을 주민 수천 명이 지역 점포 폐쇄 조치에 항의하기 위해 길거리로 쏟아져

나왔습니다. 이 마을에는 우체국도 없으며, 그리고)…

정규방송에서 이런 식의 뉴스 보도가 가능할까? 천지개벽이 일어나지 않는 한 불가능할 것 같다.

'ain't'와 'hasn't got no' 같은 용법은 *비표준(nonstandard)* 영어의 전형적인 예다. 이런 표현은 일상 대화에서 수많은 사람이 사용하지만 결코 '올바른 영어(good English)'라는 느낌을 주진 않는다. 200년 넘는 동안 영어권 사람들은 어떤 방식의 말하기와 글쓰기는 '좋거나 올바르고(good)' 나머지 방식은 '나쁘거나 서투르다(bad)'는 인식 아래 살아왔다. 식사 예절(table manner)과 같은 다른 유형의 행동에도 비슷한 잣대가 적용된다. 나이프를 입에 넣거나 무는 것은 예절에 어긋난다. 수프를 먹으며 후루룩 소리를 내서도, 그릇째 들고 수프를 들이마셔서도 안 된다. 반면 수프 그릇을 손으로 살며시 잡고 스푼을 사용하여 조용히 먹는 것은 예절에 맞다.

수프를 먹을 때 어떤 방식은 '예절에 맞고' 또 어떤 방식은 그렇지 못하다는데, 굳이 그렇게 구분하는 까닭은 무엇인가? 관행으로 굳어져왔기 때문이다. 다시 말해 과거의 어느 시점부터 사회적 영향력이 있는 사람들 사이에서 유행하다가 그대로 굳어져 버린 것이다. 그리하여 오늘날에는 그것이 다른 사람들로부터 손가락질당하지 않으려면 반드시 지켜야 하는 행동양식이 되었다.

그렇다면 'hasn't got any'라고 말하는 것은 옳고 'ain't got no'라고 말하는 것은 그른 까닭은 무엇인가? 같은 이유에서다.

과거의 어느 시점에 – 좀 더 정확히 말하면, 18세기 내내 – 사회에서 가장 영향력 있는 사람들이 자신들이 특히 우아하다고 느끼는 특정한 방식으로 말하고 쓰기 시작했다. 길거리에서 평범한 사람들이 'ain't got no'와 같은 표현을 사용하는 것을 듣고 그들은 다른 방식으로 말하고 쓰기로 합의했다. 그 결과 다른 수많은 유형의 문장이 두 갈래로 나뉘었다. '평범한' 사람들의 말이라는 이유로 상류층 사람들은 'I were sat down(나는 앉았다)'이나 'We was eating(우리는 먹고 있었다)'과 같은 식의 표현을 절대 입에 올리지 않았다.

일단 왕족, 귀족, 주교, 교수 등 이른바 당대의 주요 인사들이 'does not have any'와 같은 패턴을 자신들이 공식적으로 말하고 쓰는 방식으로 선택하자, 그들과 비슷한 사회적 지위를 동경하는 사람들은 엄청난 압력을 받을 수밖에 없었다. 그 때문에 양 진영 사이의 거리는 점점 더 멀어져갔다. 상류층 사람들은 앞의 예문 5와 6이나 'I were sat down'과 같이 말하는 사람들을 싸잡아 '단정치 못한(slovenly),' '비문법적인(ungrammatical)', '부주의한(careless)' 등의 수식어와 함께 멸시했다. 반대로 하류층 사람들은 앞의 예문 1과 2나 'I was sitting down'과 같이 말하는 사람들을 '고상한 체하는(posh)', '가식적인(affected)', '얼씨구(la-di-da)' 등의 수식어와 함께 빈정댔다.

이러한 간극은 오늘날에도 여전히 존재한다. 예문 1과 2는 정중한 표현 양식인 반면 3과 4는 상대적으로 격식을 덜 차렸다는 차이만 있을 뿐, 예문 1·2·3·4는 모두 표준 영어로 간주된다. 하지만 예문 5와 6은 비표준 영어로 간주된다. 이 말은 곧 문장을 선택할 때 주의해야 한다는 것을 의미한다. 길거리에서 친구들과 나누는 대화에서라면 예문 5나 6을 사용해도 무방하다. 하지만 과제물, 시험, 여러 사람이 모인 자리 혹은 정중한 태도가 요구되는 여러 장소에서 이런 표현을 사용하면 나쁜 인상을 주거나 낮은 점수를 받기 쉽다.

따라서 표준 영어는 결코 만만히 여겨도 되는 대상이 아니다. 그것은 단순히 전 세계적으로 가장 널리 통용되는 특정 유형의 영어만 의미하지 않는다. 그것은 또한 좋은 직업이나 사회에서 영향력 있는 지위를 원할 때 가장 유용한 유형의 영어이다. 그리고 그것은 그저 얻을 수 있는 것도 아니다. 우리 모두는 표준 영어 쓰는 법을 반드시 배워야 한다. 그 일은 보통 학교에서 이루어진다. 어릴 때부터 표준 영어로 말하며 성장하는 사람은 그리 많지 않다. 모두 표준 영어로 말하는 법을 배워 익혀야 하는데, 학교에 다녀야만 가능한 일이다. 학교를 벗어나면 아이는 대부분 예문 5나 6과 같은 문장이 보다 자연스럽게 들리는, 그들 특유의 영어로 말한다. 그들의 부모는 물론 대다수의 사람도 그런 식의 언어를 구사한다. 사실 'ain't'라는 표현은 영국, 아일랜드, 미국, 캐나다, 오스트레일리아, 남아메리카는 물론 영어를 모국어로 사용하는 전 세계 어느 지역에서나 들을 수 있다.

학교에서 아이는 가정이나 길거리에서 사용하는 말 이외에도 그와 상응하는 또 다른 표현법이 있다는 사실을 배운다. 과거에는 교사가 아이에게 집에서 사용하는 어법은 저속하고 나쁘며, 표준 어법만이 올바르고 정확하다고 가르쳤다. 그것은 많은 사람에게 열등의식만 조장하는 결과를 낳았다. 오늘날의 교사는 대부분 균형 잡힌 시각을 갖고 있다. 그들은 한쪽으로 치우치지 않고 두 어법 모두를 중요하게 다룬다.

사회생활에서 야기되는 온갖 상황에 적절히 대응해나가려면 학교 문법은 물론 길거리 문법(street grammar)도 필요하다. 학교에서 길거리 문법을 사용할 경우 아이는 교사에게 호된 꾸지람을 듣는다. 반대로 길거리에서 학교 문법을 사용할 경우 – 이번에는 친구들에게 – 놀림을 당한다. 그 차이점을 이해하고, 특히 두 유형의 언어를 뒤섞어 사용하지 않는 것이 중요하다. 일단 이 두 어법에 익숙해지고 나면 철자와 구두점과 마찬가지로 상황에 따라 적절히 사용할 수 있게 된다.

신문이나 잡지에서 비표준 영어를 활용한 언어유희를 하기도 한다. 우리는 종종 다음과 같은 머리기사를 접한다.

WE AIN'T SEEN NOTHING YET(그 정도는 아직 약과다)

위의 예문은 이 챕터에서 다룬 표준 영어 규칙 두 가지 모두를 어겼다. 하지만 신문이 독자를 상대로 일종의 게임을 하고 있다는 사실이 금세 드러난다. 다음 문장도 마찬가지다.

IF IT AIN'T BROKE, DON'T FIX IT(고장 나지 않으면 고치지 마라*)

* '공연히 긁어 부스럼 만들지 말라'는 의미다.

한 걸음 더 나아가 머리기사 작성자는 'ain't'에 더해 'break'의 비표준 형태까지 사용하고 있다. 위의 문장을 표준 영어로 고쳐보면 다음과 같이 읽힐 것이다.

IF IT ISN'T BROKEN, DON'T FIX IT

하지만 그 효과는 전혀 다르다.

반복하지만, 사람들은 대개 가족이나 친구와는 표준 영어로 말하지 않는다. 그렇다면 그들은 대체 어떤 말을 한단 말인가? 이 대목에서 방언이 등장한다.

제다이의 귀환

영화나 비디오게임에서 외계인은 종종 비표준 영어의 어순으로 말한다. 그 대표적인 예로 영화 시리즈 '스타워즈(Star Wars)'에 등장하는 제다이 마스터 요다(Yoda)를 꼽을 수 있는데, 그는 아주 특이하게 영어를 구사한다. 문장의 정상적인 어순이 뒤바뀐다.

Killed not by clones, this Padawan. By a lightsaber, he

was. To fight this Lord Sidious, strong enough you are not(클론들의 손에 죽은 게 아냐, 이 파다완은. 라이트세이브에 의해서야, 그가 죽임을 당한 것은. 로드 시디어스와 맞서 싸우기에는, 아직 힘이 모자라 넌).

시나리오 작가가 명품 대사를 탄생시켰다. 문장은 현재 통용되는 표준 영어 패턴에서 크게 벗어나지 않았으며, 그 때문에 관객이 이해하는 데 전혀 어려움이 없다. 그뿐만 아니라 요다의 엄청난 나이를 반영하듯 어딘지 모르게 수 세기 전에 사용된 영어풍이라는 느낌마저 난다. 한편 영어 역사상 한 번도 사용된 적이 없는 독특한 어순을 통해 뭔가 아주 낯설다는 인상을 강하게 받는다. 요다의 정체는 과연 무엇인가? 그의 내력을 정확히 아는 사람은 아무도 없다. 스타워즈 데이터뱅크(Star Wars Databank)에서 우리는 겨우 그가 '미지의 종족(species unknown)' 중 하나에서 왔다는 사실을 확인할 수 있을 뿐이다.

CHAPTER 12

악센트와 방언

타지방 사람이나 외국인이 영어로 말하는 것을 들어보면 동일한 언어인데도 왠지 다르다는 느낌을 받곤 한다. 발음도 다르고 단어나 문법도 다르다. 그 차이가 너무 커서 심지어는 의사소통이 불가능한 경우도 있다. 왜 이런 일이 발생할까?

그건 오로지 악센트와 방언 때문이다. 두 용어의 차이점을 살펴보자.

*방언(dialect)*은 한 나라의 특정 지역에 국한된 말하기 방식으로, 지역 특유의 단어와 어구를 사용하고 이들 단어와 어구는 보통 다른 지역에도 알려져 있다. 예를 들어 누군가가 'wee child'나 'bonny coat'라고 표현한다면 그 사람이 스코틀랜드 출신이라고 추측할 수 있다['wee'는 'little(작은)'을, 'bonny'는 'pretty(예쁜)'를 의미한

다]. 마찬가지로 'jigger'를 내달렸다거나 'cozzy'를 입고 있다고 말하면 리버풀 출신일 가능성이 높고('jigger'는 나란히 늘어선 가옥들 뒤편으로 나 있는 골목길을 의미하고 'cozzy'는 의상, 그중에서도 특히 수영복을 가리킨다), 'nowt'('nothing')라고 말하는 사람은 십중팔구 요크셔 출신일 것이다.

전 세계 영어권에서 면적당 방언의 개수가 가장 많은 곳은 영국으로, 이는 이 지역의 파란만장한 역사와 관련되어 있다. 유럽의 여러 곳에서 건너온 게르만족이 이 나라의 각 지역에 정착하면서, 그들 중 상당수는 웨일스, 스코틀랜드, 아일랜드 출신의 켈트족과 뒤섞였다. 그리고 작은 공동체를 형성한 정착민은 오래지 않아 각각 고유의 말하기 방식을 발전시켜나갔다. 물론 악센트와 방언은 어느 나라에나 존재한다. 미국을 예로 들어보자. 누군가가 한 무리의 사람들을 부르며 'y'all'(='you all')이라고 부른다면, 그 사람은 텍사스와 같은 남부의 어느 주 출신이거나 남부 말씨를 일부러 흉내내고 있다고 봐도 무방하다. 마찬가지로 'poached eggs' 대신 'dropped eggs'라고 말하는 사람은(둘 다 끓는 물에 익힌 달걀을 의미한다) 뉴잉글랜드, 미국 북동부 출신일 가능성이 높고, 'stoop(현관 입구의 계단)'에 앉아 'hero(일종의 샌드위치)'를 아삭아삭 먹은 경험이 있다면 아마도 뉴욕 근교 어딘가를 방문 중이었을 것이다.

어떤 방언은 지역 단어(local word)가 수백 개에 달하는데, 이것들을 한데 모아 사전으로 엮기도 한다. 특정 지역의 관광 안내소에서 그런 책자를 살 수 있으며, 온라인에서 지역 단어 목록을 검색할 수도 있다. 예를 들어 검색창에 'New York dialect(뉴욕 방언)'나 'Yorkshire dialect(요크셔 방언)'를 입력하면 수많은 댓글을 만날 수 있다. 아니면 우리가 사용하는 지역 단어의 목록을 직접 만들어볼 수도 있다. 방언은 수시로 변한다. 그리고 젊은이가 사용하는 방언과 나이 든 사람이 사용하는 방언이 서로 다를 수도 있다.

방언에도 특유의 문법 패턴이 있다. 예를 들어 스코틀랜드 영어에서는 'not'이 특이하게 사용된다. 'I canna come', 'I'm no going', 'I dinna ken'이라고 말하는 사람은 스코틀랜드 출신일 가능성이 농후하다. 표준 영어로는 'I can't come', 'I'm not going', 'I don't know'라고 해야 한다. 영국 전역의 지역 방언 중 상당수에서 'five mile'('five miles' 대신)이나 'I saw thee'('I saw you' 대신)와 같은 표현이 확인된다.

방언에서 사용되는 단어와 문장은 사용자가 특정한 타운이나 도시(이를테면 뉴욕), 특정한 카운티나 주(이를테면 요크셔나 텍사스), 혹은 한 국가의 보다 넓은 특정 구역(이를테면 북동부 지역 혹은 스코틀랜드) 출신이라는 사실을 알려준다. 전 세계에서 영어가 사용되는 방식을 고려할 경우, '오스트레일리아 영어(Australian English)' 혹은 '아일랜드 영어(Irish English)'처럼 심지어는 한 국가 전체를 대상으로 방언이라는 용어를 적용할 수도 있다. 앞서 '챕터 10'에서 영국 영어와 미국 영어를 구분하여 비교한 것도 같은 맥락에서다. 이런 식으로 관점을 확장해서 살펴보면 방언 간의 차이는 실로 엄청나다.

'우리는 도로를 따라 걸었다'라는 의미를 전달할 경우 영국인은 'We walked on the pavement'라고 표현하는 반면 미국인은 'We walked on the sidewalk'라고 표현한다. 이번에는 자동차의 부품으로 눈을 돌려보자. 영국에서는 운전자가 'windscreen(윈드스크린)'을 통해 'bonnet(보닛)'을 바라보는 반면 미국에서는 운전자가 'windshield(윈드실드)'를 통해 'hood(후드)'를 바라본다. 영국 자동차는 앞부분에 'wing(윙)', 그리고 뒷부분에 'boot(부트)'가 달린 반면 미국 자동차는 해당 위치에 'fender(펜더)'와 'trunk(트렁크)'가 달려 있다. 영국 자동차는 'number plate(넘버 플레이트, 번호판)'로 식별되지만 미국 자동차에는 'license plate(라이선스 플레이트)'가 부착된다. 영국 자동차의 'sidelight(사이드라이트, 현등)'는 미국 자동차의 'parking light(파킹 라이트)'에 해당한다. 영국 자동차 내부에 'accelerator(액셀러레이터, 가속장치)', 'gear stick(기어스틱, 변속기)', 'milometer(밀러미터, 주행기록계)'가 장착되어 있다면, 미국 자동차 내부에는 'gas pedal(가스페달)', 'gear shift(기어시프트)', 'odometer(오도미터)'가 장착되어 있다.

영국 영어와 미국 영어는 문법에서도 차이점을 드러낸다. 3시 45분이라는 말을 영국인은 'It's a quarter to four'라고 표현하는 반면 미국인은 'It's a quarter of four'라는 표현을 더 선호한다. 영국인의 'I've just got a new coat(나는 방금 새 코트를 샀다)'라는 문장은 미국인의 'I've just gotten a new coat'와 같다. 마찬가지로 영국에서는 흔히들 'The bus hasn't arrived yet(버스가 아직 도착하지 않았다)'라고 말하지만 미국에서는 'The bus didn't arrived yet'라는 표현도 자주 들을 수 있다.

방언의 차이를 결정짓는 가장 중요한 요소는 어휘와 문법이다. 반면 *악센트(accent)*는 오직 억양의 문제다. 악센트도 방언처럼 누군가가 어느 지역 출신인지, 어느 나라 출신인지 알려주는 것은 마찬가지이지만, 그 중심 잣대는 단어나 문장이 아니라 발음이다. 앞서 언급한 방언 모두 특유의 악센트를 갖고 있다. 스코틀랜드 출신인 사람은 스코틀랜드 악센트로 말한다. 리버풀 출신인 사람은 리버풀[혹은 '스카우스(Scouse)'*] 악센트로 말한다. 미국인은 미국 악센트로 말한다. 그리고…….

하지만 좀 더 정확히 말하자면, 스코틀랜드 출신은 여러 가능한 스코틀랜드 *악센트* 중 단지 하나를 사용할 뿐이다. 글래스고 사람과 에든버러 사람의 악센트가 서로 다르고, 스코틀랜드 내 다른 지역의 악센트도 다르다. 이런 현상은 스코틀랜드에 국한되는 것이 아니라 세계 어느 나라에서나 매한가지다. 오직 하나의 악센트만 가진 나라는 없다.

마찬가지로 오직 하나의 악센트만 사용하는 사람도 존재할 수 없다. 우리가 살아온 장소와 서로 말을 주고받은 대상에 따라 악센트도 변하게 마련이다. 웨일스, 리버풀, 그리고 잉글랜드 남부에서 살았기 때문에 내 악센트는 이들 세 지역 발음의 집합체라고 할 수 있다. 웨일스에서는 자동적으로 웨일스 악센트가 튀어나오며, 리버풀을 방문할 때는 리버풀 방언인 스카우스를 즐겨 쓴다. 그리고 다시 런던으로 가면 당연히 다시 남부 악센트로 돌

* '리버풀 사람' 혹은 '리버풀 사투리'를 뜻한다.

아간다.

내 악센트는 또한 내가 관여하는 사건 혹은 상황에 따라 바뀌기도 한다. 독일 학생들 앞에서 영어로 강의를 할 때는 평소보다 느리고 신중하게 말하는데, 이 경우 내 악센트는 BBC 방송국의 뉴스 진행자가 보도 자료를 읽어 내려갈 때의 그것과 비슷하다고 할 수 있다. 그리고 직접 라디오 방송에 출연하면 내 억양에 묻어 있는 지역적인 특색이 거의 드러나지 않는다. 언젠가 한번은 라디오에서 내 목소리를 들었다는 고향 선배가 우연히 길에서 만난 나를 붙들어 세우고 "평소 자네 목소리와는 영 딴판이더구먼!"이라며 따지듯 말하기도 했다.

어쨌든 이 악센트는 모두 내게 소속된 것들이다. 모두 내 머릿속에 들어 있으며, 내 발성기관은 그것을 각각 자유자재로 다룰 수 있다. 나는 종종 의식하지 못한 채 다른 악센트를 기웃거리기도 한다. 사실 나뿐만 아니라 다들 그렇게 한다. 다른 악센트를 사용하는 두 사람이 만나 서로 별 무리 없이 의사소통을 한다고 가정해보자. 머지않아 두 사람은 마치 약속이나 한 듯이 상대방의 악센트를 모방하게 된다. 말하자면 어느 정도는 서로의 악센트를 공유하는 것이다. 물론 그러다 헤어지면 다시 서로 원래의 악센트로 돌아간다.

악센트는 왜 존재할까? 앞서 말했듯이 악센트는 사용자의 출신지를 알려준다. 하지만 그것이 전부는 아니다. 악센트는 또한 사용자의 사회적 배경과 직업도 알려준다. 라디오 뉴스를 유심히 들어보라. 아나운서도 때로는 특정 지방의 악센트로 말하는

데, 그때 우리는 그의 출신지를 추측할 수 있다. 하지만 아나운서 대부분은 그렇지 않다. 당연히 사람마다 특유의 악센트가 있지만 그걸로 아나운서의 출신지를 알 수는 없다.

잉글랜드에서는 이런 중립 악센트(neutral accent)를 표준 발음(*Received Pronunciation, RP*)이라고 한다. 이는 18세기 말 상류층에서 발전한 악센트다. '챕터 11'에서 그 생성 과정을 살펴보았듯이, 따지고 보면 표준 영어 문법이라는 것도 원래는 대다수가 지역 방언을 사용하는 하층민이나 평민과 자신들을 구분하기 위해 상류층에서 개발한 하나의 방법이었다. 또 다른 방법은 단어의 발음에서 지역적 악센트의 흔적을 완전히 지워버리는 것이었다. 예를 들어 평민 사이에서 'hospital'과 'hand' 같은 단어에 들어 있는 'h'를 빼먹고 말하는 것이 대세라면 표준 발음 사용자들은 반대로 그것을 반드시 집어넣었다. 마찬가지로 평민 사이에서 'car'와 'heart'를 발음할 때 'r'을 집어넣는 것이 일반적이라면 표준 발음 사용자들은 반대로 그것을 빼고 말했다.

그 결과 완전히 새로운 악센트가 생겨났다. 처음에는 이 악센트를 왕족, 성직자, 교수, 의사, 법률가 등 주로 사회적 영향력이 있는 사람들이 사용했다. 그러다 점차 이튼, 해로, 윈체스터 등지의 귀족 자녀들이 다니는 사립학교 교사들이 이를 도입하여 학생들에게 가르쳤다. 지역 악센트를 가진 아이가 난생처음 이 학교에 도착하여 특이한 말투 때문에 상급생이나 심지어는 교사로부터 놀림당하는 장면을 묘사한 소설이나 영화도 꽤 많이 등장했다. 시골이나 다른 지역 출신인 신입생이나 편입생은 가급적 빨리 자신의 악센트를 표준 발음으로 바꿔야만 그나마 학교생활을 견뎌낼 수 있었다. 물론 이것은 200년 전의 풍경이지만 오늘날까지도 그런 관행이 완전히 사라지지는 않았다.

그런 아이가 성장하여 훗날 변호사나 공직자가 되고 또 다른 영향력 있는 지위를 차지했다. 그중에는 군인의 길을 선택하거나 해외로 파견되는 사람도 많았다. 19세기는 대영제국이 성장 가도를 질주한 시기였다. 전 세계를 무대로 새로운 식민지가 빠른 속도로 건설되면서 영국인에 대한 수요가 급증했다. 그리고 그들은 하나같이 표준 발음을 사용하는 계층이었다. 그 결과 곧 표준 발음은 '영국의 목소리(voice of Britain)'가 되었고, 나중에는 다시 BBC의 목소리가 되었다. 오늘날 외국인에게 영국 영어를 가르칠 때 모델로 삼는 것도 다름 아닌 표준 발음이다.

1800년 이후부터 표준 발음은 영국을 대표하는 '교양을 갖춘(cultured)' 악센트의 지위를 누렸다. 대부분은 그것을 그저 'posh(상류층의, 고상한)'라고 칭했다. 비록 실제 사용자 수는 그리 많지 않았지만 – 기껏해야 전체 인구의 5퍼센트 정도에 불과했다 – 표준 발음은 상류층이나 고등교육을 받은 사람들의 언어로 간주되는 호사를 누렸다. 표준 발음이 'received' pronunciation으로 불리는 것도 같은 이유에서다. 말하자면 그것은 조상으로부터 물려받은 유산으로 간주된 것이다.

다른 언어에도 교양을 갖춘 악센트는 있었다. 프랑스와 스페인은 물론 사회적 계층 분화의 역사를 가진 나라에는 모두 나름대로의 상류층 언어가 존재했기 때문이다. 이는 유럽에 국한된 일이 아니다. 1986년에 개봉했던 피터 퍼먼(Peter Faiman) 감독의 「크로커다일 던디(Crocodile Dundee)」에서 주인공 폴 호간(Paul Hogan)은 오스트레일리아의 길거리 언어를 구사한다. 그렇다고 오스트레일리아 사람이 모두 그런 악센트로 말한다고 생각해서는 곤란하다. 오스트레일리아에도 교양을 갖춘 악센트가 따로 있다.

시대가 바뀌면서 영국 영어에도 변화가 일어나기 시작했다. 상하 계층 간의 격차가 현격히 좁혀짐에 따라 지역 악센트를 가진 사람이 사회 고위직을 얻는 일이 가능해진 것이다. 영국 총리를 지낸 고든 브라운(Gordon Brown)은 스코틀랜드 악센트를 갖고 있었으며, BBC의 유명 뉴스 진행자인 휴 에드워즈(Huw Edwards)는 웨일스 악센트를 구사했다. 그리고 지금은 기차 시간표나 자동차보험 가입 방법을 문의하려고 콜센터로 전화를 걸면 전화선을 타고 지역 악센트가 들려오는 경우가 드물지 않다. 과거 한때는 표준 발음만 들을 수 있었다. 불과 몇 년 전에 영국 전역의 콜센터를 대상으로 실시한 악센트 조사에서 언어학자들은 에든버러 및 요크셔 악센트가 대다수를 차지한 반면 버밍엄이나 뉴캐슬 악센트는 거의 사용되지 않는다는 사실을 확인했다.

사람들은 악센트를 민감하게 받아들인다. '아름다운(beautiful)' 악센트와 '추한(ugly)' 악센트, '지적인(intelligent)' 악센트와 '무식한(stupid)' 악센트, '음악적인(musical)' 악센트와 '귀에 거슬리는(harsh)' 악센트 등으로 구분하는 것도 같은 맥락에서다. 하지만 악센트에 이처럼 우열을 매길 수는 없다. 어떤 사람에게 듣기 좋은 악센트가 다른 사람의 귀에는 불쾌하게 들릴 수도 있다. 자국인의 귀에 거슬리는 악센트가 외국인에게는 유쾌하게 들리기도 한다. 버밍엄 악센트는 잉글랜드에서 인기가 없다. 하지만 영어를 잘 모르는 한 무리의 외국인에게 여러 지역의 악센트를 들려준 결과 뜻밖에도 버밍엄 악센트를 가장 아름다운 것으로 골랐다.

그렇다면 사람들이 악센트에 이토록 민감하게 반응하는 까닭은 무엇일까? 그리고 또 방언에도? 이러한 현상들은 모두 언어가 우리의 정체성을 표현하는 방식과 관련된 보다 큰 이야기의 일부분이다.

거기 누구야?

악센트와 방언은 오랜 과거부터 늘 있어왔다. 영어로 기록된 고대 문헌에는 기록자의 출신지를 알려주는 다양한 형태의 철자, 어휘, 문법이 등장한다. 그리고 인간이 처음으로 말을 하기 시작하는 시점으로 좀 더 거슬러 올라가면 당시에도 지역마다 특유의 악센트가 있었음을 추측할 수 있다.

다음과 같은 상황을 상상해보자. 당신이 지금 동굴에서 거주하고 있으며, 바깥세상은 아주 위험하다. 인기척을 듣고 당신은 (물론 원시적인 말로) '거기 누구야?'라고 소리친다. 어떤 목소리가 응답한다. 목소리의 악센트에서 같은 종족의 일원이라는 사실을 확인하면 당신은 안심하고 밖으로 달려나가 그 사람을 맞아들인다. 하지만 누구의 악센트인지 알아챌 수 없으면 손에 몽둥이를 든 채 극도로 경계할 수밖에 없다. 낯선 목소리는 어쩌면 적을 의미할지도 모르기 때문이다.

진화가 오직 '적자생존(survival of the fittest)'의 결과라면 내 생각으론 악센트가 큰 도움이 되었을 것이다. 악센트를 구별해내는 탁월한 청력을 가진 사람들이 더 오래 생존할 가능성이 높았을 테니까 말이다. 그리고 사실 따지고 보면 오늘날이라고 해서 상황이 완전히 달라진 건 아니다. 지금도 낯선 악센트가 들려오면 사람들이 경계심부터 갖는 지역이 다수 존재한다. 어떤 곳들을 말하는지 생각해보라.

CHAPTER 13

이중 언어 사용

내가 아는 한 스코틀랜드 남자는 자신이 스코틀랜드인이라는 사실을 아주 자랑스러워한다. 외출할 때면 그는 늘 킬트(kilt)* 를 입고, 타탄(tartan hat)**을 쓰고, '나는 글래스고 출신이다'라고 떳떳이 과시하는 배지를 달고 다녔다. 한마디로 그는 자신의 정체성에 대한 자부심이 대단한 사람이었다. 하지만 한 가지 문제가 있었다. 그가 모퉁이를 돌아서면 그의 킬트, 모자 혹은 배지를 볼 수 없다. 그것은 어두울 때나, 혹은 수영장이나 목욕탕에서 옷을 홀랑 벗었을 때도 마찬가지다.

그렇다면 그는 자신이 스코틀랜드인이라는 사실을 어떻게 알

* 스코틀랜드 남자들이 전통적으로 착용해온 스커트형의 하의.

** 여러 가지 격자무늬의 타탄으로 만든 스코틀랜드 전통 모자.

릴 수 있을까? 말을 통해서다. 말은 모퉁이 다른 편에서나 어둠 속에서도 알아들을 수 있다. 수영장의 물이 너무 차가운 경우 강한 스코틀랜드 악센트로 그가 내지르는 비명소리를 들을 수도 있다.

악센트는 쉽게 전파된다. 세 살배기 아이에게서도 들을 수 있듯이 악센트는 또한 자연스럽게 습득된다. 그리고 무엇보다 좋은 점은 비용이 들지 않는다는 사실이다. 우리는 돈을 지불하고 자신이 스코틀랜드, 웨일스, 혹은 뉴욕 출신임을 알려주는 의상이나 배지를 사야 한다. 그에 비해 말은 출신지를 알리기 위해 돈까지 지불할 필요가 전혀 없다. 그렇다면 일본, 브라질 혹은 러시아 출신이라면 어떻게 해야 하는가? 마찬가지로 똑같은 논리가 적용된다. 일본인이라면 전통 의상을 입거나, 스시를 먹는 것과 같이 일본을 연상케 하는 특정 행위를 할 수 있다. 하지만 자신이 일본 출신임을 드러내는 가장 쉽고 확실한 방법은 일본어로 말을 하는 것이다. 악센트가 그 사용자의 출신지를 알려준다는데, 언어의 경우야 두말하면 잔소리가 되지 않겠는가. 다음 예문에서 빈칸을 메워보라.

- She speaks Danish. She must be from ________________

  (그녀는 덴마크어로 말한다. 그녀는 틀림없이 __________ 출신이다).

- He speaks Polish. He must be from ________________

  (그는 폴란드어로 말한다. 그는 틀림없이 __________ 출신이다).

- They speak Welsh. They must be from ________________

  (그들은 웨일스어로 말한다. 그들은 틀림없이 __________ 출신이다).

아마도 어렵지 않게 Denmark(덴마크), Poland(폴란드), Wales(웨일스)라고 답할 것이다.

하지만 정반대되는 질문이라면 상황이 달라진다. 다음 예문의 빈칸을 메워보라.

She's from Wales. So she speaks ____________________

(그녀는 웨일스 출신이다. 따라서 그녀는 __________ 로 말한다).

어떤 경우 Welsh(웨일스어)가 정답이겠지만, 또 다른 경우 영어가 정답이 될 수도 있다. 그리고 웨일스어로 말하는 경우라도 영어가 정답이 될 수도 있는데, 왜냐하면 이 사람은 두 언어 모두를 사용하기 때문이다. 다시 말해 그녀는 *이중 언어 사용자(bilingual)*다. 이 용어는 라틴어에서 차용한 것으로, *bicycle('두 개의 바퀴')*의 경우처럼 *bi*는 '둘'을 의미하고 *lingua*는 '언어(language)'에 해당하는 단어다.

두 언어로 말하면 우리는 이중 언어 사용자가 된다. 같은 식으로 세 개의 언어로 말하면 *삼중 언어 사용자(trilingual)*가, 그리고 세 개 이상의 언어를 구사하면 *다중 언어 사용자(multilingual 혹은 polyglot)*가 된다. 탁월한 언어학자들 중에는 수십 개의 언어를 구사하는 사람도 있다. '챕터 3'에서 언급했듯이 헤럴드 윌리엄스는 무려 58개의 언어를 구사했다.

아기의 타고난 언어습득 능력을 다루면서 살펴보았듯이, 인간이 두 개 이상의 언어를 사용하는 것은 극히 정상적인 현상이다. 오늘날 전 세계인 중 4분의 3가량이 두 개 이상의 언어를 말하면서 성장하는데, 현대적인 생활양식을 고려할 때 어쩌면 당연한 결과라고 할 수 있다. 누구나 가정에서는 특정 언어를 사용하지만 슈퍼마켓에 가서는 다른 언어를 사용한다. 그리고 학교나 교회에 가서는 또 다른 언어를 사용한다. 전 세계적으로 여러 문화가 공존하기 때문에 거리가 다양한 문화의 집합소 역할을 하는 곳도 많다. 이런 지역에 사는 사람들은 여러 언어에 대해 최소한 조금씩은 알게 마련이다.

덴마크에는 덴마크어, 프랑스에는 프랑스어 하는 식으로 나라마다 자국민이 가장 즐겨 사용하는 언어가 있다. 그렇다고 모두 특정 언어만 배우는 것은 아니다. 국민 가운데 이민자도 있게 마련이며, 그들은 당연히 자신이 떠나온 고국의 언어도 사용한다. 말하자면 모든 나라가 다중 언어 사용국인 셈이다. 어떤 나라는 그 정도가 실로 놀랍다. 예를 들어 미국에서는 수백 개의 언어가 통용되고 있다.

오늘날에는 심지어 영국도 대표적인 다중 언어 사용국에 속한다. 흔히 영국은 단일 언어 사용국이라고 생각하기 쉽다. 하지만 사실은 아주 오랜 옛날부터 다중 언어를 사용해온 국가다. 5세기에 앵글로색슨족이 이 나라에 도착했을 때 토착민은 라틴어(로마인이 브리튼을 지배한 이후부터)와 더불어 초기 웨일스어 및 콘월어(Cornish) 등과 같은 다양한 브리튼 언어를 사용하고 있었다. 브리튼과 다른 유럽 지역 사이에서 이루어진 활발한 교역을 고려할 때 당시 이 섬나라에는 대륙의 언어도 상당수 유입되었을 것으로 추정된다.

오늘날에는 특히 유럽연합(European Union, EU) 가입국들로부터 거대한 이민 물결이 이어지면서 영국의 다중 언어 사용은 가히 폭발적으로 늘어나는 추세다. 1999년에 런던 소재 학교에 다니는 학생 85만 명을 대상으로 모국어 조사를 실시했는데, 그 결과 현재 런던에만 300개 이상의 언어가 존재한다는 사실이 밝혀졌다. 물론 그중 가장 많이 사용되는 언어는 단연 영어였다. 그다음은 벵골어(Bengali), 펀자브어(Panjabi), 구자라트어(Gujarati), 힌디어(Hindi), 우르두어(Urdu) 등 남아시아 출신 사람들이 사용하는 다양한 언어가 있었으며, 지중해 주변의 터키어와 아랍어, 두 언어가 그 뒤를 이었다. 그다음이 아프리카의 요루바어(Yoruba, 현재 나이지리아의 공식어)와 소말리어(Somali)였고, 중국어의 하나인 광둥어(Cantonese)*가 있었다.

물론 이들 외에도 수많은 언어가 등장하지만, 제시된 예만으로도 요점은 분명해진 것 같다. 현재 런던이 뉴욕, 보스턴 등과 마찬가지로 다중 언어를 사용하는 도시 중 하나라는 것은 부정할 수 없는 사실이다. 런던 소재 초등학교의 거의 절반과 초등학생의 절반 이상이 영어를 모국어로 사용하지 않는다. 중등학교의 경우도 그 비율이 40퍼센트로 약간 떨어졌을 뿐 거의 비슷한 양상이었다. 이것은 2006년에 작성한 통계로, 아마도 지금은 그 수치가 조금 더 높아졌을 것이다.

런던이 특별한 도시이긴 하지만, 그렇다고 유일한 예는 아니

---

* 홍콩을 포함하여 중국 남서부에서 사용되는 언어.

다. 영국 전체의 평균 비율은 6퍼센트로, 달리 말해 100명 중 여섯 명이 영어가 아닌 다른 언어를 모국어로 삼고 있음을 의미한다. 영국의 모든 대도시에서 각각 수십 개씩의 언어가 사용된다. 심지어는 아주 작은 읍이나 마을 단위에서도 비슷한 양상인데, 이는 외국에서 이주해온 사람들이 농장에서 과일을 따거나 식당업계에 종사하는 등 주로 이런 지역에서 일자리를 얻기 때문이다. 노스웨일스의 홀리헤드에서 배를 타고 아일랜드의 더블린으로 향할 경우 승무원끼리 주고받는 말에서 리투아니아어, 폴란드어, 라트비아어를 들을 수 있다. 운이 좋으면 물론 웨일스어나 아일랜드어도 들을 수 있지만, 가장 흔히 들을 수 있는 말은 중유럽의 언어다.

사람들은 왜 이토록 자신들의 언어에 집착할까? 새로운 지역으로 보금자리를 옮겼으면 이전에 사용하던 언어는 버리고 새로운 언어를 배우는 게 당연하지 않은가. 다음 챕터에서 다시 다루겠지만, 물론 그러는 이민자도 적지 않다. 하지만 대다수의 사람들은 자신들의 첫 번째 언어인 모국어를 잃지 않으려고 노력을 아끼지 않는다. 그들은 가능한 한 그 언어로 말하고, 그 언어가 통용되는 지역공동체를 형성하고, 자기 아이에게 그 언어를 가르친다. 그뿐만 아니라 이민자를 받아들인 나라에서도 갖가지 정책적 지원을 통해 다중 언어 사용을 장려한다.

다른 나라에 이민을 간다고 가정해보자. *당신*이라면 당신의 모국어를 완전히 잊어버리고 싶겠는가? 물론 그렇지는 않을 것이다. 당신이 떠나온 나라에는 아직도 친구와 친지가 남아 있으며, 당신은 그들에게 말을 전하거나 편지를 쓰고 싶어 한다. 설령 그렇지 않더라도 당신의 머릿속은 당신이 읽은 책, 당신이 배운 노래, 당신이 즐겨 쓰던 은어 등 그 나라 문화에 대한 갖가지 지식과 기억으로 가득하다. 모국어는 당신의 정체성, 다시 말해 당신 자신이 누구인가에 대한 자의식의 한 부분을 형성한다. 또한 당신의 모국어는 당신이 가장 잘 아는 사람들, 다시 말해 당신과 더불어 성장하고 살아온 사람들의 집단 정체성의 일부분도 형성한다.

자신의 언어가 비하되거나 무시되거나, 최악의 경우 금지될 때 사람들이 분노하는 것도 바로 이런 이유에서다. 국가 정부가 지역 언어의 공식적인 사용을 금지하는 경우도 드물지 않다. 프랑코(Franco) 장군이 스페인을 통치한 1940년대와 1950년대에는 오직 스페인어만 공식적으로 사용 가능했다. 따라서 카탈로니아어(Catalan), 바스크어(Basque), 갈리시아어(Galician) 등과 같은 스페인의 지역어들은 억압당했다. 당시 스페인 사람들은 자식의 이름조차 지역어로 부를 수 없었다. 예를 들어 카탈로니아어를 사용하는 바르셀로나 출신의 부모가 새로 태어난 아이에게 Beatriu와 Lluis라는 이름을 붙여주고 싶다면 스페인어 철자법을 따라 Beatriz와 Luis로 신고해야 했다. 하지만 지금은 그렇지 않다.

자신의 언어를 지지하기 위해 가두시위에 참가한 사람들을 다룬 기사가 신문에 자주 등장한다. 심지어는 단식투쟁을 벌이거나 폭동을 일으키기도 한다. 프랑스어 사용자들이 자신들의 언어를 공식어로 만들기 위해 퀘벡에서 실제로 그런 일을 벌였다. 프랑스어 사용자들과 플라망어(Flemish) 사용자들 사이에서 분쟁이

끊이지 않는 벨기에에서도 비슷한 상황이 발생했다. 웨일스와 인도 및 다른 많은 나라 또한 예외는 아니었다. 도대체 왜 이런 일들이 발생할까? 모국어의 중요성을 인식한 사람들이 자신들의 언어를 지켜내기 위해 죽음도 불사한다는 각오로 투쟁하기 때문이다.

가장 유명한 사건 중 하나가 1952년 2월 21일에 당시 동파키스탄(오늘날의 방글라데시)*에 위치한 다카에서 일어났다. 시위대를 결성한 대학생 무리가 방글라데시어(Bangla)를 우르두어와 나란히 파키스탄의 공식어로 지정하라고 요구했는데, 경찰의 발포로 많은 사상자가 발생했다. 이후 그 순간은 결코 잊히지 않았다. 2000년에 유네스코(UNESCO)가 전 세계 언어를 기념하기 위한 국제 모국어의 날(International Mother-Tongue Day)을 제정하면서 2월 21일을 그 기념일로 택했기 때문이다.

기념일은 우리에게 특정한 행위나 사건의 중요성을 일깨워준다. 생일이나 축일을 기념하여 특별한 행사를 치르는 것도 같은 이유에서다. 하지만 유감스럽게도 언어를 기리는 행사는 그리 많지 않다. 매년 개최되는 큰 기념행사로는 앞서 언급한 국제 모국어의 날(2월 21일)과 유럽 언어의 날(European Day of Languages, 9월 26일)이 있다. 이 두 행사는 사람들에게 언어 다양성의 중요성을 일깨워주고 언어 학습과 다중 언어 사용을 장려한다는 동일한 목표를 갖고 있다. 이 문제에 관해서는 다음 챕터에서 좀 더 상세히 다룰

---

* 원래 인도에 속했던 지역으로, 1947년 인도가 영국의 압제에서 풀려날 때 파키스탄으로 분리·독립했다. 같은 이슬람교를 믿지만 벵골족이라는 이유로 무시와 핍박을 받아오다 1971년 3월 26일에 일으킨 유혈 독립 전쟁을 통해 서파키스탄, 즉 지금의 파키스탄으로부터 다시 분리·독립하여 방글라데시가 되었다.

것이다.

다중 언어 사용은 현재 미국, 영국, 그리고 서유럽 국가에서 큰 이슈로 부각되고 있다. 수 세기 동안 대다수가 하나의 언어만 사용해오면서 다른 언어는 열등한 것으로 취급한 지역이 바로 이들 나라이기 때문이다. 스페인에서는 스페인어가, 프랑스에서는 프랑스어가, 영국에서는 영어가 그런 지위를 누렸다. 반면 이들 나라에서 일부가 사용한 다른 언어는 중요하지 않다고 냉대를 받았다. 프랑코가 통치하던 시절의 스페인처럼 심지어는 사용이 금지되기까지 했다. 다른 나라의 상황도 크게 다르지는 않았다. 만약 100년 전이었다면, 웨일스의 한 학교에서 당신이 웨일스어로 말하다가 발각되면 현장에서 체포되어 처벌받았을 것이다. 프랑스 북서부에 위치한 브르타뉴의 학교에서 브르타뉴어를 사용하다 들켜도 상황은 비슷했을 것이다. 하지만 오늘날에는 이들 지역의 주민이 한목소리로 자신들의 언어를 존중해달라고 요구하고 있다. 다중 언어 사용이 정치적 이슈로 바뀐 것이다.

강대국이 개척한 거대한 식민지에서도 비슷한 상황이 벌어졌다. 한 나라가 다른 나라를 통치할 때 패전국은 침략국의 언어를 공식어 - 다시 말해 의회, 법정, 학교에서 통용되는 언어 - 로 삼는 것이 일반적인 흐름이었다. 중남미 국가들 대부분에서 스페인어와 포르투갈어가 사용되고, 아프리카의 여러 나라에서 프랑스어와 영어가 사용되고, 또 북미, 남아시아, 오스트레일리아, 뉴질랜드 등지에서 영어가 사용된 것도 같은 맥락에서다. 새로운 언어가 기존의 언어를 위협할 경우 이런 지역에서도 다중 언어 사용이 정치적 이슈로 등장할 가능성이 있다.

다중 언어 사용자가 되고 싶다면 선택할 수 있는 언어는 무수히 많다. 그렇다면 현재 지구상에는 과연 몇 개의 언어가 존재할까?

유로패스

다중 언어 사용자라고 하여 해당 언어 모두를 유창하게 구사할 필요는 없다. 기본적인 대화를 하는 정도일 수도 있고, 글은 읽지만 말을 못할 수도 있다. 내가 아는 사람들 중 상당수는 여러 언어로 일상적인 대화를 하는 데 전혀 어려움이 없지만 텔레비전 방송에 출연하여 그런 언어로 연설을 하거나 정치적인 토론을 하지는 못한다.

오늘날 유럽인이 언어를 바라보는 시각의 주요 특징 중 하나는 다양한 수준의 개인별 언어능력을 인정하자는 것이다. 유럽회의(Council of Europe)라는 기구에서 누구나 스스로 작성할 수 있는 '언어 여권(language passport)' 제도를 제안했다. 온라인에 몇 가지 사례가 올라와 있으니 검색창에 'Europass'라고 입력해보라.

유로패스에는 어떤 언어를 그저 읽고 이해할 수 있다거나, 그 언어로 말하거나 글을 쓸 수 있다고 적어도 좋다. 그뿐만 아니라 어떤 언어를 사용하면서 겪은 재미있는 경험담이나 '기초적인(basic)' 단계에서 '능숙한(proficient)' 단계에 이르기까지 각자의 수준에 해당하는 언어능력에 관해 기록할 수도 있다. 기초적인 수준으로 스페인어를 아는 사람도 있을 수 있고, 프랑스어로 대화하는 데 전혀 어려움이 없는 사람이나 고급 영어와 독일어를 익힌 사람도 있을 수 있다.

출신지가 서로 다른 여러 나라 사람들의 언어능력을 보다 쉽게 비교할 수 있게 해준다는 의미에서 참으로 멋진 발상이라 할 것이다. 언젠가는 일반적인 여권과 함께 언어 여권도 의무적으로 소지해야 하는 날이 오지 않을까 기대해본다.

CHAPTER 14

전 세계 언어

현재 전 세계적으로 몇 개의 언어가 존재할까? 약 6,000개다. 어쩌면 그보다 조금 많을 수도, 적을 수도 있다. 앞으로 살펴보겠지만 정확히 통계를 내기란 사실 불가능하다.

전 세계 여러 지역에서 언어가 빠른 속도로 – 몇 주마다 거의 한 개꼴로 – 사멸해가는 것도 그 한 가지 이유다. 이에 관해서는 다음 챕터에서 상세히 다루겠지만, 이처럼 언어가 급속도로 사라져간다면 정확한 통계 자체가 아예 불가능하다는 사실만은 분명하다.

그뿐만 아니라 *새로운* 언어가 발견되기도 한다. 한 탐험대가 파푸아뉴기니의 숲속에 자리한 외진 계곡을 탐사하다가 우연히 작은 공동체를 발견한다. 그곳 원주민과 대화를 시도하는 중에 그들이 사용하는 언어가 주변 지역의 언어와 전혀 다르다는 사실을 깨닫는다. 그리하여 전 세계 언어 통계에 하나가 더 보태진다.

혹은 이런 경우도 가정해보자. 우여곡절 끝에 몇몇 언어학자가 드디어 인도네시아의 해안에 거주하고 있는 한 공동체의 말을 조사하게 되었다. 그들은 그곳 사람들의 말하는 방식도 해안 깊숙이 자리한 다른 마을 주민과 비슷할 것 – 물론 약간의 차이는 있겠지만 심각한 수준은 아닐 것 – 으로 예상했다. 다시 말해 그들은 요크셔에서 출발해 해안을 따라 링컨셔(Lincolnshire)*로 향할 때 필연적으로 마주치게 되는 서로 다른 방언의 경우와 마찬가지로 동일한 언어에 뿌리를 둔 서로 다른 방언일 뿐이라고 생각했던 것이다. 하지만 본격적으로 연구에 돌입한 언어학자들은 그 새로운 마을의 주민들이 프랑스어 및 독일어와 영어 사이에서 나타나는 차이처럼 완전히 다른 별개의 언어를 구사한다는 사실을 밝혀냈다. 그것은 참으로 놀라운 사건으로, 그 결과 전 세계 언어 통계에 다시 하나가 더 보태진다.

집단을 이룬 사람들의 말이 *방언*인가, 아니면 별개의 *언어*인가 하는 문제가 늘 대두된다. 둘의 본질적인 차이는 무엇인가? 다음 상황으로 이 문제를 풀어보자.

네 명의 남자가 한방에 있다. 두 남자는 각각 영국의 리버풀과 런던 출신이고, 나머지 두 남자는 각각 프랑스의 파리와 보르도 출신이다. 네 사람 모두 자신이 태어나 자란 곳의 언어로만 말

---

* 영국 잉글랜드 중동부에 위치한 카운티로, 카운티 타운은 링컨이다.

한다. 이들 중 서로 의사소통이 가능한 짝은 어느 경우일까?

리버풀 출신자와 런던 출신자는 정확히 같은 방식으로 말하지는 않지만 의사소통에는 별 어려움이 없다. 둘 다 '영어'로 말하기 때문이다. 마찬가지로 파리 출신자와 보르도 출신자도 정확히 같은 방식으로 말하지는 않지만 의사소통에는 거의 문제가 없다. 둘 다 '프랑스어'로 말하기 때문이다.

리버풀 출신인 남자와 런던 출신인 남자는 각각 영어의 서로 다른 방언을 사용한다. 마찬가지로 파리 출신인 남자와 보르도 출신인 남자는 각각 프랑스어의 서로 다른 방언을 사용한다. 동일한 언어의 서로 다른 방언으로 말하는 경우 의사소통에 큰 지장이 없는 것이 일반적이다.

두 명의 영국 남자는 나머지 두 사람을 가리키며 '프랑스어로 말하기 때문에 저 두 사람의 말은 도통 알아들을 수가 없다'며 투덜댄다. 반대로 두 명의 프랑스 남자는 영국 남자들을 가리키며 '영어로 말하기 때문에 저 두 사람의 말은 도통 알아들을 수가 없다'며 투덜댄다. 다시 말해 영국 남자들과 프랑스 남자들은 서로 다른 언어를 사용하고 있다는 사실을 깨달은 것이다. 방언과 달리 서로 다른 언어를 사용하는 경우에는 의사소통이 불가능하다.

이것이 바로 방언과 언어의 본질적인 차이다. 언어는 여러 개의 방언으로 이루어져 있으며, 이들 방언 간에는 보통 의사소통이 가능하다. (물론 지역 악센트와 지역 단어라는 장애물이 도사리고 있지만.) 현재 전 세계적으로 몇 개의 방언이 존재하는지를 정확히 알기란 불가능에 가깝다. 내 추정으로는 적어도 2만 개는 넘지 않을까 싶다. 하지만 방언은 모두 6,000개의 언어에 귀속된다. 따라서 우리는 한 언어를 형성하는 방언 가족(a family of dialect)에 관해서 이야기할 수 있다. 하지만 이 이야기는 여기에서 끝나지 않는다. 언어 또한 가족을 형성하기 때문이다.

어떤 경우에 특정 그룹의 사람들이 동일한 가족에 속한다고 말할 수 있을까? 가장 확실한 증거는 서로 비슷한 외모와 발음이다. 큰 코, 붉은 머리카락 혹은 굵직한 목소리가 판단 기준이 될 수도 있다. 동일한 가족에 속한 언어도 같은 방식으로 구별할 수 있다. 그런 언어는 서로 비슷하게 보이고 비슷하게 들린다. 다시 말해 발음은 물론 단어와 문법까지 서로 유사하다.

예를 들어보자. 영어의 'father(아버지)'에 해당하는 스페인어는 무엇일까? 'pah-dray(파-드레이)'와 유사하게 발음되는 'padre'다. 그렇다면 이탈리아어는? 마찬가지로 'padre'이지만 발음은 약간 다르다. 포르투갈어는? 대략 영어의 'pie(파이)'와 비슷하게 발음되는 'Pai'다. 그리고 프랑스어는? 대략 영어의 'pear(피어)'와 비슷하게 발음되는 'Père'다.

한 나라의 방언을 조사해보면 더 많은 변이형이 드러난다. 이탈리아 북부에서 출발하여 남쪽으로 여행하면 다양한 버전을 들을 수 있다. 베네토에서는 'pare'['pa-ray(파-레이)'로 발음]로 들리던 것이 밀라노에서는 'pader'['pa-dare(파-데레)'로 발음], 나폴리에서는 'pate'['pa-tay(파-테이)'로 발음], 그리고 시실리에서는 'patri'['pa-tree(파-트리)'로 발음]로 바뀐다.

이들 발음은 일정한 패턴을 보여준다. 모든 단어는 [p] 소리로 시작된다. 그리고 대부분의 단어에서 [t] 또는 [d]가 중간에 들어가고 [r]이 등장한다. 또한 거의 모든 단어에서 [a]가 [e]보다 앞선다.

이런 유사성을 근거로 확실한 결론 하나를 끌어낼 수 있다. 이 모든 단어는 공통의 기원을 갖고 있음이 분명하다. 먼 옛날 한 무리의 사람들이 사용한 단어 – 그것을 일단 'pater'로 가정해보자 – 가 있었다. 이 사람들이 유럽 전역을 옮겨다니는 과정에서 그들의 말도 점차 변하기 시작한다. '챕터 12'에서 살펴보았듯이 그들은 새로운 발음과 새로운 악센트를 발전시켰다. 스페인으로 간 사람들은 [t]를 [d]로 바꾸고 발음의 순서도 뒤바꿨다. 그 때문에 [er]가 [re]로 바뀐 것이다. 한편 프랑스로 간 사람들은 [t]는 완전히 빼버리고 [a]와 [e]를 한데 묶어 오늘날 ⟨è⟩로 철자되는 하나의 긴소리로 변화시켰다.

실제로도 이와 같은 일이 일어났다. 이렇게 장담할 수 있는 것은 역사적 사실을 통해 증명할 수 있기 때문이다. 'pater'라는 원단어(原單語, original word)가 있었다. 그것은 로마인들의 언어인 라틴어에 속해 있었다. 그리고 익히 알다시피 거대한 제국을 건설한 로마인은 서유럽 전역에 라틴어를 퍼뜨렸고 프랑스, 스페인 등 여러 지역의 평범한 사람들이 이 단어를 점차 사용하면서 앞에서 살펴본 바와 같은 변화가 일어났다. 라틴어의 모든 다른 단어도 비슷한 과정을 겪었다. 라틴어 문법도 바뀌었다. 그리고 그 결과가 바로 이들 지역에서 현재 사용되고 있는 언어다.

이 모든 일이 진행되는 데 수백 년이 소요되었다. 언어는 아주 서서히 변한다. 하지만 일단 변화가 시작되면 필연적으로 하나의 언어 가족, 즉 어족(語族, family of languages)을 형성한다. 언어학자들은 위에서 언급한 언어 가족에게 *로망스어족(Romance family of languages)*이라는 명칭을 부여했다. 이 경우 라틴어는 조상 언어, 즉 *조어(祖語, parent language)*라 하고 프랑스어, 스페인어, 이탈리아어 등은 자식 언어, 즉 *파생 언어(daughter languages)*라 한다. 그리고 같은 맥락에서 프랑스어, 스페인어, 이탈리아어는 *자매어(sister languages)*가 된다. 정말로 한 가족이다. 프랑스, 스페인, 이탈리아의 모든 지역어와 주요 방언까지 포함하면 로망스어족의 언어는 30개가 넘는다.

6,000여 개에 달하는 전 세계 언어는 모두 이런 식으로 특정한 어족에 편입된다. 문제는 많은 지역의 경우 우리가 의지할 역사적인 사실이 존재하지 않는다는 점이다. 예를 들어 중남미의 몇몇 언어에서 유사한 단어를 발견한다면 동일한 결론을 이끌어낼 수도 있다. 하지만 그 지역 사람들의 역사나 그들이 사용하는 언어의 변이 과정을 전혀 알 수 없기 때문에 추정에 머물 수밖에 없다.

이런 관점에서 유럽 언어는 매우 운이 좋은 편이다. 대부분의 나라는 1,000년이 넘는 역사적 기록을 보유하고 있기 때문에 여러 세기 동안 진행된 언어의 변천사를 추적하는 데 별 어려움이 없다. 거의 모든 지역에서 로망스어족의 예에서 살펴본 것과 동일한 형태의 변화가 발음에서 이루어졌다. 다시 말해 [t]는 [d]로 바뀌었고, [a]는 [e]로 변하거나 아니면 그 반대 현상이 일어났다.

발음을 고려할 때에야 비로소 변화가 실감된다. '챕터 4'에서 살펴보았듯이 [t]에서 [d]로의 변화는 그리 어렵지 않은 과정으로, 성대의 진동을 약간만 바꿔주면 된다. [p]에서 [f]로의 변화도 마찬가지인데, 이는 두 소리가 아주 유사한 방식으로 만들어지기 때문이다. [p]를 발음하려면 양 입술이 움직여야 하지만 [f]를 발음하려면 아랫입술과 윗니가 움직여야 한다는 점이 다를 뿐이다. 양 입술을 꽉 다무는 대신 아랫입술을 약간 느슨하게 하여 공기를 급히 내보내면 [f] 소리가 난다. 곧 살펴보겠지만 실제로 영어의 역사에서 [p]에서 [f]로의 변이가 이루어졌다.

로마인이 라틴어를 서유럽 및 남서유럽으로 전파했다면 다른 그룹의 민족은 자신들의 언어를 북유럽에 전파했고, 그 과정에서 역시 다양한 변화가 일어났다. 특히 게르만족은 그야말로 역사적 대이동을 감행했다. 그들은 원래 스칸디나비아의 남부, 특히 오늘날의 스웨덴 남부와 덴마크에 해당하는 지역에 살고 있었다. 그러다 기원전 1000년경에 세 갈래로 나뉘어 대이동을 시작했다. 한 무리는 남쪽을 향해, 또 한 무리는 중유럽으로, 그리고 세 번째 무리는 북유럽 해안을 따라 이동해 내려왔다. 그로부터 1,000년이 더 지난 후에 그중 일부가 브리튼, 즉 현재의 영국에 도착했다.

게르만족이 유럽 전역으로 퍼져나감에 따라 남부 지역에서 로망스어가 그러했던 것처럼 그들의 언어 또한 변하기 시작했다. 오늘날의 스칸디나비아 반도에 거주했던 게르만족의 초기 언어는 *고대노르드어(Old Norse)*로, 현재의 독일 지역으로 이주한 게르만족의 언어는 *고대고지독일어(Old High German)*로, 북유럽 해안을 따라 이동한 게르만족의 언어는 *고대프리지아어(Old Frisian)*로 불린다. 그리고 영국으로 건너온 게르만족의 언어가 이른바 *고대영어(Old English)*다.

게르만족은 로마인의 언어인 라틴어를 알아듣지 못했고, 마찬가지로 로마인도 게르만족 언어를 알아듣지 못했다. 하지만 게르만족 언어로 기록된 몇몇 고대 문헌은 놀라울 정도로 라틴어와 유사하다. 기원후 800년경에 고대영어로 기록된 문헌에서 우리는 현대 영어의 'father'에 해당하는 단어가 'feder' 혹은 'fæder'(〈æ〉는 소리 [a]에 대한 한 가지 표기법이다)의 형태로 등장한다는 사실을 확인할 수 있다. 같은 단어가 고대고지독일어에서는 'fater'로, 그리고 다시 고대프리지아어에서는 'fedar' 혹은 'feder'로 변한다. 오늘날에는 이 단어가 약간씩 그 형태를 달리하지만, 현대 영어의 'father', 현대 독일어의 'Vater'(독일어에서는 명사의 첫 글자를 대문자로 표기한다), 현대 네덜란드어의 'vader' 등에서 볼 수 있듯이 아직도 유사성이 고스란히 남아 있다.

이것은 로망스어족과 확연히 구별되는 또 다른 어족으로, 언어학자들은 이를 *게르만어족(Germanic family of languages)*이라 부른다. 유럽의 다른 지역으로 눈을 돌려보면 로망스어족과 게르만어족 외에도 또 다른 어족이 여럿 존재한다. 웨일스어, 게일어(Gaelic), 브르타뉴어, 그리고 다른 몇몇 언어는 *켈트어족(Celtic family of languages)*을 형성한다. 러시아어, 폴란드어, 체코어, 그리고 다른 몇몇 언어는 *슬라브어족(Slavic family of languages)*을 형성한다. 개중에는 자식, 다시 말해 파생 언어를 갖지 못한 언어도 있다. 아르메니아어와 알바니아어의 경우처럼 그리스어도 완전한 외톨이 신세다.

오랫동안 언어학자들은 이런 식으로 작은 언어 집단을 관찰하면서 언어를 연구해왔다. 그러다 1785년, 당시 인도에서 재판관으로 근무하던 윌리엄 존스(William Jones)가 획기적인 이론을 제시하여 언어학계를 발칵 뒤집어놓았다. 그는 전형적인 다중 언어 사용자로, 40여 가지의 언어와 친숙했으며 그중 몇몇 언어는 유창하게 구사할 수 있었다. 하지만 그는 단순히 말을 배우는 정도에 머물지 않고 언어를 비교 연구하기 시작했다. 그리고 어느 순간 그들 언어 사이에 유사성이 존재한다는 사실을 확신한 뒤, 비록 수천 마일 이상 떨어져 사는 사람들에 의해 사용되긴 하지만 그중 상당수의 언어가 동일한 어족에 속할지도 모른다는 의견을 제시했다.

그는 특히 산스크리트어(Sanskrit)라 불리는 인도의 언어에 주목했다. 또한 그리스어와 라틴어는 물론 켈트어를 비롯한 다른 언어도 세심히 관찰하고 연구했다. 그러고는 최종적으로 단순히 우연의 산물로 치부해버리기엔 언어 간의 유사성이 너무나 크다는 결론에 도달했다. 말하자면 그는 지금은 존재하지 않는 하나의 조상 언어로부터 그 모든 언어가 파생했을 수도 있다고 생각한 것이었다.

그의 판단은 옳았다. 오늘날 인구어(印歐語) 혹은 인도유럽어(Indo-European)라 불리는 언어가 바로 그가 추정한 조상 언어다.

인도유럽어를 사용한 사람들의 정확한 거주지는 현재 수수께끼로 남아 있다. 남러시아의 스텝 지역으로 추측하는 사람이 있는가 하면, 그보다 더 남쪽 지역인 터키 근방을 지목하는 사람도 있다. 그 외에도 여러 지역이 거론되지만 현재로서는 그 누구도 확실한 답을 말할 수 없다. 그들이 이동을 시작한 시기 또한 정확히 알 수 없다. 기원전 3000년경 혹은 그보다 훨씬 더 이른 시기일 수도 있다. 하지만 이것 하나만은 확실하다. 그들은 최종적으로 동쪽으로는 인도, 그리고 서쪽으로는 유럽까지 도달했다. 그 과정에서 그들의 언어 또한 극적인 변화를 겪었을 것이다.

'father'에 해당하는 인도유럽어가 어떤 형태였는지는 알 길이 없다. 하지만 그중 한 무리의 사람들이 현재의 이탈리아 지역에 도착했고, 그들의 언어가 라틴어로 변하는 과정에서 'father'에 해당하는 원래의 단어가 'pater'로 바뀌었음이 분명하다. 또 다른 무리는 스칸디나비아로 갔으며, 그들의 언어가 게르만어로 변하는 과정에서 'father'에 해당하는 원래의 단어가 'fater'로 바뀌었다. 인도에 도착한 무리에서는 (산스크리트어의) 'piter'로, 그리고 아일랜드로 건너간 무리에서는 'athir'로 바뀌었다. 이들 언어를 모두 비교한 언어학자들은 원단어를 *pəter로 추정했다. [ə]는 'the' 속의 'e'와 비슷하게 발음되는 특정 소리를 나타내기 위해 만든 특수문자이며, 좌측 상단부의 별표(*)는 이 단어가 추정에 불과하다는 것을 의미한다.

언어를 연구할 때 우리는 많은 부분을 추정에 의존할 수밖에 없다. 오스트레일리아의 토착어는 모두 같은 언어에 뿌리를 두고 있을까? 북미의 언어는 어떨까? 아프리카에만 현재 2,000여 개의 언어가 존재한다. 그 많은 언어가 모두 단일한 조어에서 파생했을 가능성은 희박하다. 아니, 어쩌면 그럴 수도 있지 않을까?

이런 질문은 아주 매력적이다. 그리고 이런 질문은 다시 가장 흥미롭고 매력적인 질문으로 우리를 이끈다. 지구상의 모든 언어가 오직 하나의 조어에서 파생했을 수도 있지 않을까?

인도유럽어족에 속하는 언어의 분포도

1. 산스크리트어(Sanskrit)
2. 힌디어/우르두어(Hindi/Urdu)
3. 벵골어(Bengali)
4. 구자라트어(Gujarati)
5. 신할라어(Sinhalese)
6. 펀자브어(Panjabi)
7. 파슈토어(Pashto)
8. 페르시아어(Persian)
9. 아르메니아어(Armenian)
10. 러시아어(Russian)
11. 라트비아어(Latvian)
12. 리투아니아어(Lituanian)
13. 벨라루스어(Belarussian)
14. 우크라이나어(Ukrainian)
15. 몰도바어(Moldovan)
16. 루마니아어(Rumanian)
17. 불가리아어(Bulgarian)
18. 그리스어(Greek)
19. 알바니아어(Albanian)
20. 마케도니아어(Macedonian)
21. 세르비아어(Serbian)
22. 몬테네그로어(Montenegrin)
23. 보스니아어(Bosnian)
24. 크로아티아어(Croatian)
25. 슬로베니아어(Slovenian)
26. 체코어(Czech)
27. 슬로바키아어(Slovak)
28. 폴란드어(Polish)
29. 독일어(German)
30. 프랑스어(French)
31. 네덜란드어/플라망어 (Dutch/Flemish)
32. 덴마크어(Danish)
33. 스웨덴어(Swedish)
34. 노르웨이어(Norwegian)
35. 영어(English)
36. 아일랜드 게일어 (Irish Gaelic)
37. 스코틀랜드 게일어 (Scots Gaelic)
38. 웨일스어(Welsh)
39. 브르타뉴어(Breton)
40. 스페인어(Spanish)
41. 카탈로니아어(Catalan)
42. 사르데냐어(Sardinian)
43. 포르투갈어(Portuguese)
44. 아이슬란드어(Icelandic)
45. 이탈리아어/라틴어 (Italian/Latin)
최초의 인도유럽어족
이란
8
아프카니스탄
7
6
1
2
파키스탄
인도
4
방글라데시
3
인도양
5 스리랑카

CHAPTER 15

말의 기원

어족을 찾아가다 보면 유럽처럼 그 증거가 칼로 자른 듯 명확한 지역도 꽤 여럿 만난다. 이들 지역에서는 역사적 사실과 언어적 사실이 서로 일치하기 때문에 어족의 존재 여부를 명확히 밝힐 수 있다. 하지만 그것이 곧 유럽의 모든 언어가 인도유럽어족에 속한다는 것을 의미하지는 않는다.

스페인 북부와 피레네 산맥 너머 남서 프랑스에 바스크어로 불리는 특이한 언어가 남아 있다. 이것은 스페인의 다른 언어는 물론 유럽의 다른 언어와도 확연히 구별된다. 말하자면 이른바 고립어*(isolated language)*인 셈이다. 바스크어는 인도유럽어족에 속하지 않는다. 문법 체계가 다를 뿐더러 대부분의 단어가 마치 다른 행성에서 온 것처럼 주변 지역의 단어와 전혀 다르다. 다음은

'The woman has seen the man(그 여자가 그 남자를 지켜보았다)'이라는 문장을 바스크어로 옮겨본 것이다.

emakumeak gizona ikusi du

이 문장을 글자 그대로 다시 영어로 옮겨보면 다음과 같다.

woman-the man-the seen has

어떻게 이런 언어가 스페인 북부에 존재할 수 있을까?

바스크어는 인도유럽어 사용자가 이 지역에 도착하기 *이전*부터 생존해온 마지막 언어임이 분명하다. 너무나 먼 과거의 일인지라 처음 이 지역에 도대체 누가 거주했는지 혹은 어떤 언어가 존재했는지 알 길이 없다. 어쩌면 식용 가능한 식물이나 동물을 찾아 유럽 전역을 누비고 다닌 수렵채취인들이 정착해 살았는지도 모른다. 하지만 인류가 문자를 개발하기 전이었기 때문에 그들의 언어에 대한 그 어떤 증거도 남아 있지 않다. 이 문제에 관해서는 다음 챕터에서 좀 더 상세히 다룰 것이다.

'챕터 14'에서 로망스어족과 게르만어족을 서로 비교했듯이 바스크어를 유럽의 다른 언어와 비교해보면 몇 가지 흥미로운 사실이 드러난다. 바스크족도 수 세기 동안 이웃 지역으로부터 많은 단어를 차용했음을 알 수 있다. 이를테면 현대 영어의 'church(교회)'에 상응하는 단어인 바스크어의 'eliza'는 라틴어 'ecclesia'에서 파생한 것이다. 하지만 이런 몇 가지 예외만으로 이들 언어가 공통의 기원을 가졌다고 말하기에는 턱없이 부족하다. 실제로 대부분의 바스크어 단어는 라틴어나 로망스어 단어와 전혀 관계가 없다. 따라서 바스크어는 고립된 언어로 보는 것이 타당하다.

전 세계 언어 중 고립어는 수백 개나 된다. 여기에 서로 관계가 불명료한 언어까지 더하면 그 숫자는 훨씬 더 늘어난다. 예를 들어 일본어와 한국어는 서로 관계가 있다고 여겨질 정도로 유사성이 많지만, 차이점 또한 너무 많아 학자들 사이에서 늘 논란의 대상이 되고 있다. 현재 지구상에 존재하는 모든 어족을 살펴보면 실제로 유사성보다 차이점이 훨씬 더 크다. 예를 들어 인도유럽어족과 중국 언어 및 오스트레일리아의 토속어 사이에는 공통점이 거의 없다. 그런데도 이 모든 언어가 단 하나의 조상 언어에서 갈라져 나왔다고 말할 수 있을까? 물론 가능한 일이다. 하지만 다른 한편으로는 인류가 최초로 말하는 법을 배우기 시작할 때부터 전 세계 각 지역마다 각기 다른 형태의 언어가 탄생했다가, 시대가 흐르면서 서로 영향을 주었다고 볼 수도 있지 않은가.

말은 도대체 언제 시작되었을까? 말을 할 수 있으려면 반드시 두 가지 전제 조건이 충족되어야 한다. 먼저 수많은 단어를 형성하는 데 이용되는 갖가지 소리를 만들어낼 수 있는 발성기관이 필요하다. 그리고 이 모든 소리를 자유자재로 다룰 수 있고, 나아가 그 소리를 의미를 지닌 단어와 문장으로 변환시키는 뇌가 필요하다. 이를테면 원숭이처럼, 동물계에 속하는 우리 인간과 가장 가까운 존재도 말을 할 수 없다. 그렇다면 원숭이에서 인간으로 진화하는 저 긴 여정의 어느 단계에서 말이 시작되었을까?

기원전 10만 년부터 기원전 3만 년까지 유럽에서 살았던, 인간을 닮은 존재들은 원시언어 형태의 언어를 사용했을 가능성이 높다. 많은 유골이 발견되고 이를 바탕으로 두개골의 형태를 본뜬 석고 모형이 만들어졌다. 그 결과 연구자들은 이들 유인원의 뇌가 현대인의 뇌와 비교할 때 그 크기에서 별다른 차이가 없다는 사실을 밝혀냈다. 물론 살아 있는 실제 뇌를 복원할 수는 없으므로 이와 관련된 논의를 더 진척시킬 수는 없다. 하지만 그것이 중요한 단서임에는 틀림없다.

그렇다면 이들의 발성기관은 어떠했을까? 유골은 오직 뼈의 형태로만 존재하기 때문에 이 문제에 관해서도 많은 정보를 기대하긴 힘들다. 유골을 통해 턱의 형태와, 입과 목 주위의 골격은 추정할 수 있지만, 혀와 후두(喉頭, larynx)를 구성하는 연부조직(soft tissue)*은 오래전에 이미 사라져버린 상태다. 그럼에도 연구자들은 두개골과 목뼈의 형태를 현대인과 비교함으로써 그들이 인간의 말과 어느 정도 비슷한 소리를 만들어낼 수 있었다는 결론을 이끌어냈다. 물론 그 소리는 현대 언어에서처럼 다양하거나 조직화되지는 못했다. 하지만 그들이 원숭이보다 훨씬 더 많은 소리를 낼 수 있었다는 점만은 분명하다. 따라서 어쩌면 기원전 3만 년경부터 말이 시작되었고, 또 어쩌면 경고음과 같이 가장 기본적인 인간의 감정과 욕구를 표현하는 몇 개의 간단한 단어가 존

* 신체의 결합조직 중 딱딱한 부분인 연골과 뼈, 그리고 혈액과 조혈조직을 제외한 근육, 인대, 혈관, 신경, 힘줄, 지방 등을 말한다.

재했을지도 모른다.

그들은 아마도 의사소통에 손짓언어도 사용했을 것이다. 그들은 이제 더 이상 원숭이처럼 손가락 관절로 땅바닥을 짚고 돌아다니지 않았을 것이다. 직립보행으로 두 손이 자유로워짐으로써 도구를 만들거나 동굴 벽에 그림을 그리는 등 온갖 흥미로운 일이 가능해졌을 것이다. 그리고 그들은 오래지 않아 두 손을 이용하여 '이리 와!' 혹은 '저리 가!' 등과 같은 간단한 의사를 신호로 보냈을 것이다. 그와 유사한 손짓을 보내며 어떤 형태로든 소리를 냈다면, 아마도 얼마 후에는 그런 소리가 손짓을 대신하게 되었을 가능성이 높다. 특히 어둠 속이나 모퉁이 반대편과 같이 손짓언어를 볼 수 없는 장소에서 효과적이었을 테니까.

다음 챕터에서 좀 더 상세히 살펴보겠지만, 세계 전역에서 초기 형태의 문자가 하나둘씩 발견되면서 늦어도 기원전 8000년경에는 인류가 언어능력을 갖추었다고 단언할 수 있게 되었다. 따라서 기원전 10만 년경 혹은 그보다 약간 더 이른 시점부터 말이 시작되었을 가능성이 있으며, 기원전 8000년 이전부터 말이 시작된 것은 거의 틀림없는 사실이다. 인류가 가장 원시적인 상태에서 진화해온 수십만 년의 세월을 고려할 때 말이 시작된 것은 불과 얼마 전의 일이다. 말하기는 인류 발전의 마지막 단계에 속하는 것처럼 보인다. 하지만 일단 봇물이 터지자 말의 중요성은 빠른 속도로 전파되었다.

불가능했는데 어느 순간부터 말을 할 수 있게 되었을 경우 당신이 할 수 있는 일들을 생각해보라. 사람들에게 그들이 볼 수 없는 위험에 대해 알려줄 수 있다. 1킬로미터 떨어진 곳의 바위 뒤에 포식 동물이 숨어 있다면 사람들이 그곳에 도착하기 전에 경고할 수 있다. 언어가 없으면 손짓이나 울부짖음 외에는 다른 방도가 없다. 게다가 가리키는 대상을 상대방이 볼 수 없는 경우 그런 의사전달 수단은 무용지물에 불과할 것이다. 그리고 도구를 만드는 것과 같은 여러 기술을 배우는 데 평생이 걸리는 경우, 말을 할 수 있다면 자식들에게 그런 지식을 전달하기가 한결 수월해지지 않겠는가.

그뿐만 아니라 말을 할 수 있으면 적과 싸울 때도 유리할 것이다. 미리 작전을 세우는 것도 언어가 있어야 가능하다. '해가 질 때까지 기다리자. 너희 둘은 나무 뒤에 숨어 있다가 내가 부르면 뛰어나와…… 그러면 우리는 언덕 아래에 있는 바위 뒤편까지 부리나케 달려가는 거야.' 만약 이런 식으로 사전에 말로써 약속하지 못한다면 각자 언덕 아래로 내려가 그저 운이 따라주기만을 기대할 수밖에 없다.

초기 인간들이 일단 실험적으로 말하기 시작하고 나서 머지않아 어떻게 말하는 법을 이해했는지 짐작하기는 쉽다. 말하기 능력이 아주 작은 공동체에서 출발하여 다른 공동체로 확산되어 나갔는지, 아니면 거의 비슷한 시기에 – 혹은 심지어 시대를 달리하여 – 여러 공동체에서 저마다 말하는 법을 배우기 시작했는지는 알 길이 없다. 하지만 우리는 그로부터 수천 년이 지나면서 다양한 어족이 지구상에 출현했으며, 그 과정에서 몇몇 언어는 문자로 기록되기 시작했다는 사실은 분명히 알고 있다.

말하는 동물

인간은 종종 '말하는 동물(speaking animal)'로 불린다. 또한 언어는 인간과 떼어놓을 수 없을 정도로 너무나 소중하기 때문에 전 세계 사람들의 신화, 전설, 신앙에서 매우 큰 역할을 한다. 대부분의 문화는 언어의 탄생과 관련된 이야기를 갖고 있다.

일반적으로 신 혹은 신들이 인간에게 말하고 쓰는 법을 가르쳐준 것으로 묘사된다. 중국 전설에서는 하늘에서 내려온 거북의 등껍질에 새겨진 문자를 보고 사람들이 쓰는 법을 배웠다고 한다. 고대 이집트인은 신들의 법률을 기록하는 역할을 맡은 신 토트(Thoth)가 글쓰기 기술을 가르쳤다고 믿었다. 기독교 성서에서 아담이 창조된 후 맨 처음 한 일 중 하나는 동물에게 이름을 붙이는 것이었다.

언어의 탄생에 대한 호기심을 채우기 위해 갓난아기를 실험한 사람도 있었다. 기원전 7세기로 거슬러 올라가는 한 유명한 이야기에 따르면 이집트의 왕 프삼티크 1세(Psamtik I)는 인류 최초의 언어를 찾으면 어느 종족이 세상에서 가장 오래되었는지를 밝힐 수 있을 거라는 생각에 골몰했다.

그는 갓난아기가 주변 사람의 말을 듣고 배운다는 사실을 알고 있었다. 그래서 그는 갓난아기 둘을 사람의 말을 한마디도 들을 수 없는 환경에서 자라게 하면, 서로 말을 하고 싶은 시기가 되었을 때 자연히 그들의 뇌 깊숙한 곳으로부터 이 세상 최초의 언어가 튀어나올 것이라고 상상했다.

그는 목동에게 갓 태어난 아기 두 명을 맡기며, 끼니마다 염소 젖을 주고 잘 보살펴주되 그 어떤 경우라도 아기들의 귀에 사람들의 말이 들리게 해서는 안 된다고 말했다. 당연히 목동의 말도 예외는 아니었다. 그리고 왕은 아기들의 입에서 첫 번째 말이 튀어나오는 순간 즉시 달려와 그 사실을 알리라는 명령도 덧붙였다.

시간이 흘러 아기들이 두 살이 되었다. 그러던 어느 날 목동이 방으로 들어서자 아기들이 쪼르르 달려와 그의 양손을 붙잡고는 "becos, becos(베코스, 베코스)"라고 소리치기 시작했다. 목동의 말을 전해 들은 왕은 신하들에게 그것이 어떤 언어이냐고 물었다. 그러자 그들은 "그것은 '빵(bread)'을 뜻하는 프리기아어(Phrygian)입니다"라고 대답했다. 아기들의 입에서 이집트어 단어가 튀어나올 거라고 기대했던 왕은 실망스럽기 그지없었지만 실험 결과를 받아들일 수밖에 없었다.

사실인지 허구인지를 떠나 오늘날의 관점에서 이 이야기는 전혀 이치에 맞지 않다. 언어를 전혀 듣지 못하는 상태에서 아기들이 말하는 법을 배울 수는 없다. 뿐만 아니라 프리기아어가 최초의 언어도 아니었다. (지금은 쓰이지 않는 언어이지만 프삼티크 1세가 이집트를 통치할 때는 오늘날의 터키에 해당하는 지역의 일부에서 사용되었다.)

그렇다면 어떻게 아기들이 'becos'라고 말할 수 있었을까? 어쩌면 목동의 귀에 들린 것은 아기들이 서로 옹알이를 하는 과정에서 우연히 만들어진 소리의 결합체였는지도 모른다. 혹은 '뭔가 먹을 것(food)'을 달라는 단순한 칭얼거림이 그런 소리로 들렸을 수도 있다. 아니, 좀 더 간단히 말해 아기들이 무심코 양이나 염소의 울음소리를 흉내내고 있었는지도 모르는 일 아닌가!

CHAPTER 16

글쓰기의 기원

다음은 교통표지판의 몇 가지 예다.

1~5번은 유럽에서, 6~7번은 미국에서 사용되고 있는 표지판이다. 1번은 전방에 회전교차로가 있다는 것을 의미한다. 2번은 보행자가 길을 건너도 좋다는 것을 의미한다. 3번은 제한속도

가 시속 60킬로미터라는 것을 의미한다. 4번은 주차 공간이 있다는 것을 의미한다. 5번은 전방에 이중으로 굽은 도로가 나타난다는 것을 의미한다. 6번은 운전자에게 간선도로상의 현재 위치를 알려준다. 그리고 7번은 굳이 설명하지 않아도 누구나 다 알 것이다. 운전을 배우면서 누구나 이런 표지판을 익힌다.

이 일곱 가지 교통표지판은 모두 같은 방식으로 정보를 제공한다. 그렇다면 이 중에서 과연 어떤 것들을 '글쓰기(writing)'라고 부를 수 있을까?

6번과 7번은 단어를 포함하고 있으므로 글쓰기임이 분명하다. 그리고 사람들은 대부분 숫자 '6'과 '0', 글자 'P' 때문에 3번과 4번도 일종의 글쓰기로 간주할 것이다. 나머지는 오히려 그림에 가깝다. 하지만 우리 눈에 그렇게 보이는 것은 1·2·5번처럼 생긴 글자가 영어에 없기 때문일 수도 있지 않을까?

다른 은하계에서 날아온 외계인이 있다고 상상해보자. 외계인은 4번은 글자이고 5번은 글자가 아니라고 어떻게 분간할 수 있을까? 사실 5번도 글자로 보기 쉽다. 'N'을 뒤집거나 'S'를 옆으로 눕힌 형태와 흡사하지 않은가. 1번도 세 군데 틈새가 있는 것을 제외하고는 'O'와 똑같아 보인다.

1·2·5번은 현실 세계를 그대로 모사한 그림이라고 말해도 외계인은 쉽게 받아들이지 않을 것이다. 회전교차로를 직접 확인하고는 – 물론 언어소통이 가능하다는 전제하에 – 이렇게 말할지도 모른다. '표지판에 그려진 것과 같은 틈새는 대체 어디 있다는 거야? 도로가 굽은 정도도 표지판이 가리키는 것과는 다르고, 너

희 인간의 모습도 정확하다고는 할 수 없어. 무엇보다도 인간의 절반은 치마를 입고 다니는데 표지판의 모습은 그렇지 않거든. 그렇다면 치마를 입고 길을 건너는 사람은 주의를 기울일 필요가 없다는 뜻인가?'

물론 우리는 상황을 이해한다. 표지판 제작자가 대상을 일부러 단순화시켰다. 표지판은 우리에게 실재하는 회전교차로, 사람, 굽은 도로 등을 상기시켜주기만 하면 그만으로, 굳이 정확할 필요까지는 없다.

이번에는 한 고고학자가 고대 유물을 찾기 위해 서남아시아의 사막 한가운데서 발굴 작업을 한다고 가정해보자. 삽 끝에 딱딱한 물체가 부딪힌다. 파내보니 돌조각으로, 한가운데에 점이 찍힌 원이 새겨져 있다. 이것은 문자일까, 아닐까? 혹시 알려지지 않은 알파벳의 글자인 건 아닐까? 아니면 태양이나 바퀴 혹은 다른 대상을 가리키는 그림일까? 이에 대한 정답을 찾기는 쉽지 않을 것이다.

인류가 최초로 글을 쓰기 시작한 시점을 결정하는 것은 아주 까다로운 문제다. 왜냐하면 고대인이 남긴 표시들이 단순한 그림인지, 아니면 문자 체계의 일부분인지를 밝히는 작업이 이 문제와 직결되기 때문이다. 동굴 벽에 남아 있는 들소의 형상은 분명 그림이지 글은 아니다. 그림을 대신하여 사용되기 시작하고, 특정한 크기와 형태를 갖추고, 물체의 표면에 일정한 방향을 가진 선으로 나타날 때에야 비로소 그 흔적들이 문자처럼 보이게 된다. 들소 세 마리를 사냥한 후 거주하는 동굴 벽면에 그것을 죽은 세 마리의 동물로 그려 넣는다면 나는 화가다. 하지만 세 마리를 사냥한 후 그들을 대신할 기호를 만들어(^=^라고 해두자) 동굴 벽면에 '^=^ 1 1 1'이라고 표시하는 순간부터 나는 기록자가 된다.

기원전 3만 년경에 이와 유사한 체계를 보여주는 기호가 등장했다. 그 무렵부터 사람들은 나무 막대나 뼈에 부호를 새겨 사물의 개수를 표시하기 시작했다. 숫자가 표시된 이와 같은 막대와 뼈는 나중에 각각 '탤리스틱(tally-stick)', '탤리본(tally-bone)'이라 불리게 된다. 하지만 그들이 무엇을 셈했는지는 알 수 없다. 선이 다섯 개 새겨진 막대 하나가 다섯 마리의 동물이나 다섯 단위의 곡물, 혹은 다른 무엇인가의 다섯을 의미했을 가능성이 높다.

다음 단계는 점토를 이용해 사물 혹은 대상의 종류를 구분하는 것으로, 기원전 9000년경부터 시작되었다. 작은 점토 덩어리로 공, 원뿔, 직사각형 등 다양한 형태가 만들어졌다. 이것은 각각 사물을 상징하거나 대신했기 때문에 '클레이 토큰(clay token, 점토 물표)'이라 불린다. 공 하나는 양 한 마리를 대신해서 공 다섯 개가 다섯 마리의 양을 의미했는지도 모른다. 마찬가지로 원뿔 하나는 암소 한 마리를 대신해서 원뿔 세 개가 세 마리의 암소를 의미했는지도 모른다. 결코 터무니없는 추측이 아니다. 이 시기에 인류가 처음 농사를 짓기 시작했으므로 어떤 식으로든 소유한 가축의 수나 거둬들인 곡물의 양을 기록으로 남기는 것이 중요했을 터이기 때문이다.

기원전 4000년경에 또 다른 발전이 이루어졌다. 이제 사람들은 클레이 토큰에 부호를 새겨 물건이나 사물의 다양한 종류를 표시하기 시작했다. 이를테면 X는 수퇘지 한 마리를, O는 암퇘지 한 마리를 의미하는 식이었다. 내가 하인을 시켜 다른 마을에 살고 있는 사촌에게 돼지 다섯 마리를 선물한다고 가정해보자. 이 경우 X가 새겨진 돼지 토큰 세 개와 O가 새겨진 돼지 토큰 두 개를 함께 들려 보내면, 그 지역 사람이라면 누구나 굳이 확인하지 않아도 배달되고 있는 물품의 종류를 금세 알 수 있다.

하지만 한 가지 문제가 있다. 하인이 정직하지 않으면 어찌될까? 목적지에 도착했을 때 그가 내게서 받은 다섯 개의 돼지 토큰 중 네 개만 제시한다면? 도중에 하인은 돼지 한 마리를 슬쩍 빼돌린 다음 자신의 행위를 감추려고 돼지 토큰 한 개도 깨뜨려버린 것이다. 그런 사실을 내 사촌은 알 길이 없다. 네 마리의 돼지에 네 개의 토큰. 전혀 문제될 게 없다. 그 시절에는 전화가 없었으니 들킬 염려도 없었다.

오래지 않아 그런 방법의 문제점을 깨닫게 된 사람들은 한 가지 해결책을 떠올렸다. 그들은 토큰에 구멍을 뚫어 목걸이처럼 줄에 꿴 다음, 줄의 양쪽 끝부분을 점토로 봉하여 그 위에 각자의 고유한 부호를 새겼다. 예를 들어 나는 +++를 고유 부호, 즉 봉인(封印, seal)으로 택할 수 있다. 이제 내 하인은 어떤 것도 훔칠 수 없다. 봉인을 파손하면 곧 발각될 것이기 때문이다.

또 다른 묘책은 점토 용기 안에 토큰을 모두 넣은 다음 또 다른 점토 덩이로 입구를 막고 그 위에 물건을 보내는 사람의 봉인을 새기는 것이다. 이것은 아주 안전한 방법이다. 용기를 깨뜨리지 않고는 누구도 그 내용물에 접근할 수 없기 때문이다. 그럴 경우 즉시 발각될 것은 불을 보듯 뻔하다.

하지만 이 방법에도 문제가 있다는 사실이 곧 드러났다. 누군가가 도중에 하인에게 '그 속에 뭐가 들어 있어?'라고 묻는다면 어찌될까? 안을 들여다볼 수 없으니 하인으로서는 어떻게 대응할 방도가 없다. 그래서 사람들은 용기의 바깥 표면에 토큰의 형상을 새긴다는 발상에 이르렀다. 점토는 연하고 부드럽기 때문에 토큰을 하나씩 용기 표면에 대고 눌러주면 그 형태대로 고스란히 찍혔다. 이제부터는 용기 안의 내용물을 알고 싶으면 바깥 표면에 새겨진 부호를 확인하기만 하면 그만이었다. 마치 오늘날 병에 새겨진 상표로 내용물을 확인할 수 있는 것과 같은 원리였다.

이 대목에서 뭔가 이상하다는 생각이 들어 고개를 갸웃하는 독자도 있을 것이다. 그렇다. 이미 용기의 바깥 표면에 형상을 본뜬 부호가 새겨진 마당에 굳이 실제 토큰을 그 속에 넣을 필요까지 있을까? 토큰을 아예 없애고 점토판에 양, 돼지 등을 나타내는 부호만 새겨 넣는다면 어떨까? 그리하면 훨씬 더 간편해질 터였다.

실제로 사람들은 그렇게 했다. 기원전 3400년경 필경사들이 점토판에 부호를 새겨 넣는 새로운 방식의 글쓰기 체계가 개발되기 시작했다. 그로부터 약 1,000년 후에는 이처럼 긁어 새긴 개별 부호가 갈대로 쓴 쐐기 모양의 작은 부호의 집합체로 바뀌었다. 이 체계는 *설형문자*[*楔形文字, cuneiform* : 'kyoo-ni-form(큐니폼)'으로 발음]라 불리는데, 이 명칭은 영어의 'wedge(쐐기)'에 해당하는 라틴어 'cuneus'에 그 뿌리를 두고 있다.

최초의 설형문자는 오늘날 이라크의 유프라테스 강변에 위치했던 고대도시 우루크(Uruk)의 유적지에서 발견되었다. 그것은 각종 일상 용구('항아리', '쟁기' 등)는 물론 숫자, 생산물('양', '물고기' 등), 신체의 특정 부분('머리', '입' 등) 등을 나타내는 800여 개의 기호로 이루어져 있었다. 그중 상당수는 그림을 이용한 기호였다. 예를 들어 머리를 나타내는 기호는 실제 머리와 닮았다. 하지만 수 세기가 흐르는 과정에서 필경사는 오늘날의 교통표지판처럼 주요 특징만 표시하게 되었다. 그뿐만 아니라 그들은 쓰기 쉽도록 그림을 옆으로 돌려놓기도 했다. 그 결과 중 한 예가 과 같은 형태였다. 옆으로 비스듬히 바라보면 머리 모양과 비슷하다는 것을 확인할 수 있을 것이다.

그러다 마침내 설형문자가 재산 목록 작성, 국가 간의 외교문서 교환, 사건 기록 등 갖가지 목적으로 사용되기에 이르렀다. 장점이 주변에 알려지면서 오래지 않아 그 지역의 다른 언어도 설형문자 체계를 받아들였다. 실제로 이 체계는 2,000년 이상이나 지속되었으며, 다음 챕터에서 살펴볼 보다 편리한 글쓰기 방식이 개발되고 나서야 비로소 역사의 뒤안길로 사라졌다.

지금까지 밝혀진 바에 따르면 인류 발전사에서 최초의 진정한 글쓰기 체계는 설형문자다. 이집트인도 또 다른 글쓰기 체계를 갖고 있었지만 그 출발 시점이 늦었다. 그리고 다른 지역, 이를테면 중국이나 중앙아메리카의 마야인 사이에서 발전된 문자 혹은 글쓰기 체계는 시기상 이보다 훨씬 뒤진다. 초기 중국 문자는 기원전 1200년경에, 그리고 마야 문자는 기원전 500년경에 만들어진 것으로 추정된다. 이들 글쓰기 체계는 서로 전혀 연관성이 없다. 인류는 전 세계의 다양한 지역을 무대로 여러 시대에 걸쳐 각기 고유한 문자를 개발해왔다.

중국식 글쓰기 체계

'$3+$6=$9'라는 문장을 큰 소리로 읽어보라. 이 문장은 그 자체만으로 각각 하나의 완전한 단어로 읽을 수 있는 일련의 개별 기호($, +, =, 3, 6, 9)로 이루어져 있다. 따라서 우리는 알파벳 글자를 이용하여 다음과 같은 식으로 표기할 수도 있다.

three dollars plus six dollars equals nine dollars

하지만 이러면 엄청난 시간낭비다.
앞서 제시한 것과 같은 기호는 *표의문자(logograph)*라고 불린다. 이 용어의 앞부분인 'logo'는 '단어(word)'를 의미하는 그리스어에 뿌리를 두고 있다. 따라서 표의문자란 '낱말을 나타내는 기호(word-signs)'인 셈이다.
영어에는 표의문자가 그리 많지 않다. 그중 몇 가지를 예로 들어보자.

& % @ £

차례로 'and(앤드)', 'per cent(퍼센트)', 'at(앳)', 'pound(파운드)'로 읽힌다. 수학에 등장하는 '뺄셈(minus)', '곱셈(multiplied by)', '나눗셈(divided by)', '제곱근(square root of)' 등을 나타내는 기호와 화학, 물리학의 몇몇 특수 기호 또한 표의문자에 속한다.

한편 완전히 표의문자로만 이루어진 언어도 있는데, 중국어가 대표적인 경우다. 물론 중국어도 영어식 알파벳을 이용한 표기가 가능하지만, 전통적인 방법은 한자(漢字, Chinese characters)라는 표의문자를 이용하는 것이다. 다음 예를 보자.

舍　人

집　사람

이 두 기호는 한자의 기원을 잘 말해준다. '집'을 뜻하는 것은 실제의 집 모양과 흡사하고, '사람'을 뜻하는 것은 두 다리 모양을 갖추고 있다. 하지만 다음 예를 보면 처음의 기대가 여지없이 무너진다.

貓　狗

첫 번째 한자는 '고양이'를, 두 번째 한자는 '개'를 나타낸다. 오늘날 대부분의 한자는 사물의 실제 모습과 상당히 거리가 있다. 심지어는 '사랑'이나 '보다'를 뜻하는 기호처럼 형태와 전혀 상관없는 글자도 수천 개에 달한다. 다음 한자에서 모양을 보고 뜻을 유추해내기란 사실상 불가능하다.

愛	看
사랑	보다

한자의 표기체계는 영어의 알파벳 체계와 전혀 다르다. 영어 사용자가 중국어를 배우기 힘든 언어로 생각하는 가장 큰 이유도 바로 여기에 있다. 하지만 노력한다면 그것은 정말 가치 있는 일이다.

CHAPTER 17

오늘날의 표기법

내 이름을 세계의 다양한 언어로 어떻게 표기할 수 있을까? 그중 하나는 '챕터 16'에서 소개한 기술을 이용하여 'David Crystal'을 의미하는 특정한 기호를 만드는 방법이다. 이를테면 ôô라는 식으로. 하지만 모두가 그런 방법을 취한다면 얼마 못 가서 기호가 의미하는 바를 일일이 기억하기가 불가능해질 것이다. 친구와 친척의 이름 정도는 가능하겠지만, 모든 사람이 자기만의 고유한 기호를 갖고 있는 상황에서 누군가의 이름을 전화번호부에서 찾는다고 상상하니 머리가 멍해진다.

오래지 않아 사람들은 처음엔 편리하지만 그림문자만으로는 한계가 있다는 사실을 깨달았다. 금세 길고 복잡한 형태로 변할 수밖에 없기 때문이었다. 그래서 보다 쉬운 방법이 고안된다.

그중 하나는 언어의 소리에 상응하는 특정 기호를 더하는 방법으로, 이 기호가 그림과 결합하면서 새로운 단어가 만들어졌다. 예를 통해 좀 더 구체적으로 살펴보자.

여러분은 아마 책에서 이와 비슷한 퍼즐 게임(그림 맞추기 놀이)을 본 적이 있을 것이다. 먼저 그림을 보고 큰 소리로 말해야 한다.

'Bee(비)'라고. 그리고 이번에는 제시된 그림에 글자를 더해나가면서 새로 만들어지는 단어를 차례차례 큰 소리로 말해야 한다.

'beat(비트)'라는 단어를 만든다.

이번에는 'beef(비프)'라는 단어를 만든다. 제시된 그림의 소리를 이미 배웠기 때문에 이를 이용하여 'been', 'beak', 'beer', 'beads' 등등 갖가지 형태의 새로운 단어를 만들 수 있다. 피라미드 벽면에서 발견되는 고대 이집트의 상형문자에도 같은 원리가 적용되고 있다. 고대 이집트인은 오늘날의 우리와 같은 글자를 갖지 못했기 때문에 그들 고유의 기호를 사용했다는 점이 다를 뿐이다.

기호가 소리를 대신할 수 있다는 발상은 오래지 않아 모든 언어의 소리를 문자화하려는 시도로 이어졌다. 언어마다 약간씩 차이는 있지만 사용되는 소리의 숫자가 극히 제한적이기 때문에, 사람들은 이 방법을 수많은 기호를 일일이 기억해야 하는 문제를 피하기 위한 묘책이라고 생각하게 된 것이다. 하지만 소리를 표기하는 방식은 두 갈래로 나뉜다.

다시 내 이름으로 돌아가서, 성(姓)인 'Crystal'을 글자의 연속체가 아니라 소리의 연속체로 생각해보자. 내 성은 두 개의 박자 혹은 두 차례의 음, 즉 '진동(pulses)'으로 이루어져 있는데, 이를 시각적으로 표현하면 다음과 같다.

Crys tal

*음절(syllables)*이라고 불리는 이 같은 박자가 단어의 리듬을 형성한다. 예를 들어 'telephone'과 같은 단어는 세 개의 음절로 이루어져 있다.

te-le-phone

심지어 'supercalifragilisticexpialidocious'는 음절이 열네 개나 된다.

su per ca li fra gi li stic ex pi a li do cious

몇몇 언어에는 음절에 기호를 대입하는 글쓰기 체계를 발전시켰다. 예를 들어 바로 위의 단어에 적용할 경우 'su'에 기호 하나, 'per'에 다른 기호 하나, 'ca'에 또 다른 기호 하나 하는 식으로 계속 대응시켜나가는 방식이다. 이와 같이 음절 단위로 표기하는 방식을 우리는 *음절문자 체계(syllabary)*라고 부른다. 대표적인 예로 일본어에는 다양한 글쓰기 방법이 있는데, 그중 두 가지가 음절문자 체계에 해당한다. 둘 중 *가타카나(katakana)*라고 불리는 체계를 예로 들어 그 작동 원리를 살펴보자.

무엇보다 일본어 발음은 영어 발음과 전혀 다르다는 점을 염두에 두어야 한다. 음절의 구성도 ('챕터 5' 말미에서 잠깐 언급했던) 영어의 경우와 달리 '자음+모음+자음'의 패턴을 따르지 않는다. 일본어의 음절은 보통 'wa', 'su', 'ke' 등과 같이 '자음+모음'으로만 구성된다.

그뿐만 아니라 일본인은 자음이 겹쳐지는 것 – 다시 말해 복자음(複子音) – 을 선호하지 않는다. 이와 대조적으로 'street'처럼 영어에서는 세 개의 자음이 나란히 등장하기도 한다. 따라서 일본인이 내 성을 발음하는 데 어려움을 겪을 수밖에 없다. 시작과 중간의 복자음 [kr]과 [st]는 물론 마지막에 등장하는 [l]도 쉽게 넘을 수 없는 장애물이기 때문이다. 그들의 발음대로 적어보면 대략 다음과 같다.

C ry s ta l

ku(쿠) ri(리) su(수) ta(타) ru(루)

이 소리를 다시 가타카나로 표기하면, 음절마다 각기 다른 기호를 하나씩 대입시킨 다음과 같은 형태를 취할 것이다.

ku ri su ta ru

ク リ ス タ ル

음절문자 체계를 이용한 표기법을 사용하는 언어는 그리 많지 않다. 물론 이것도 훌륭한 방법이지만, 한 언어에 많은 음절이 존재하기 때문에 그에 상응하는 기호의 숫자 또한 늘어날 수밖에 없다는 단점이 있다. 가타카나는 48개다. 어떤 언어의 음절은 수백 개나 된다. 따라서 보다 간편한 방법이 요구된다.

그런 요구에 부응하는 글쓰기 체계가 *알파벳*이다. 'Crystal'을 음절의 연속체가 아니라 개별 음의 연속체로 생각할 경우, 내 성은 일곱 개의 소리로 구성되어 있으므로 각 음에 글자 하나씩을 대입하면 다음과 같은 형태가 된다.

C r y s t a l

이처럼 소리와 글자가 일대일로 대응하는 표기법이 이른바 *알파벳* 체계로, 특정 언어에서 이용되는 일련의 글자를 하나로 묶어 흔히들 그 언어의 *알파벳*이라고 부른다.

알파벳 문자 체계의 뿌리는 기원전 1800년경 서남아시아의 여러 지역으로 거슬러 올라간다. 현재까지 알려진 가장 초기 형태가 1990년대에 이집트에서 발견되었다. 기원전 1000년을 전후해 막강한 영향력을 행사했던 것으로는 팔레스타인과 시리아 지역에서 널리 통용된 북셈족의 알파벳(North Semitic Alphabet)을 꼽을 수 있다. 이 알파벳은 22개의 글자로 구성되어 있었는데, 모두 자음이었다. 오늘날의 히브리어 및 아랍어 알파벳도 여기에서 기원했다. 나중에 이 알파벳 체계를 물려받은 그리스인은 모음을 나타내기 위해 몇 개의 기호를 첨가했다. 그로부터 다시 얼마 후 그리스어 알파벳을 물려받은 로마인에게서 더 많은 변화가 일어났다. 오늘날 영어를 포함한 여러 언어의 모델로, 현재 전 세계에서 가장 널리 통용되는 글쓰기 체계가 바로 이 로마의 라틴어 알파벳이다.

알파벳이 이처럼 인기를 얻은 비결은 무엇일까? 한마디로 최소한의 구성단위로 운영되는 체계이기 때문이다. 이를테면 영어의 구성단위, 즉 글자 수는 26개다. 파푸아뉴기니에 거주하는 로토카스(Rotokas)족 언어는 12개에 불과하다. 물론 글자 수가 50여 개나 되는 언어도 있지만, 거기에 훨씬 못 미치는 경우가 대다수다.

참으로 대단한 발상의 전환이었다. 일단 이 체계에 익숙해지기만 하면 어떤 단어도 표기할 수 있다. 심지어 아무런 의미 없는 엉터리 단어를 만들어 사람들에게 읽어보라고 할 수도 있다. 이를테면 'Doolaboola!' 같은 단어다. 그뿐만 아니라 난생처음 들어보는 이름도 읽을 수 있다. 예를 들어 'Alipo Matak'라는 사람으로부터 이메일을 받았을 경우 낯설긴 하지만 그의 이름을 발음하는 데는 별 어려움이 없다.

불행히도 '챕터 9'에서 살펴보았듯이 알파벳 체계가 제대로 작동하지 않는 언어도 있다. 이 체계는 정확히 하나의 소리에 하나의 글자가 대응할 때 가장 효과적이다. 이 경우 우리는 *발음대로(phonetically)* 표기한다고 말하는데, 약간의 예외는 있지만 스페인어와 웨일스어 등 몇몇 언어에서 실현되고 있는 방식이다. 심지어 영어도 앵글로색슨 시대에 브리튼으로 건너온 수도승들이 처음 표기할 당시에는 소리와 글자가 정확히 일대일로 대응하는 언어였다.

언뜻 보면 전혀 결함이 없는 것 같다. 어떤 언어를 최초로 표기해야 하는 임무 – 다음 챕터에서 상세히 다루겠지만 현재 지구상에는 글로 표현된 적이 단 한 번도 없는 언어가 수두룩하다 – 를 맡았다면, 개별 음을 세심히 들은 다음 각각의 소리에 그와 상응하는 글자를 대입하면 될 것이다.

하지만 소리 개수가 너무 많은 언어를 표기해야 할 때 문제가 발생한다. 곧 글자가 바닥날 터이기 때문이다. 영어의 경우도 마찬가지였다. 수도승들은 당시 자신들이 알고 있던 23글자의 라틴어 알파벳으로 영어를 표기하려 했다. 하지만 그들은 곧 그 새로운 언어에 라틴어와 전혀 다른 소리도 포함되어 있다는 사실을 알아챘다. 이를테면 *thin*과 *this*에서 구별되어 들리는 두 가지의 'th' 음은 완전히 새로운 것이었으므로 그들은 다른 알파벳에서 그에 상응하는 글자를 찾아 표기해야 했다. 당시 북유럽에서는 룬 문자(runic alphabet)도 비교적 널리 사용되고 있었는데, 그들은 거기서 þ와 ð를 발견했다. 오늘날의 영어에서는 더 이상 찾아볼 수 없지만 앵글로색슨 시대의 필사본에는 이 두 글자가 여전히 존재한다.

몇 글자를 추가했지만 그것만으로 문제를 해결하기엔 불충분했다. 실제로 영어는 음이 44개인데 글자는 26개에 불과하다. 그래서 마련된 또 다른 해결책이 특정 글자를 반복함으로써 음의 차이를 나타내는 방법이었다. 다음은 만화에서 흔히 사용되는 표현법이다. 제시된 단어를 하나씩 큰 소리로 읽어보고 그 차이를 확인해보라.

CRASH! CRAASH! CRAAASH!!!

단어 속의 'A'가 많아질수록 음의 길이도 그만큼 더 길어진다. 사람들이 특정 언어를 표기할 때도 동일한 원리가 적용된다. 다음 단어를 큰 소리로 읽어보라.

met meet lot loot

겹친 글자(double letters)는 모음의 소리가 길어진다는 것을 나타낸다. 비슷한 맥락에서 사람들은 두 개의 글자를 사용하여 하나의 소리를 나타내는 방법도 고안했다. 이를테면 'meat', 'Pete', 'field'와 같이 철자로 장모음 [ee]를 나타내거나 〈sh〉 혹은 〈th〉와 같이 결합을 통해 단자음을 나타내는 경우가 이에 해당한다.

영어도 이런 방식으로 표기되었으며, 초기 수백 년 동안에는 글자와 소리의 대응 관계에 큰 무리가 없었다. 하지만 ('챕터 9'에서 이미 살펴보았듯이) 점차 사람들이 영어를 발음하는 방식에 변화가 생기면서 글자가 더 이상은 소리를 반영하지 않게 되었다. 오늘날 영어에서 한 글자가 여러 발음을 갖게 된 것도 같은 이유에서다. 예를 들어 글자 〈g〉는 'good', 'George', 'genre' 등과 같은 단어에서 확인할 수 있듯이 여러 발음을 동시에 갖는다. 같은 맥락에서 하나의 소리에 여러 글자가 대응하기도 한다. 예를 들어 우리는 단어 'loot'의 'oo'와 동일한 발음을 'dude', 'two', 'do', 'group', 'fruit', 'grew' 등의 영어 단어에서는 물론 'canoe', 'rheumatism', 'manoeuvre' 등과 같이 다른 언어에서 차용한 아주 특이한 형태의 단어에서도 들을 수 있다.

프랑스어, 독일어, 스페인어 등의 언어와 달리 영어는 악센트 부호(accent mark, 물론 이 경우의 단어 '악센트'는 '챕터 12'에서와는 다른 의미를 갖는다)를 선호하지 않는다. 이를테면 프랑스어의 〈é〉·〈ê〉·〈è〉, 독일어의 〈ä〉·〈ü〉·〈ö〉, 스페인어의 〈ñ〉 등에서 악센트 부호가 확인된다. 중요한 것은 악센트가 글자의 발음에도 영향을 미친다는 사실이다.

이들 언어에서 악센트가 있는 단어를 차용할 경우 영어에서도 가끔 악센트 부호를 사용한다. 특히 기존의 영어 단어와 철자가 같아서 의도적으로 구별할 필요가 있을 때 그러하다.

The rose was expensive[‘rohz(로즈)’로 발음, 꽃]

The rosé was expensive[‘roh-zay(로제)’로 발음, 포도주 한 병]

악센트는 우리에게 특정 단어를 발음하는 방식을 상기시켜 주기도 한다.

fiancé[‘fee-on-say(피앙세)’로 발음]

naïve[‘ny-eeve(나이브)’로 발음]

하지만 대개 특정 단어가 널리 알려지고 나면 악센트는 탈락한다. 오늘날의 영어에서는 ‘café’, ‘décor’, ‘discothèque’, séance’ 등의 표기보다 ‘cafe’, decor’, ‘discotheque’, ‘seance’가 훨씬 더 보편적이다. 이런 움직임에 강력히 반발하면서 악센트의 필요성을 역설하는 사람도 있다. 오늘날의 글쓰기 체계를 연구하는 사람이라면 반드시 다양한 용법은 물론 다양한 견해까지 염두에 두어야 할 것이다.

여기는 델타 찰리

흔히들 알파벳을 두고 세상에서 가장 위대한 발명품 중 하나라고 말하는데, 그것은 아마 바퀴와 더불어 실로 엄청나게 많은 일을 가능케 해주기 때문일 것이다. 알파벳은 단순히 글쓰기를 가능케 해준다는 차원을 넘어 우리의 삶에 질서를 부여하는 역할까지 맡는다.

우리는 알파벳을 – A, B, C, D…… 하는 식으로 – 일정한 순서대로 배워나간다. 영어에서 첫 글자는 A이고 마지막 글자는 Z다. 이와 같은 이른바 알파벳 순서(alphabetical order)는 도서관 서가, 전화번호부, 웹 사이트 색인 등 문자를 이용해 정보를 분류해놓은 온갖 곳에서 우리에게 방향을 제시해준다.

글자마다 고유의 명칭이 있다. 영어에서 'B'는 'bee(비)'로, 'M'은 'em(엠)'으로 발음한다. 하지만 시끄러운 장소나 상황에서는 그 명칭을 명확히 구분하기가 어려울 수도 있다. 전화상으로 특정 단어를 철자하여 불러줄 경우 상대방이 'P'와 'B' 혹은 'M'과 'N'을 혼동하기 십상이다.

이런 이유로 경찰과 군대를 포함한 각종 기관은 전화나 무전기로 통화할 때보다 분명하고 정확하게 들을 수 있도록 글자에 '확장(bigger)' 명칭을 부여했다. 가장 널리 이용되는 것으로는 북대서양조약기구(NATO) 회원국이 만든 이른바 나토 음성문자(*NATO phonetic alphabet*)를 꼽을 수 있다. 다음은 그 전문이다.

A	**Alpha**	**B**	**Bravo**	**C**	**Charlie**
D	**Delta**	**E**	**Echo**	**F**	**Foxtrot**
G	**Golf**	**H**	**Hotel**	**I**	**India**
J	**Juliet**	**K**	**Kilo**	**L**	**Lima**
M	**Mike**	**N**	**November**	**O**	**Oscar**
P	**Papa**	**Q**	**Quebec**	**R**	**Romeo**
S	**Sierra**	**T**	**Tango**	**U**	**Uniform**
V	**Victor**	**W**	**Whiskey**	**X**	**X-ray**
Y	**Yankee**	**Z**	**Zulu**		

누구나 한 번쯤은 텔레비전에서 들어본 적이 있을 것이다. 이 음성문자에 따라 내 성을 철자하면 'Charlie Romeo…'가 된다. 다른 사람이 늘 나를 이렇게 불러주면 좋으련만!

CHAPTER 18

수화

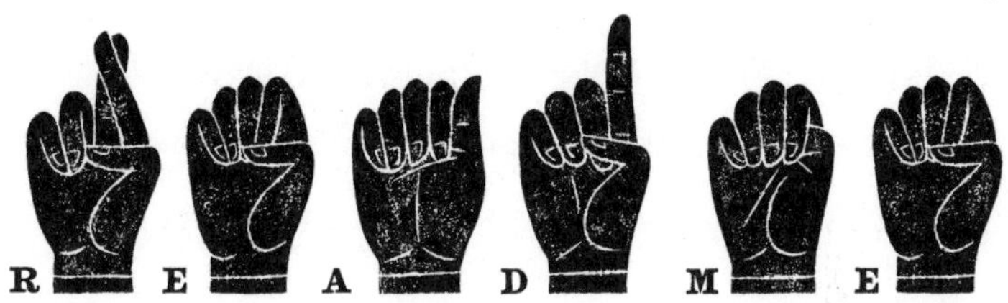

말과 글은 언어가 표현되는 두 가지의 대표적인 방식이다. 그런데 또 하나의 방식이 있다.

이 세 번째 방식도 오늘날에는 극히 일상적인 광경이 되었다. 텔레비전 프로그램을 시청할 때 우리는 흔히 화면 모퉁이에 배치된 작은 동그라미 안에서 누군가가 얼굴 표정을 수시로 바꿔가며 손과 입술을 부지런히 움직이고 있는 모습을 목격한다. 이 사람은 도대체 무엇을 하고 있는 것일까?

혹시 텔레비전을 시청하고 있을지도 모르는 청각장애인들을 위해 *수화*(sign language)를 하는 것이다. 일반적으로 수화 통역사는 청각장애인의 언어인 수화를 배운 건청인(hearing person)*이다.

수화 통역사들이 사용하는 수화의 유형도 나라마다 제각각이다. 영국 통역사는 영어 수화를, 프랑스 통역사는 프랑스어 수화를, 그리고 중국 통역사는 중국어 수화를 한다. 세계 전역에서 다양한 형태의 수화가 수 세기 동안 진화해왔다. 아니, 어쩌면 역사가 더 깊은지도 모른다.

정확히 언제부터 수화가 존재했는지는 알 길이 없다. 하지만 인간의 뇌가 언어를 만들어낼 만큼 발달했을 무렵에 초기 형태의 수화가 등장한 것으로 추정된다. '챕터 15'에서 살펴보았듯이 3만 년 이전까지는 다수의 언어음을 낼 수 있는 신체적 능력을 갖춘 영장류가 지구상에 존재하지 않았다. 하지만 그런 그들도 손은 사용할 수 있었다. 아마 그들은 손을 이용하여 몇 가지 신호를 만들었을 것이다.

사실 그것은 아주 자연스러운 현상이었다. 오늘날에도 몇 가지의 손짓언어를 사용하여 가장 기본적인 의사를 표현한다. 엄지손가락을 치켜세우면 모든 일이 잘 돌아가고 있다는 의미다. 만나거나 헤어질 때 손을 흔들어 인사를 주고받고, 허공에 빈주먹을 휘두르며 분노를 발산한다. 하지만 이 모두는 극히 단순한 개념에 국한된 것으로, 10여 개에 불과하다. 따라서 이러한 몸짓언어만으로는 정상적인 의사소통이 불가능하다.

몇몇 직업에서는 보다 정교한 몸짓언어가 요구된다. 스포츠 경기에서 심판은 손과 팔을 이용한 신호로 선수들을 통제한다. 예를 들어 크리켓에서 손가락 하나를 위로 치켜세우는 동작은 타

---

* 건강한 청력을 가진 사람.

자의 아웃을 통지하는 동시에 즉시 위킷(wicket)*을 떠나라는 명령이다. 오케스트라 지휘자는 특유의 몸동작으로 연주자를 통제한다. 멀리 떨어져 작업하는 사람들도 서로 소통하기 위해 특수한 신호를 필요로 한다. 기계 소리가 시끄러운 공장 같은 곳에서 일하는 사람이나 아이들로 북적대는 수영장에서 대기하는 안전요원이 이런 경우에 해당한다.

하지만 이런 상황에서 이루어지는 몸짓신호는 단지 '국지적인' 문제에 대한 해결책에 불과하다. 다른 장소나 상황에서는 효과가 없다는 말이다. 느닷없이 팔을 쭉 뻗어 손가락 하나를 위로 치켜세우면서 다른 사람들이 방에서 나가기를 기대할 수 있겠는가? 마찬가지로 오케스트라 지휘자처럼 양팔을 부드럽게 휘두르는 동작을 통해 친구를 특정한 행위로 유도할 수 있을까? 한두 번이야 장난으로 받아들여지겠지만, 같은 행동이 계속 반복되면 정신병자 취급을 받기 십상이다.

이런 유형의 신호는 실제 언어와 확연히 구별된다. 실제 언어는 무수한 단어로 이루어져 있고, 이들 단어가 결합되어 무수한 문장이 만들어지면서 의사소통이 가능해진다. 그와 달리 운동경기의 심판이나 크레인 운전자가 사용하는 신호는 그 범위와 의미가 극히 제한적이다. 축구 심판이나 오케스트라 지휘자에게 그들의 신호를 사용해 자동차 엔진의 작동 원리를 설명하거나 가장 많이 팔린 팝송에 관해 말해보라고 요구하는 것은 그야말로 나무

* 야구의 타석에 해당한다.

에서 물고기를 구하는 격이다.

하지만 청각장애인이 사용하는 수화는 전혀 다르다. 수화는 청력이 정상적인 사람이 말과 글을 통해 표현하고자 하는 것과 동일한 유형의 복잡한 사고를 표현하는 데 *사용된다.* 수화는 수천 개의 기호로 이루어져 있으며, 이들 기호가 연속 사용되면서 구어와 문어의 각종 문장과 동일한 효과가 발휘된다. 텔레비전에 등장하는 수화 통역사는 자신이 들은 모든 문장을 즉석에서 수화로 번역한다. 그것도 엄청난 속도로 말이다.

수화와 관련하여 반드시 기억해야 하는 두 가지 사항이 있다. 첫째, 청각장애인이 그저 구어의 단어를 받아들여 그것을 특수한 기호로 옮기기만 하는 것은 아니다. 물론 구어의 어순을 그대로 따르는 수화를 만드는 것이 불가능하지는 않지만 – 실제로 여러 차례 시도되었다 – 우리가 텔레비전에서 보는 수화는 다른 식으로 작동한다. 다시 말해 수화는 ('챕터 16'에서 중국어를 예로 들어 살펴본 바와 같은) 표의문자의 작동 원리와 비슷하게 의미를 직접 표현한다.

텔레비전에서 수화 통역사가 다음 문장을 듣고 수화를 한다고 해보자.

> The boy who won the long jump has also won the high jump(멀리뛰기에서 우승한 그 소년이 높이뛰기에서도 우승했다)

이런 경우 'the', 'boy', who' 하는 식으로 각 단어에 해당하는 모든 신호를 보여주지는 않는다. 우리 눈에 들어오는 형태는 대략 다음과 같다.

boy(소년)+win(우승)+past time(과거)+long jump(멀리뛰기)+also(또한)+high jump(높이뛰기)

뿐만 아니라 굳이 문장의 어순에 얽매일 필요가 없다. 물론 문법적인 어순을 따르기도 하지만 그러지 않은 경우가 오히려 더 많다. 영국 영어 수화에서 'What's your name(당신의 이름은 무엇입니까)?'을 나타내는 통상적인 방식은 다음과 같다.

your name(당신의 이름)+what(무엇)

물론 양쪽 눈썹을 감아올리는 것과 같은 묘한 얼굴 표정을 곁들이면서 말이다.

둘째, 청각장애인용 수화는 나라마다 각양각색이다. 영어밖에 모르는 사람에게 중국어까지 이해하기를 기대할 수 없듯이, 영국 영어 수화밖에 모르는 사람에게 중국어 수화까지 이해하기를 기대해서는 안 된다. 다소 뜻밖으로 들리겠지만, 영국 영어 수화만 아는 사람은 심지어 미국 영어 수화도 이해하지 못한다. 지난 200년이 넘는 동안 이 두 수화는 각각 다른 방식으로 변화해왔다. 물론 유사한 신호도 꽤 많지만 두 언어 간의 소통을 가능케 하는 정도는 아니다.

1979년에 미국 작가 마크 메도프(Mark Medoff)는 농아 여성과 농아학교 교사의 사랑을 그린 「작은 신의 아이들(Children of a Lesser God)」이라는 희곡을 발표했다. 그 작품은 영화로도 각색되었는데, 윌리엄 허트(William Hurt)와 마리 매트린(Marlee Matlin)이 주연을 맡아 열연했다. 미국에서 연극이 상연되었을 때에는 당연히 주인공인 두 사람이 미국 영어 수화로 의사를 주고받았다. 하지만 그 연극이 영국으로 건너가면서 문제가 발생했다. 영국의 청각장애인들이 미국 영어 수화를 이해하지 못했던 것이다. 결국 수화 통역사를 고용해 미국 영어 수화를 영국 영어 수화로 동시통역하는 방법을 취해야 했다.

적어도 몇몇 신호만은 전 세계 모든 수화에서 동일할 거라고 생각할 수도 있다. 예를 들어 '코끼리'를 나타내는 수화를 생각해 보자. 가장 두드러진 신체적 특징인 긴 코를 묘사하는 손동작이 반드시 포함되지 않겠는가? 하지만 실제로 코를 나타내는 방식은 한두 가지가 아니다. 코에서 출발하여 옆으로 비스듬히 모양을 그려나갈까, 아니면 앞쪽으로 곧장 그려나갈까? 손을 위로 향할까, 아니면 아래로 향할까? 손동작은 직선일까, 아니면 곡선일까? 손바닥은 활짝 펼까, 아니면 약간 구부릴까? 그리고 동작의 속도는? 코끼리처럼 누구나 잘 알고 있는 대상을 묘사하는 데도 이처럼 무수히 많은 가능성이 존재한다. 하물며 '정원', '빨간색', '논쟁' 등과 같이 좀 더 복잡하고 모호한 개념을 나타내는 경우라면 수화의 방식 또한 천차만별이지 않겠는가.

구어 및 문어 연구에 등장하는 주요 개념은 수화에도 거의 그대로 적용된다. '챕터 12'에서 다루었던 방언과 악센트를 예로 들어보자. 한 나라의 특정 지역 출신인 청각장애인은 다른 지역 출신인 청각장애인과 구별되는 손동작을 갖게 마련이다. 비슷한 맥락에서, 영국인이 중국으로 건너가 중국어 수화를 배우는 경우 비슷하게 접근할 수는 있겠지만 원어민 수준을 기대하기는 어렵다. '아버지'라는 단어는 통상 엄지를 제외한 나머지 네 손가락을 접어 가지런히 손바닥 위에 올려놓는 동작으로 표현된다. 이 경우에도 여러 갈래의 선택이 가능하다. 다음에 제시된 왼쪽 그림처럼 힘을 주어 손가락들이 직선을 이루게 할 수도 있고, 오른쪽 그림처럼 헐겁게 쥐어 손가락들이 약간 굽어지게 만들 수도 있다.

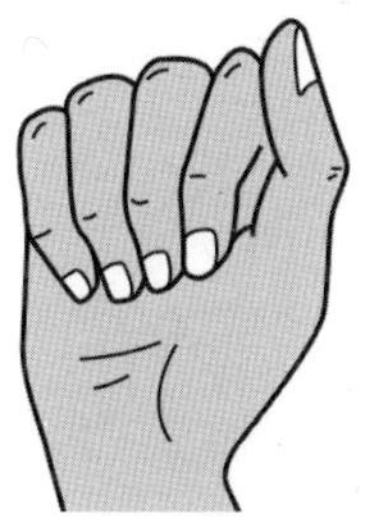

이외에도 여러 가능성이 있다. 만약 영국인이 손을 약간 느슨하게 쥐는 방식을 선호하는 경우 중국어 청각장애인으로부터 외국어 악센트라는 인식을 받을 수도 있다.

이것 하나만은 결코 잊어서는 안 된다. 수화는 결코 단순한 원시적 몸짓이 아니라 구어와 문어 못지않게 복잡하고 유용하고 아름다운 우리의 언어다.

손가락 철자법

그렇다면 이름은? 청각장애인들이 'David Crystal'이라는 내 이름, 여러분의 이름 혹은 현재 여러분이 살고 있는 마을의 이름은 어떤 방식으로 표현할까? 이름에 해당하는 신호를 만드는 것은 불가능할 뿐더러 무의미한 일이다. 왜냐하면 세상에는 너무나 많고 다양한 이름이 존재하기 때문이다. 인명과 지명만 수십만 가지, 아니 수백만 개나 될지 모른다.

해결책은 손가락으로 글자를 하나하나 신호화하는, 다시 말해 철자하는 것이다. 누구나 손가락 철자법(finger-spelling)을 배울 수 있다. 이 방법은 한 손을 사용하느냐 양손을 사용하느냐에 따라 두 체계로 나뉜다. 배우는 데 그리 많은 시간이 걸리지도 않으며, 배우자마자 사용할 수 있다. 활용 범위도 무궁무진하며, 인명이나 지명은 물론 화학 용어처럼 난해하고 특이한 단어까지 표현할 수 있다.

그렇다고 걸림돌이 전혀 없지는 않다. 1분에 300자(대략 60단어) 이상 전달하기가 쉽지 않은데다 아직 철자법을 배우지 못한 아이에게는 거의 효과가 없다. 하지만 청각장애인에게는 손가락 철자법이 너무나 중요하고 유용하기 때문에 단어를 축약해 전달 속도를 높이기도 하는데, 이것은 문자메시지 사용자의 방법과 어느 정도 유사하다.

'손가락(finger)'에 해당하는 그리스어는 'dactulos'이며, 접미사 'ology'는 '지식(knowledge)'을 의미한다. 그런 까닭에 '손가락 철자법'을 가리키는 전문용어는 *지화술*[*指話術, dactylology* : 'dak-til-<u>ol</u>-o-gee(댁틸알러지)'로 발음]이다.

한 손을 사용하는 미국 영어 지화술	양손을 사용하는 영국 영어 지화술

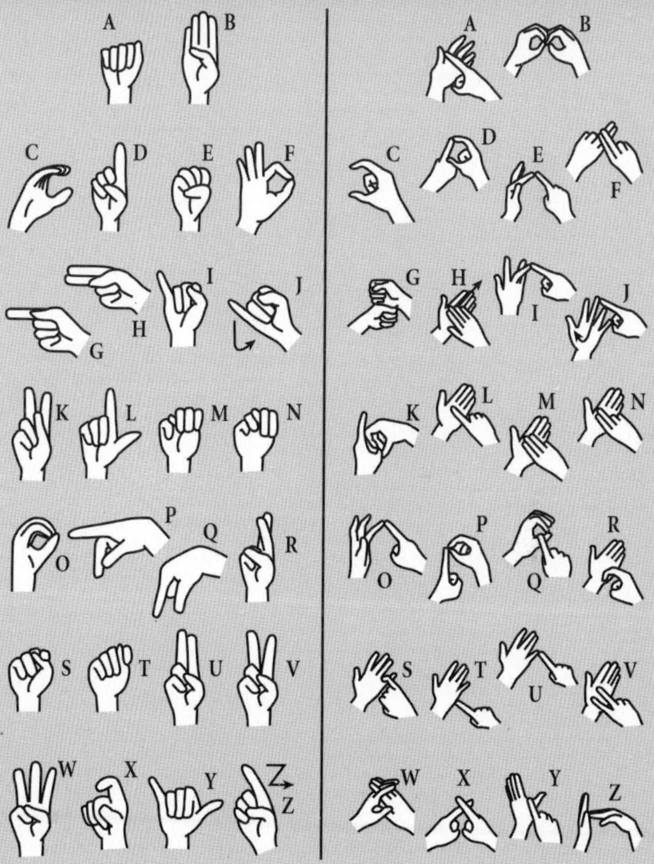

영국 영어 지화술은 양손을 사용하는데 영국, 아일랜드, 오스트레일리아, 뉴질랜드, 그리고 몇몇 국가가 이 체계를 택하고 있다. 그와 달리 한 손을 사용하는 미국 영어 지화술은 주로 미국과 캐나다에서 통용된다. (어느 손을 사용해도 무방하므로 오른손잡이는 오른손을, 왼손잡이는 왼손을 사용하면 된다.)

CHAPTER 19

언어의 비교

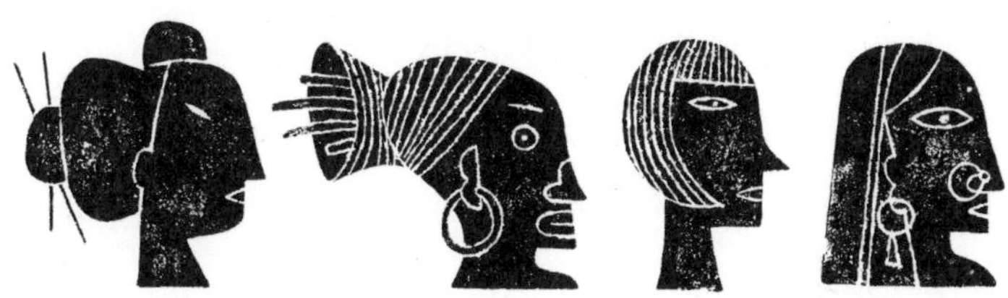

전 세계 6,000여 개의 언어는 모두 몇 가지 공통점을 갖고 있다. 모든 언어에 문장이 있다. 모든 언어에 명사와 동사가 있다. 모든 언어에 모음과 자음이 있다. 모든 언어에 리듬과 억양이 있다. 하지만 외국어를 배울 때는 여러 어려움에 부딪힌다. 다른 사람도 우리와 똑같은 방식으로 자신의 언어를 말한다고 생각하기 쉽다. 하지만 현실은 그렇지 않다.

무엇보다도 낯선 소리를 만들어내려면 지금껏 거의 사용하지 않은 근육까지 동원하여 입모양을 바꾸느라 애먹게 마련이다. 예를 들어 영어에는 게일어 단어 'loch'('lake')나 웨일스어의 'bach'('little')에 등장하는 'ch' 소리가 없다. 그 때문에 영어 사용자는 보통 그 소리를 'k'로 대체하여 이들의 발음도 'lock'이나

'back'과 유사하게 들린다. 이런 경우 조금만 연습하면 곧 거의 모든 발음에 익숙해진다.

하지만 몇몇 언어는 원어민의 독특한 발음법을 배우는 데 많은 시간과 노력이 필요하다. 영어가 모국어인 사람이 중국어를 처음 접할 때 아주 까다로운 언어라는 생각이 드는 이유 중 하나도 바로 이것이다. 영어 사용자의 귀에는 중국어 사용자들의 말이 마치 노래처럼 들린다. 왜 그럴까? 유럽 언어와 달리 목소리의 멜로디를 이용해 단어의 의미를 구분하기 때문이다.

영어의 경우 'mother'와 같은 단어를 말할 때 목소리의 높낮이는 단어의 의미에 전혀 영향을 주지 않는다. 언제나 'mother'일 따름이다. 하지만 중국어에서는 – 극동아시아의 다른 여러 언어에서도 마찬가지로 – 목소리의 높낮이 변화가 단어의 의미를 완전히 바꿔놓을 수도 있다. 단어 'ma'는 뒤끝을 올려 발음할 경우 'mother'를 의미하지만, 뒤끝을 내려 발음하면 'horse'로 그 의미가 완전히 달라진다. 이와 같은 멜로디의 차이를 '성조(聲調, tones)'라고 한다. 중국어는 '성조언어(tone language)'*다. 중국어에서 성조를 정확히 따르는 것은 아주 중요하다. 그러지 않으면 어머니(mother)를 말(horse)이라고 부르는 황당한 일이 일어날 수도 있기 때문이다.

문법 체계의 차이도 외국어 학습의 걸림돌로 작용한다. 외국어를 배울 때 모국어와 다른 문장 어순 때문에 골머리를 앓아본

---

* 음절 안의 소리 높낮이에 따라 단어의 뜻이 달라지는 언어.

적이 있는 사람이라면 내 말이 무슨 뜻인지 금방 알아챌 것이다.

Sian is in the kitchen(시안은 부엌에 있다).

위의 영어 문장을 웨일스어로 하면 다음과 같다.

Mae Sian yn y gegin.('my shahn uhn uh geg-in'으로 발음)

이 문장을 다시 어순대로 영어로 옮겨보면 다음과 같다.

Mae	Sian	yn	y	gegin.
Is	Sian	in	the	kitchen.

문장을 만들 때 웨일스어에서는 동사가 맨 앞에 위치하지만 영어에서는 문장의 중간에 위치한다. 힌디어 같은 몇몇 언어에서는 동사가 문장의 맨 끝에 오기도 한다.

또 다른 예를 보자. 어떤 언어에서는 형용사가 명사 앞에 오고, 또 어떤 언어에서는 형용사가 명사 뒤에 위치한다. 독일어와 영어는 전자의 대표적인 언어로, 특수한 경우를 제외하고는 다음 예문이 보여주듯 형용사는 항상 명사 앞에 위치한다.

a black cat

ein schwarze Katze('shvahrtsuh katsuh'로 발음)

프랑스어에서는 (마찬가지로 웨일스어에서도) 대부분의 형용사가 명사 뒤에 위치한다.

un chat noir('uhn sha nwahr'로 발음)

a cat black

낱말의 어미변화에 따른 의미 변화도 외국어를 배우는 영어 사용자에게는 넘어야 할 산이다. 영어에서는 다음과 같이 극히 예외적인 경우에만 어미변화가 일어나기 때문이다.

- 대부분의 명사 뒤에 's'를 붙이면 단수가 복수로 바뀐다.(예 : 'dog' → 'dogs')
- 대부분의 동사 뒤에 'ed'를 붙이면 시제가 현재에서 과거로 바뀐다.(예 : 'I walk' → 'I walked')
- 대부분의 형용사 뒤에 'er'이나 'est'를 붙이면 비교급이나 최상급이 된다.(예 : 'small'-'smaller'-'smallest')

영어의 어미는 몇 개에 불과하지만 어미의 개수가 수십, 아니 수백 개에 달하는 언어도 있다. 고대 로마인의 언어인 라틴어가 대표적인 경우다. 다음의 두 문장을 비교하며 계속 논의해보자.

canis	vidit	puerum
the dog	saw	the boy

puer vidit canem

the boy saw the dog

보는 행위의 주체가 개인 경우 라틴어 단어는 개가 보는 행위의 객체인 경우와 그 어미가 다르다('canis'와 'canem'). 마찬가지로 소년이 보는 행위의 주체인 경우 라틴어 단어는 소년이 보는 행위의 객체인 경우와 그 어미가 다르다('puer'와 'puerum'). 이런 어미를 *격(格, cases)*이라 하는데, 라틴어에서 명사의 격은 그 명사가 문장에서 맡은 역할에 따라 변한다. 격을 배우는 데는 지름길이 없다. 무조건 외우는 게 상책이다.

라틴어 같은 언어에서는 단어의 어미를 통해 '누가 무엇을 하고 있는지(who's doing what)' 금세 알 수 있다. 따라서 어순은 중요하지 않다. 이는 라틴어를 영어처럼 어순을 중시하는 언어와 확연히 구별 짓는다. 영어에서는 명사가 행위의 주체인 경우 문장의 맨 처음에 위치하고, 행위의 객체인 경우 문장의 맨 끝에 위치한다. 따라서 다음의 두 문장은 그 의미가 완전히 다르다.

the dog saw the boy

the boy saw the dog

하지만 라틴어에서는 어미를 통해 '누가 무엇을 하고 있는지', 다시 말해 행위의 주체와 객체가 미리 밝혀지기 때문에 어순은 문장의 의미와 상관없다. 따라서 다음의 두 문장은 그 의미가 똑같다.

puer vidit canem

canem vidit puer

두 문장 모두에서 보는 행위의 주체는 소년이고 보는 행위의 객체는 개다.

어휘의 차이를 깨닫는 데는 보다 많은 시간이 요구된다. 처음 들을 때는 거의 모든 단어가 영어와 같은 방식으로 운용되고 있는 것처럼 여겨지기 때문이다. 영어 단어 'table'은 스페인어로 'mesa'이고, 독일어로는 'Tisch'다. 모두 너무 간단해 보인다. 단어를 골라 다른 언어로 옮기기만 하면 그만인데 무슨 어려움이 있겠는가!

하지만 우리는 곧 상황이 그리 녹록하지 않다는 사실을 깨닫는다. 어떤 단어는 우리를 현혹시킨다. 프랑스어를 배우면 'demander'라는 단어를 접할 것이다. 이 단어는 영어의 'demand'와 모양새가 닮았다. 그 때문에 우리는 당연히 그 의미도 같을 거라고 생각한다. 하지만 천만의 말씀! 이 단어는 'ask'를 의미한다.

'demander'와 같은 단어를 '가짜 동족어(false friends)'라고 한다. 겉으로는 익숙하고 명료한 것 같지만, 알고 보면 전혀 낯선 단어라는 뜻에서 붙여진 명칭이다. 가짜 동족어는 프랑스어에 국한된 것이 아니다. 이탈리아를 여행하면 곳곳에서 'libreria'라고 적힌 장소와 마주친다. 도서관(library)일까? 아니, 서점이다. 영어의 'library'에 해당하는 단어는 따로 있다. 바로 'biblioteca'다.

또한 영어와 정확히 일대일로 대응하지 않는 단어가 있다는 사실도 알게 된다. 영어의 한 단어를 외국어로 옮길 때 의미가 서로 다른 두 개 이상의 단어 중 하나를 선택해야 하는 경우도 자주 있다. 예를 들어 영어 단어 'know(알다)'는 프랑스어로 'savoir' 혹은 'connaître'에 해당한다. 'savoir'가 특정 사실이나 무엇인가를 행하는 방법을 알고 있다는 것을 의미하는 반면 'connaître'는 어떤 사람과 서로 잘 알고 지낸다는 것을 의미한다. 따라서 프랑스어로 다음과 같이 말해서는 안 된다.

je sais Marie('zhuh say Marie'로 발음)
I know Marie

위의 문장을 올바른 표현으로 바꾸면 다음과 같다.

je connais Marie(zhuh konay Marie'로 발음)
I know Marie

정반대로, 다시 말해 외국어의 한 단어를 영어로 옮길 때 의미가 서로 다른 두 개 이상의 단어 중 하나를 선택해야 하는 경우도 드물지 않다. 예를 들어 영어권 사람들은 대부분 프랑스어로 'je t'aime'가 'I love you(나는 너를 사랑해)'를 의미한다는 것을 알고 있다. 하지만 이 문장의 동사 'aime'는 'like(좋아한다)'라는 의미도 갖고 있다. 따라서 우리는 초콜릿, 수영, 사촌을 'aime(좋아한다)'라고 말할 수 있다. 그렇다면 프랑스인은 이 차이를 어떻게 구별할까? 누군가가 당신에게 'aime'라는 표현을 쓸 때 그 사람은 당신을 사랑하는 것일까, 아니면 좋아하는 것일까? 대부분은 문장에서 다른 단어가 사용되는 방식이나 말하는 사람의 음조 – 혹은 당연히 그에 수반되는 행동 – 를 통해 구별할 수 있다. 영화에서 주인공이 'je t'aime'라고 속삭이면서 누군가와 길고 열정적인 키스를 나눈다면 단순히 'I like you'를 의미하진 않는다!

대화 자체가 문제를 야기할 수도 있다. 영어의 'thank you'에 해당하는 프랑스어 표현은 'merci'('mare-see'로 발음)다. 그렇다면 지금 당신이 카페에 앉아 있는데 웨이터가 다가와 커피를 주문하겠느냐고 묻는다고 가정해보자. 영어로는 대략 다음과 같은 식의 대화가 이루어질 것이다.

Do you want a coffee?

Thank you.

그러고 나서 잠시 뒤 당신 앞에 커피가 놓일 것이다. 하지만 프랑스어로 영어와 같은 식으로 대답하면 전혀 다른 결과를 낳는다.

Voulez-vous un café?('voolay vooz uhn kafay'로 발음)

Merci.

아무리 기다려도 커피를 갖다주지 않는다. 여기서 'merci'는 'thanks but no thanks(고맙지만 사양하겠습니다)'라는 뜻이기 때문이다. 말하자면 당신은 주문 요청을 거절한 것이다. '예'라고 말하고 싫으면 'yes'('oui'), 'please'('s'il vous plaît'), 'yes thanks'('oui merci') 등의 표현을 사용해야 한다.

영어에서는 대화 도중 'please'라는 표현이 약방의 감초처럼 등장한다. 부모가 자녀에게 아주 어릴 때부터 'please'의 사용에 대해 귀에 못이 박이도록 반복해 가르치는 것도 바로 이 때문이다. 하지만 다른 언어권에서는 그다지 중요한 단어가 아니다. 달리 말해 'please'라는 표현을 덧붙이지 않아도 충분히 공손할 수 있다는 뜻이다. 예를 들어 스페인어에서 영어의 'please'에 해당하는 단어는 'por favor'('pawr favawr'로 발음)이다. 하지만 스페인에서는 상점에서 물건을 주문할 때 이 단어를 습관처럼 사용하지 않는다. 만약 누군가가 스페인어로 'por favor'이라고 말한다면, 그것은 십중팔구 말하는 사람이 짜증을 내거나 뭔가를 재촉한다는 의미를 내포한다. 굳이 영어로 옮긴다면 'hurry up, if you please(제발 서둘러줘)'라는 표현에 가까울 듯하다.

이와 유사한 예는 얼마든지 있다. 영국인은 저녁 6시 혹은 7시가 지나야 비로소 'good evening'이라고 말한다. 그와 달리 이탈리아인은 그보다 이른 4시 혹은 5시경부터 'buona sera'('bwohna sayra'로 발음)라고 말한다. 영국인은 정오가 지나면 'good morning'이라고 말하지 않지만 프랑스인은 영어의 'good morning'에 해당하는 'bonjour'('bonzhoor'로 발음)라는 표현을 오전은 물론 오후까지도 사용한다. 사람들은 누구나 대화를 하지만 그 방식이 결코 똑같지 않다.

나이가 어떻게 됩니까?

모르는 사람을 처음 대면했을 때 흔히들 주고받는 상투적인 말도 지역이나 언어권에 따라 다르다. 영국에서는 주로 날씨나 출신지 등을 화제로 삼는다. 결혼, 수입, 나이 등과 같이 사생활에 관련된 질문은 금기시한다.

영국인은 세 살 무렵부터 이 같은 대화 예절을 배운다. 꼬마 지미(Jimmy)의 생일날이다. 생일 파티에서 앤(Ann) 이모가 지미에게 "너 이제 몇 살이지?"라고 묻는다. "네 살이에요"라고 지미가 대답한다. 잠시 후 이번에는 지미가 묻는다. "이모는 몇 살이에요?" 모두들 깔깔 웃는다. 지미는 영문을 몰라 어리둥절해한다. 앤 이모는 입을 꼭 다물고 있다. 이 일을 겪고 나서 지미는 점차 숙녀에게 나이를 묻는 것은 예의에 어긋난다는 사실을 깨닫는다.

이는 단지 영국 꼬마 지미에게 국한된 이야기가 아니라 전 세계 여러 지역의 문화와 언어에서 발견되는 다양한 대화 예절 중 하나다. 하지만 모두 다 그런 것은 아니다. 몇몇 아시아 문화권에서는 나이와 수입을 물어보는 것이 전혀 실례가 되지 않는다. 그 지역 사람들은 오히려 그런 식으로 호의를 표현하기 때문이다.

CHAPTER 20

사라져가는 언어

말, 글, 수화는 한 언어가 살아 숨 쉬는 세 가지 방식이며, 동시에 그 언어를 한 세대에서 다음 세대로 이어주는 세 가지 수단이다. 건강한 언어라면 이 과정이 쉼 없이 진행된다. 부모가 자식에게 자신의 언어를 물려주고, 그 자식이 다시 그 언어를 자식에게 물려주는 과정이 반복되면서 언어는 계속 생명을 이어간다.

영어, 스페인어, 중국어와 같은 언어는 건강한 언어에 속한다. 이들 언어는 구어, 문어, 수화의 형태로 존재하며, 현재 전 세계 수억 명의 사람들이 쓰고 있다. 하지만 6,000여 개에 달하는 지구상의 모든 언어가 이렇게 건강한 상태를 유지하지는 못한다. 대다수는 극소수의 사용자가 겨우 명맥을 이어가고 있다. 아이는 부모의 언어를 배우지 않는다. 그 결과 많은 언어가 머지않아 이

지구상에서 사라져버릴 운명에 처해 있다.

그렇다면 언제 언어가 사멸하는 것일까?

그 언어를 쓰는 최후의 한 사람이 죽는 순간 언어도 사멸한다. 현재 이런 현상이 지구촌 곳곳에서 전개되고 있다. 단 한 명의 사용자밖에 남지 않은 언어만 수십여 개에 이른다. 현존하는 사용자의 수가 열 명 안팎인 언어는 그보다 훨씬 더 많다. 예를 들어 브라질과 인도네시아에 거주하는 원시 부족의 구어 중 상당수는 사용자가 불과 몇 명밖에 되지 않는다.

이처럼 사용자 수가 극히 적어 곧 사멸할 가능성이 높은 언어를 *위기언어*(*endangered language*)라고 한다. 위기언어 중 대다수는 주로 적도 근처에 위치한 나라를 중심으로 분포해 있다. 동남아시아 지역 – 이를테면 파푸아뉴기니와 같은 나라 – 에 수백 개의 언어가 존재한다. 인도와 아프리카에도 수백 개의 언어가 존재하고, 남아메리카에는 그보다 훨씬 더 많은 언어가 존재한다. 이들 지역에서는 대부분의 위기언어가 빠른 속도로 사멸해가고 있다.

언어의 위기는 비단 이 지역에 국한된 문제가 아니다. 북아메리카의 인디언 언어도 곧 사라질 위기에 처해 있다. 영국, 아일랜드, 프랑스의 켈트 언어도 마찬가지다. 스코틀랜드의 켈트 언어인 게일어도 사용자가 급격히 줄어들고 있다. 맨 섬(Isle of Man)의 맹크스어(Manx)를 사용하던 최후의 원주민이 수십 년 전에 사망했다.

언어학자들은 앞으로 100년 내에 전 세계 언어의 절반이 사멸할 것이라는 우울한 전망을 내놓았다. 그것은 곧 1,200개월 동안 약 3,000개의 언어가 사라진다는 말이다. 즉 평균 약 2주마다 한 개꼴로, 과거보다도 엄청 빨라졌다.

언어의 사멸이라는 말은 그리 새삼스럽지 않다. 그것을 사용하는 사람이 사라지는 순간 언어도 죽게 마련이기 때문이다. 2,000년 전에 서남아시아에서 사용되던 숱한 언어가 오늘날에는 존재하지 않는다. 히타이트인, 아시리아인, 바빌로니아인 등 ('챕터 16'에서 다룬) 갖가지 문자 체계를 발명한 사람들을 떠올려보라. 그들의 문화는 수천 년에 걸쳐 흥망성쇠를 거듭하다 결국에는 모두 사라져갔다. 그들의 언어 또한 같은 운명을 맞이했다.

이 고대 언어에 대해 그나마 접근할 수 있는 것은 몇몇이 기록으로 남아 있기 때문이다. 하지만 불행히도 대다수의 언어는 기록으로 남지 못해 흔적도 없이 영원히 사라져버렸다. 이 현상은 오늘날이라고 크게 다르지 않다. 전 세계 언어 중 약 2,000개가 문자화되지 못했다. 따라서 언어학자가 우연히 기록으로 남기지 않는 한 머잖아 이들 언어도 영원히 사라질 운명이다.

문화는 사멸해도 삶의 흔적은 남는다. 고고학자가 항아리, 유골, 선박, 동전, 무기, 건물의 잔해 등 온갖 종류의 유물을 발굴하지만, 구어는 사라지면서 아무런 흔적도 남기지 않는다. '챕터 4'에서 살펴보았듯이 말이란 결국 공기의 진동에 지나지 않는다. 따라서 어떤 형태로든 기록되지 못하고 사라질 경우 그 언어는 아예 처음부터 존재하지 않았던 것과 다름없다.

특정 언어가 사라진다고 호들갑을 떨 이유도 없다. 하지만 과거와 비교해볼 때 현재 진행되고 있는 상황이 아주 특별하다는 게 문제다. 한마디로 언어가 떼죽음을 당하고 있는 것이다. 특정 종의 동물이나 식물이 처한 상황과도 비슷하다. 이들 동식물은 과거와 비교가 안 되는 엄청난 속도로 사멸해가고 있다. 도대체 왜 그럴까?

동물과 식물은 기후변화, 새로운 질병의 영향, 사람들이 땅을 이용하는 방식의 변화 등 갖가지 원인으로 사멸한다. 그리고 이러한 원인 중 일부는 언어에도 그대로 적용된다. 지진이나 해일과 같은 자연재해가 도시나 마을을 파괴하고 많은 사람을 죽일 수 있다. 사람이 죽고 공동체가 해체되면 자연히 그들의 언어도 사라진다.

인간이 언어 사멸의 원인이 되기도 한다. 사냥꾼이 남은 동물 모두를 멸종시킬 수 있다. 채집자가 남은 식물의 씨를 모두 말릴 수 있다. 마찬가지로, '챕터 13'에서 살펴보았듯이 정부가 소수 언어를 탄압하기도 한다. 정부에서 특정 언어의 사용을 법으로 금지시키고, 아이들이 그 언어를 배우지 못하도록 하면 그 언어는 곧 사멸의 길로 들어선다.

하지만 이토록 많은 언어를 위기로 내모는 가장 큰 원인은 지진해일(tsunami)이나 국가 차원의 금지령처럼 갑작스럽다거나 극적이지 않다. 대부분 그저 다른 언어를 선택함으로써 자신들의 제1언어(first language)를 버린다. 예를 들어 웨일스 사람들 대부분이 영어를 사용하거나 브르타뉴 사람들 대부분이 프랑스어를 사용하는 것도 같은 맥락에서다. 오랫동안 가정에서 점점 자신들의 언어 대신 다른 언어를 사용하기 시작한 결과가 바로 오늘날의 모습이다.

사람들은 왜 이런 선택을 할까? 대부분 새로운 언어가 좀 더 나은 삶을 약속하기 때문이다. 무엇보다 새로운 언어를 배우면 더 좋은 직업을 가질 수 있다. 여러분이 현재 살고 있는 나라에서 이른바 '최고의 직업'을 떠올려보라. 그 나라의 국어(main language)를 말하지 않고도 그 직업을 얻을 수 있을까? 어리석은 질문이다.

이번에는 영국, 스페인 등 유럽 강국들이 식민지 확장에 열을 올리던 수백 년 전으로 돌아가 아프리카, 아메리카 혹은 오스트레일리아에 거주하는 작은 부족의 일원이라고 가정해보자. 총으로 무장한 식민지 개척자들이 당신의 나라를 정복하면서 새로운 생활 방식이 도입된다. 그들이 통치권을 갖고 있으므로 새로운 사회에 적응하려면 그들의 언어를 배울 수밖에 없다. 이때 당신의 옛 언어는 잊히기 십상이다. 당신의 아이는 힘들여 옛 언어를 배우려 하지 않는다. 한마디로 관심도 갖지 않는다. 새로운 언어가 훨씬 더 실용적이기 때문이다. 더군다나 새로운 언어는 세련되고 멋지기까지 하다. 그에 비하면 옛 언어는 왠지 칙칙하고 촌스럽다. 그런 식으로 점차 그 언어는 사람들로부터 멀어져간다.

그렇다면 다른 방법은 없을까? 물론 있다. 옛 언어를 유지하면서 새로운 언어를 배우면 된다. '챕터 13'에서 언급했듯이 사실 이것은 다중 언어 사용이 표방하는 지향점이다. 다중 언어 사용을 통해 당신은 양손에 떡을 쥐고 먹는 셈이 된다. 새로운 언어는 사회에서 최고의 직업으로 향하는 문을 열어준다. 그리고 옛 언어는 '당신이 누구인지'에 대한 자의식을 유지시켜준다. 다시 말해 당신의 정체성을 지켜준다. 두 언어를 사용함으로써 당신은 두 세계를 넘나들며 최선의 것을 취할 수 있다.

오늘날 여러 나라의 많은 사람들이 이 점을 인식하고 있다. 그들은 동식물의 다양성 보존이 중요하듯 전 세계 언어의 다양성 보존 또한 그에 못지않게 중요하다고 생각한다. 현재 국제연합(United Nations, UN)과 같은 국제적인 의결 기구들이 앞장서서 이 문제에 접근하고 있다. 사막, 숲, 호수, 산, 건축물 등과 같은 지구의 '유형유산(tangible heritage)'을 보존하는 것만으로는 부족하다. 음악, 춤, 연극, 그림, 공예품, 그리고 특히 언어와 같이 우리가 어떻게 사는지를 보여주는 '무형유산(intangible heritage)'을 보존하는 것 또한 그에 못지않게 중요하다.

그렇다면 언어는 어떻게 보존할 수 있을까? 세 가지 전제 조건이 충족되어야 한다. 첫째, 사람들이 자신의 언어가 살아남기를 원해야 한다. 둘째, 국가 차원에서 지원해야 한다. 셋째, 언어를 지켜나가기 위한 자금이 조성되어야 한다. 언어를 보존하려면 많은 비용이 든다. 언어는 문서화되어야 한다. 다시 말해 문법으로 기술되고 사전으로 기록되어야 한다. 그 외에도 교사 양성, 책 출간, 도로 표지판 설치, 언어교육센터 설립 등 돈 드는 일이 한두 가지가 아니다.

이들 세 가지 조건이 갖춰지면 놀라운 일이 가능해진다. 심지어는 언어에 새 생명이 주어질 수도 있는데, 이를 전문용어로 *언어의 재탄생(revitalization)*이라고 한다. 말 그대로 언어가 *다시 살아나는(revitalized)* 것이다. 실제로 지난 50년 동안 이와 같은 일이 여러 차례 일어났다. 가장 유명한 사례로는 현대 이스라엘에서 공식 언어로 채택된 히브리어의 부활을 꼽을 수 있다. 오랜 쇠퇴기를 겪은 뒤 다시 활기를 되찾은 웨일스어도 같은 목록에 오를 만하다. 현재 웨일스어를 사용하는 사람은 늘어나는 추세다. 도로 표지판과 기차역은 물론 웨일스 전역에서 웨일스어의 현주소가 확인된다.

뉴질랜드에서는 '언어 보금자리(language nests)' 시스템 덕분에 마오리어(Maori)가 다시 살아나고 있다. '언어 보금자리'란 5세 이하의 아이에게 마오리어에 적극적으로 노출될 수 있는 편안한 환경을 제공하는 단체를 말한다. 회원은 모두 지역공동체 출신의 원어민이다. 그들의 바람은 아이들이 '보금자리'를 떠나기 전에 마오리어를 완전히 배워 익혔다가, 훗날 성인이 되면 이번에는 그들이 발 벗고 나서서 다음 세대가 그 언어를 배울 수 있도록 도와주는 것이다.

심지어는 완전히 사멸한 언어라도 여건만 조성되면 다시 살아날 수 있다. 그 언어가 어떤 식으로든 기록되고 기술되고 녹음되어 있어야 하며, 많은 사람들이 그 언어의 부활을 원해야 한다. 남오스트레일리아의 토착어 중 하나인 카우르나어(Kaurna)가 대표적인 사례다. 1929년에 마지막 원어민이 사망했다. 하지만 1980년대에 한 무리의 카우르나인이 자신들의 언어를 되살려내기로 뜻을 모았다. 그들은 이구동성으로 '우리의 언어는 죽은 것이 아니라 잠시 잠들었을 뿐이다'라고 외쳤다. 다행히 19세기 자료의 복원이 가능했다. 그에 힘입어 한 언어학자가 카우르나어를 새로 기술할 수 있었고, 오래지 않아 카우르나인은 다시 자신들의 언어를 배우기 시작했다. 오늘날에는 학교에서도 이 언어를 가르친다. 앞으로 몇몇 아이가 이 언어를 모국어로 배우게 될 날이 올지도 모른다.

언어학자가 고심한 문제들 중 하나는 어휘의 업데이트였다. 옛 카우르나어에는 텔레비전이나 휴대전화를 가리키는 단어가 존재하지 않기 때문이다. 물론 이것은 특정 언어에 국한된 현상은 아니다. 언어는 늘 변화하게 마련이니까. 사실 언어의 변화 양상에 대한 조사는 언어 연구의 핵심 주제이다.

앵무새 토크

1801년, 독일의 유명한 지리학자 알렉산더 폰 훔볼트(Alexander von Humboldt)는 남아메리카에서 오리노코(Orinoco) 강의 원천을 탐사하고 있었다. 도중에 그는 그 무렵 이웃 종족을 공격한 몇 명의 카리브 인디언을 만났다. 그들에 따르면 주민을 모조리 살해하고 그 종족이 기르던 앵무새 한 쌍만 가져왔다고 했다. 습성대로 앵무새들은 쉴 새 없이 재잘댔다. 그런데 가만히 들어보니 살해된 인디언의 언어로 말하고 있는 게 아닌가! 훔볼트는 앵무새들의 입에서 흘러나오는 소리에 의존하여 그 언어에 속한 단어를 가능한 한 모두 기록하기로 마음먹었다. 언어 사용자가 완전히 사라졌기에 어쩔 수 없는 선택이었다.

그로부터 약 200년이 흐른 후, 레이첼 버윅(Rachel Berwick)이라는 미국 조각가가 그 언어의 복원에 도전했다. 그녀는 한 쌍의 미국산 앵무새를 구입한 뒤 앵무새들에게 훔볼트가 기록으로 남긴 단어를 가르쳤다. 그러고는 앵무새들을 나뭇잎과 정글의 소음으로 에워싼 큰 새장에 넣어 화랑에 전시했다. 분위기까지 어우러지자 앵무새들은 배운 대로 신나게 떠들어대기 시작했다.

옛 언어가 다시 살아나는 극적인 순간이었다. 비록 앵무새 토크에 불과했지만 듣는 사람들은 온몸에 전율을 느꼈다.

CHAPTER 21

언어의 변천

살아 있는 언어는 모두 변한다. 그리고 당연히 변해야 한다. 언어는 그것을 사용하는 사람과 떨어져서는 존재할 수 없다. 사람은 늘 변하게 마련이니까 필연적으로 그들의 언어 또한 변할 수밖에 없다. 변하지 않는 유일한 언어는 쓰이지 않는 언어다. '챕터 20'에서 살펴보았듯이 심지어는 그런 경우라도 다시 생명을 얻어 변화를 이어갈 수 있다.

언어는 왜 끊임없이 변화할까? 한편으로는 그 이유가 분명하다. 새로운 뭔가가 발명되면 그것에 해당하는 명칭이 필요하며, 그 지점에서 새로운 단어가 언어로 유입된다. 21세기 초에 이루어진 특정 분야의 눈부신 발전상을 반영하는 것으로서, 현재 영어권에서 점점 더 널리 사용되고 있는 새로운 단어를 떠올려보

자. 당연히 대부분은 인터넷과 관련된 용어다.

Google, blogging, texting, SMS, iPhone, instant message, Facebook, Twitter.

1990년으로 시간 여행을 떠나 당시의 사람들과 대화를 한다면 예로 든 용어는 아예 언급하지 않는 것이 현명할 것이다. 난생 처음 듣는 용어일 테니까. 닥터 후(Dr Who)*도 늘 이와 유사한 문제에 부딪힌다!

시간 여행을 떠나 과거로 되돌아간다면, 당시 사람들이 우리가 사용하는 말을 알아듣지 못하는 것은 물론이고 우리도 그들의 말을 이해하지 못할 수 있다. 우리가 탄 타임머신이 1850년에 도착한다고 가정해보자. 그러면 다음과 같은 대화를 듣게 될 것이다.

We're coming in our brougham. The Smiths will be in their clarence. And the Browns will probably come in a landau(우리는 우리의 브로엄을 타고 가고 있다. 스미스 씨 가족은 그들의 클래런스를 타고 올 것이다. 그리고 브라운 씨 가족은 그들의 랜도를 타고 올 것이다).

'brougham', 'clarence', 'landau'는 대체 무엇일까? 모두 19세기 후반에 유행한 교통수단으로, 자동차의 등장과 함께 역사

---

* 영국 BBC에서 제작되어 인기리에 방영되고 있는 SF 드라마 시리즈의 제목이자 그 주인공. 닥터라고 알려진 신비의 존재가 다티스라는 타임머신을 타고 여행하면서 겪는 에피소드를 다룬다.

의 뒤안길로 사라진 사륜마차 종류다. 물론 오늘날에도 영국 여왕이 에스코트 경마대회(Ascot races)*를 참관하는 경우처럼 특별한 행사 때는 가끔씩 모습을 드러내지만.

새로운 단어가 등장해 옛 단어를 대신하는 경우도 있는데, 사실 이것은 인간 지식의 모든 분야와 사회의 모든 영역에서 목격된다. 그렇다고 옛 단어가 완전히 사라지지는 않는다. 우리는 고서적을 읽을 때마다 그 단어와 마주치고, 옛날 작품이 무대에서 공연될 때 그 단어의 발음을 들을 수 있다. 셰익스피어 연극에 등장하는 여러 인물은 'arrant knave'라고 칭해지는데, 현대 영어의 'complete villain(완전한 악인)'과 비슷한 의미를 지닌다. 이 표현은 이미 300년 전에 영어에서 사라졌지만, 연극에서는 여전히 계속 숨 쉬며 배우가 새로운 생명을 부여해주기만을 기다리고 있다.

매년 수백 개의 새로운 단어가 등장하므로 언어의 변화를 가장 쉽게 감지할 수 있는 곳이 바로 어휘다. 물론 우리는 일상생활에서 그중 극히 일부만 마주친다. 새로운 단어는 대부분 우리가 전혀 알지 못하는 전문 분야의 지식과 관련된 기술 용어이거나 아주 작은 집단의 사람들 사이에서 통용되는 속어다.

하지만 우리는 해가 바뀔 때마다 이전에 사용한 적이 없는 단어나 어구를 사용하고 있는 우리 자신을 발견한다. 'credit crunch(신용경색)'라는 단어는 2008년 이전만 해도 아예 용어 자체가 존재하지 않았다. 어느 순간 갑자기 사용횟수가 증가하더

* 300년 전통을 자랑하는 영국의 경마 축제.

니 이제는 어엿한 금융 관련 필수 용어로 자리를 굳혔다. 사전 편찬자는 해마다 영어로 편입된 가장 최신 단어의 목록을 출간한다. 'sudoku', 'bling', 'plasma screen', 'blog'도 아주 최근에 등재된 것들이다. 내년에 등장할 새로운 단어에 관해 이야기를 나눌 수 있다면 더없이 좋으련만, 유감스럽게도 내가 이 책을 쓰고 있는 지금은 내년의 일을 미리 알 수 없는 노릇이다. 아마 여러분이 이 책을 읽어나가는 시점에는 신조어 목록이 발표되어 있을 것이다.

언어의 모든 분야가 변한다. 단어, 문법, 발음은 물론 말을 주고받는 방식도 변한다. 아니, 심지어 철자와 구두점마저 변한다. 하지만 변화의 범위와 속도는 동일하지 않다. 새로운 단어가 등장하고 불과 며칠 만에 사용 범위가 그 언어권 전체로 확장될 수도 있다. 특히 인터넷을 매체로 하는 경우 불과 몇 시간 만에 수백만 명의 사용자를 확보할 수도 있다. 하지만 언어의 다른 영역은 훨씬 더 많은 시간이 필요하다. 예를 들어 특정한 문법상의 변화가 모든 사람에게 받아들여지기까지 100년 혹은 그 이상의 기간이 걸리기도 한다.

다시 19세기로 되돌아가보자. 제인 오스틴(Jane Austen, 1775~1817)은 19세기 초에 활동한 영국의 소설가다. 다음은 그녀의 서한집에서 발췌한 문장이다.

Jenny and James are walked to Charmouth this afternoon (제니와 제임스는 오늘 오후 차마우스를 산책했다).

오늘날의 관점에서는 표준 문법에 어긋나는 문장이다. 현재 통용되는 표현으로 고쳐보면 다음과 같다.

Jenny and James walked to Charmouth this afternoon.

'are walked'라는 형태가 사용되지 않은 정확한 시점은 알 수 없다. 추측컨대 19세기를 거치면서 점차 사용 빈도가 줄어들다가 마침내 영어에서 완전히 사라졌을 것이다.

지난 200여 년 동안 문장을 만드는 방식에서 이와 유사한 작은 변화가 무수히 일어났다. 다음 두 문장도 제인 오스틴의 글에서 발췌한 것이다.

Shall not you put them into our own room(그 물건들은 우리 방에 넣는 게 어떻겠어요)?

Mr Murray's letter is come(머레이 씨가 편지를 보내왔군요).

위의 두 문장을 오늘날의 표현 형식으로 바꾸면 다음과 같다. 어떤 차이가 있는지 서로 비교해보라.

Won't you put them in our own room?

Mr Murray's letter has come.

문법상의 어떤 변화가 사회 전체로 확산되기까지는 상당한 시간이 걸린다. 먼저 몇몇 사람이 새로운 형태를 받아들이고 다시 또

몇 사람이 가세한다. 이런 과정이 여러 차례 반복되면서 변화된 형태가 아주 서서히 새로운 방식의 말하기와 글쓰기로 굳어져간다.

하지만 늘 그렇듯 모든 사람이 다 변화를 환영하지는 않는다. 기존의 말하기 방식에 익숙한 사람은 새로운 용법이 달갑지 않을 수도 있다. 실제로 심한 거부감을 이기지 못해 지면이나 방송을 통해 새로운 말하기 방식이 등장할 때마다 신문사나 방송국에 항의 편지를 보내거나 항의 전화를 하는 사람도 더러 있다.

물론 시간낭비일 뿐인 행동이다. 새로운 용법은 사회 구성원 대다수가 그것의 사용을 암묵적으로 동의할 때에야 비로소 자리를 잡아나갈 수 있다. 이는 영국의 경우 수백만, 아니 수천만 명을 의미한다. BBC 방송사에 항의 편지를 보내면 당사자의 속이 잠시 후련해질지는 몰라도 변화의 큰 물결에는 전혀 영향을 미치지 못한다.

문법만큼은 아니지만 발음상의 변화들 또한 사회 전체로 확산되는 데까지 상당한 시간이 필요하다. 50~60년 전에 제작된 라디오 프로그램을 들어보면 지금은 사용되지 않는 발음이 자주 확인된다. 앞선 세대 사람들의 말을 들을 때도 마찬가지다. 다시 말해 상당수의 단어에서 우리의 발음은 부모 세대의 발음과 다르고, 부모 세대의 발음은 다시 할아버지 세대의 발음과 다르다.

한 가지 예를 들어보자. 'schedule'이라는 단어는 어떻게 발음하는 게 옳을까? 영국 영어에는 두 가지 가능성이 존재한다. 첫 번째는 'sked-youll(스케줄)'로, 이것은 현재 미국에서 통용되는 발음이다. 그리고 두 번째는 'shed-youll(셰줄)'로, 이것은 전통적인 영국식 발음이다. 오늘날 영국의 젊은이는 전자를 선호하는 반면 나이 많은 사람들은 대체로 후자를 고수한다. 이런 변화는 지난 수십 년 동안 진행되어왔다. 앞으로 언젠가 남녀노소를 불문하고 모든 영국인이 'sked-youll'로 발음하게 되면서 'shed'라는 발음은 무대에서 완전히 사라질지도 모른다.

문법처럼 발음의 변화에도 반기를 드는 사람은 항상 존재한다. 하지만 일정 시간이 흐르면 사회 구성원 모두가 새로운 말하기 방식에 익숙해지게 마련이다. 예를 들어 'balcony'가 정확히 그런 과정을 겪었다. 200~300년 전만 해도 사람들은 이 단어를 'coh'에 강세를 두어 'bal-<u>coh</u>-nee'로 발음했다. 그러다가 19세기 중반에는 이 발음과, 당시에 유행한 '<u>bal</u>-conee'라는 발음 중 어느 것을 선택하느냐를 두고 사람들 사이에서 의견이 분분했다. 하지만 그로부터 수십 년이 지나자 모든 사람이 새로운 방식으로 말하게 되었고, 옛날식 발음은 역사의 뒤안길로 사라져갔다.

변화가 가장 더디게 진행되는 언어 영역은 글쓰기 체계, 다시 말해 철자하고 구두점을 찍고 단어를 대문자화하는 방식이다. 1세기 전에 인쇄된 책을 펼쳐보면 작가가 단어를 철자하거나 문장에 구두점을 찍는 방식에서 현재와 별다른 차이를 느낄 수 없다. 하지만 200~300년 전으로 거슬러 올라가면 그 차이가 분명해진다. 다음은 1786년에 출간된 글쓰기 안내서에서 발췌한 문장이다.

> Imitate the best Examples, and have a constant Eye at your Copy(최고의 본보기들을 모방하라. 그리고 모방한 당신의 글을 끊임없이 검토하고 수정하라).

마치 오늘날의 독일어처럼 당시 영어도 명사의 첫 글자를 대문자로 표기하는 것이 유행이었다. 이후 그 관행이 점차 사라졌고 오늘날에는 문장의 시작, 단어 'I', 인명, 지명 등에서만 예외적으로 대문자가 사용된다. 물론 일종의 언어유희 형태 – 이를테면 'A Very Special Point(특히 강조)'와 같은 식의 – 로 대문자 표기가 등장하기도 한다.

이번에는 구두점의 변화를 살펴보자. 만약 내가 1900년에 현재의 거주지에 살았다면 수취인 주소가 다음과 같은 식으로 적힌 편지를 받았을 것이다.

Mr. David Crystal,
22, New St.,
London, W. C. 1.

하지만 오늘날에 이런 식으로 주소가 기재된 편지를 받는다면 무척 당황스러울 것이다. 요즘 통용되는 형태로 고쳐보면 다음과 같다.

Mr David Crystal
22 New St
London
WC1 2GG

구두점이 없어지고 왼쪽 여백이 사라지면서 왼쪽이 일직선으로 가지런해졌다. 이것이 오늘날의 가장 일반적인 형식이다. 과거에 비해 한결 단정하고 산뜻해 보이지 않는가. 현재 영국 영어에서는 구두점을 최소화해나가는 추세다.

끝으로, 세월의 흐름에 따른 대화 방식의 변화를 살펴보자. 예를 들어, 만날 때 나누는 인사말과 작별할 때 나누는 인사말은 어떤 식으로 변화해왔을까? 현재 젊은이들 사이에서는 과거의 'hello(헬로)' 대신 'hi(하이)'가 대세이며, 나이 든 사람도 점차 이런 흐름을 따라가고 있다. 작별 인사로는 'goodbye(굿바이)' 대신 'bye(바이)', 'see you later(나중에 봐)', 'ciao(차우)' 등의 표현이 점점 더 힘을 얻고 있다. 이전 시대에는 그 차이가 훨씬 더 분명했다. 셰익스피어 시대에는 'farewell', 'fare you well', 'adieu'[프랑스어를 차용한 표현으로, 'add-you(아듀)'로 발음] 등이 일반적인 표현이었고, 현란한 수사적 어구가 필요한 상황에서는 'I do commend me to you'라는 식의 표현도 가끔씩 등장했다. 물론 그 당시에도 'goodbye'라는 말이 있었지만 오늘날과 달리 이 단어의 기원을 보여주는 형태로, 다시 말해 'God be with you(신의 가호가 함께하기를)'라는 표현을 줄인 'God bye' 형태로 사용되었다.

이 챕터를 끝마치는 좋은 방편이다.

헬로?

새로운 기술은 늘 새로운 용법을 동반한다. 하지만 우리는 곧 그 용법에 익숙해진다. 전화가 출현하자 사람들은 전화벨이 울리면 어떻게 응답할지를 두고 고민하기 시작했다. 큰 소리로 자신의 이름을 외치는 사람이 있는가 하면, 'Hello(헬로)?' 혹은 'Who's this(누구세요)?'라고 되묻는 사람도 있었다. 어떤 사람은 자신의 전화번호를 불러주었다.

그러다 마침내 하나로 통일되었다. 영국에서는 수화기를 드는 순간 전화번호를 불러주는 것이 관례로 굳어졌다. 하지만 응답은 상황에 따라 얼마든지 달라질 수 있다. 오늘날 특히 휴대전화를 받는 경우 흔히들 'Hello' 또는 'Hi'라고 하거나 자신의 이름을 댄다. 서로를 잘 아는 사무실에서는 그저 간단히 'Yeah(예어)'라고 응수하기도 한다. 한편 서비스 회사인 경우 'Hello, this is Jane. How can I help you(안녕하세요, 제인입니다. 무엇을 도와드릴까요)?'와 같이 주로 상투적인 응답을 한다.

자동응답기에도 규칙이 있다. 일반적으로 메시지의 어투는 공손하지만 극히 의례적이고, 때로는 아주 무미건조하다. 최근에 나는 'Hello, this is Bugs Bunny. I'm not in right now(헬로, 벅스 바니*입니다. 현재 저는 외출 중이오니)…'라고 응답하는 자동응답기에 메시지를 남기면서 속으로 쓴웃음을 지은 적도 있다.

다른 나라도 같을 거라고 기대하지 마라. 독일인은 수화기를 들면서 자신의 성(姓)부터 밝힌다. 프랑스인은 보통 'Allo(알로)?'라고 응답한다. 이탈리아인은 'Pronto'라고 말하는데, 이는 영어의 'Ready'에 해당하는 표현으로 '준비되었으니 말씀하세요'라는 의미다. 그리고 일본어로 'Hello'에 해당하는 표현은 'Moshi moshi(모시모시)'다.

---

* 워너브라더스에서 제작한 애니메이션의 주인공으로, 토끼 모습을 하고 있다.

CHAPTER 22

언어의 변이

'챕터 12'에서 살펴보았듯이 같은 언어라도 사용되는 장소에 따라 그 성격이 달라진다. 대부분의 언어는 다양한 악센트와 방언으로 이루어지게 마련인데, 이를 통해 사용자의 출신지가 드러난다. 사용되는 장소에 따른 악센트와 방언의 차이가 언어 변이를 가늠하는 중요한 방식 중 하나임은 분명하다. 하지만 이것이 유일한 방식은 아니다.

이 책 앞부분의 몇 챕터에서 우리는 또 다른 형태의 언어 변이를 살펴보았다. 다름 아닌 나이에 따른 변이다. 1세부터 100세까지 연령대별 목소리를 녹음해서 들어보면 말하는 사람의 나이를 대략 식별할 수 있다. 물론 정확하지는 않지만 목소리 A는 아기, 목소리 B는 10대 청소년, 목소리 C는 중년 남성, 목소리 D는 할머니 등으로 구분할 수 있다.

어떻게 가능한 걸까? 주요 단서는 목소리의 음질이다. '챕터 4'에서 확인했듯이 어린아이는 높은 음의 목소리를 갖고 있다. 이후 사춘기를 거치며 목소리가 점점 더 굵어지고 깊어진다. 20대와 30대까지는 계속 성숙해가지만, 그 시기를 지나면 목소리가 점차 약해지고 허스키해진다. 나이가 들면서 폐와 발성기관을 관장하는 근육의 활동력이 계속 떨어지기 때문이다.

나이 식별을 가능케 해주는 또 다른 단서가 있다. 녹음기에서 'That's wicked!'('excellent'라는 의미)*라는 표현이 들린다면 말하는 사람은 어느 연령층에 속할까? 젊은이일 가능성이 매우 높다. 'wicked'가 젊은이들 사이에서 이런 의미로 사용된 것은 극히 최근의 일이기 때문이다. 한편 'That's nifty'(마찬가지로 'excellent'라는 의미)**라는 표현이 들린다면 말하는 사람이 노년층일 가능성이 매우 높다. 60여 년 전에 젊은이들 사이에서 한창 유행한 말이기 때문이다. 어휘, 발음, 문법은 말하는 사람의 나이를 가늠케 해준다. 대화 관행도 마찬가지다. (오늘날 영국에서는) 손자가 'Hi'라고 인사를 건네면 할아버지는 보통 'Hello'라고 응대한다.

언어의 변이를 확인하는 가장 쉬운 방법은 성별에 따른 차이를 살펴보는 것이다. 대개 목소리로 남성인지 여성인지 구별할 수 있다. 목소리의 음조가 관건인데, 보통 여성의 음조가 높은 반면 남성은 상대적으로 음조가 낮다. 물론 경우에 따라 정반대의

---

* 여기서는 '죽인다!' 혹은 '끝내준다!' 정도로 옮길 수 있다.

** 여기서는 '굉장하다' 혹은 '훌륭해' 정도로 옮길 수 있다.

현상이 나타나 세상의 이목을 끌기도 한다.

말하는 방식에서 남성과 여성이 구별되는 언어도 더러 있다. 예를 들어 일본어에는 남성만 사용하는 단어와 문장, 여성만 사용하는 단어와 문장이 존재한다. 일본 고등학교의 게시판에 'boku(보쿠)'로 시작되는 메모가 붙어 있다면 십중팔구 남학생이 쓴 글이다. '보쿠'는 남자아이가 사용하는 표현으로, 영어의 'I(나)'에 해당한다. 여학생이 쓴 글이라면 십중팔구 'watashi(와타시)'로 시작된다. 말괄량이 여자아이도 가끔 '보쿠'라는 표현을 사용하기 때문에 굳이 '십중팔구'라는 한정어를 덧붙였지만, 일반적으로 이 두 표현 형식은 성별에 따라 구분되어 사용된다.

영어는 그렇지 않다. 남자아이나 여자아이 모두 자신을 'I'로 지칭한다. 영어에는 남자아이*만* 사용하거나 여자아이*만* 사용하는 문법이나 어휘가 존재하지 않는다. 물론 성별에 따라 선호도를 달리하는 단어도 있다. 예를 들어 'We are so busy(우린 너무 바빠)'와 같은 문장에서처럼 10대 소녀는 'so'라는 단어를 즐겨 사용한다. 'lovely(예쁜, 귀여운)', 'super(멋진, 굉장한)' 등의 단어 및 'Goodness me(세상에나, 어머나)' 혹은 'Oh dear(어머나, 어쩜)' 등과 같은 감탄사도 주로 여자아이가 사용한다. 하지만 이런 현상은 일시적인 유행에 불과하다. 남자아이도 'Oh dear'라는 표현을 사용할 수 있으며, 실제로도 종종 사용한다.

말하는 방식은 특정 개인이 속한 인종 집단을 나타내기도 한다. 어투 혹은 어법을 통해 우리는 말하는 사람이 백인인지 흑인인지 혹은 유색인인지, 그리고 그의 가족이 남아시아, 카리브 해안, 아프리카 혹은 다른 어느 지역 출신인지를 추측할 수 있다. 사람들은 누구나 자신의 뿌리에 대해 강한 자부심을 갖고 있다. 그 때문에 사람들은 종종 자신의 뿌리를 드러내는 의사소통 방식을 발전시켜왔다.

미국과 카리브 해안 지역의 흑인이 사용하는 말이 그 좋은 예다. 다음 예문은 문법적으로 표준 영어와 확연히 구별된다.

She go by bus. (표준 영어 : She goes by bus.)

They fine. (표준 영어 : They are fine.)

We be done washed the car soon. (표준 영어 : We will have washed the car soon.)

흑인이라고 모두 이런 문장 패턴만 사용하는 것도 아니고, 사용 방식 또한 사람마다 천차만별이다. 하지만 백인은 이런 표현을 거의 사용하지 않는다는 것은 분명하다.

위의 예문은 결코 지역 방언을 보여주는 어법이 아니라는 점에 주목하자. 두 사람 모두 태어나서 줄곧 미국 남부 앨라배마의 작은 도시에서 살아왔는데도 한 사람은 'We be done washed' 라고 말하는 반면 또 다른 사람은 'We will have washed'라고 말할 수 있다. 둘 다 앨라배마의 미국 영어를 구사하지만 말하는 방식은 서로 다르다. 한 사람은 흑인이고 또 한 사람은 백인이기 때문이다.

상류층 언어와 하류층 언어를 언급한 '챕터 10·11·12'에서 또 다른 형태의 언어 변이를 살펴보았다. 모든 사회에는 군주, 대통령, 귀족 혹은 정부나 기업에서 막강한 힘을 행사하는 고위 관료나 경영진 등 '상류(high up)' 계층이 있다. 마찬가지로 모든 사회에는 제대로 교육받지 못하고 돈도 없고 권력도 없는 '하류(low down)' 계층이 존재한다. 그리고 그 중간에 또 다른 계층이 있는데, 이들은 보통 옷을 입거나 행동하는 방식, 직업, 그리고 당연히 언어를 사용하는 방식을 통해 자신들의 신분을 드러낸다.

언어는 한 개인이 속한 사회계층을 보여주는 가장 확실한 표식이다. 어떤 사회에서 계층 분화가 뚜렷하면 언어를 사용하는 방식에서 개인의 신분이 쉽게 노출된다는 의미다. 예를 들어 어떤 사람들은 '고상한(posh)' 악센트를 가졌다. 그리고 좋은 교육을 받은 사람들은 '최고(best)'라고 간주되는 – 영어권 국가의 경우 표준 영어가 이에 해당한다 – 언어 형식으로 말하고 쓴다.

신분의 격차가 뚜렷한 계급사회였을 때 영국에서는 말 한마디만 들어도 개인의 신분을 알아챌 수 있었다. 상류층 사람은 화장지를 'lavatory paper'라고 말한 반면 나머지는 'toilet paper'라고 말했다. 같은 맥락에서 상류층 사람은 'luncheon(오찬)'을 갖고, 'looking glass(거울)'로 자신의 모습을 확인하고, 'vegetables(채소)'를 먹었다. 반면 나머지 사람들은 'dinner'를 먹고, 'mirror'로 자신의 모습을 확인하고, 'greens'를 먹었다. 이런 관행은 오늘날에도 여전히 존재하지만, 시간이 흐르면서 신분을 가르는 경계선이 모호해지자 상하층의 차이 또한 현격히 줄어들고 있다.

사람의 관계도 또 다른 형태의 언어 변이를 낳는다. 사람이 만날 때는 어떤 식으로 말을 주고받는가? 그것은 전적으로 서로 잘 아는 사이인지, 어떤 관계인지에 달렸다. 친구 사이라면 친숙한 말로 대화를 한다. 친구라도 얼마나 친하냐에 따라 대화 방식이 조금씩 달라지는데, 아주 가까운 친구끼리는 격의 없는 말이 오간다. 반면 서로 잘 알지 못하는 사이라면 예의를 갖춘 점잖은 말이 오간다.

호칭의 유형도 서로의 관계를 확인할 수 있는 단서가 된다. John Williams(존 윌리엄스)라는 사람을 만났다고 가정해보자. 여러 방식으로 그를 지칭할 수 있으며, 그에 따라 그와의 관계가 자연스럽게 드러난다. 개인적인 호칭이 있는가 하면, 직업적인 호칭도 있다.

Hello, Mr Williams

Hello, John

Hello, Johnnie

Hello, Williams

Hello, J W

Hello, Nobber

이 중에서 맨 마지막 호칭을 사용한다면 *분명* 오랜 친구 사이일 것이다.

영어의 'you'에 해당하는 단어의 다양한 변이를 통해 사람들 간의 관계를 보여주는 언어도 많다. 예를 들어 프랑스어에서는 서로의 친밀도에 따라 'tu'나 'vous'라는 두 형태의 호칭으로 구분된다. 'vous'가 평범하고 의례적이라면, 'tu'는 서로 절친한 사이인 경우에만 쓴다. 프랑스인은 점점 가까워지다가 어느 순간 자연스럽게 두 사람이 서로를 'tu'라고 불러도 괜찮겠다고 느껴진다고 한다.

다른 사람에게 글을 쓰는 경우에도 이와 유사한 선택을 한다. 편지나 이메일의 시작이 그러하다. 다음은 편지를 쓰기 시작하면서 상대방을 칭하는 몇 가지 예다. 송신자와 수신자의 관계에 따라 호칭하는 방식도 달라진다.

Dear Jane

Dear Ms Smith

Dear Madam

Darling Jane

Yo, Janie baby

첫 번째는 평범하고 의례적인 방식이다. 두 번째는 그보다 더 공식적이다. 세 번째는 매우 비인격적(impersonal)으로, 어쩌면 컴퓨터가 보낸 편지인지도 모른다! 네 번째는 친밀한 사이임을 드러내고, 마지막은 서로 '단짝(good mates)'임을 과시한다.

끝으로, 말하고 쓰는 방식은 우리가 처한 실제 상황에도 영향을 받는다. 시끄러운 장소에서는 큰 소리로 말해야 한다. 예배를 보는 교회 목사의 목소리에는 특유의 음조가 실려 있다. 라디오 방송의 아나운서는 일상 대화보다 느린 속도로 말한다.

때로는 장소가 말하는 방식을 결정짓는다. 예를 들어 법정에서는 재판관을 정해진 대로 지칭해야 한다. 영국에서는 'm'lud'('my lord')라고 불러야 하고 미국에서는 'your honor'라고 불러야 한다. 영국 의회에서 정치가는 전통에 따라 특수한 어구를 사용하여 상대방을 지칭한다. 'As Michael White has just said(마이클 화이트 씨가 방금 말씀하셨듯이)…'라는 표현은 금기시된다. 대신 'As my Honourable Friend has just said(존경하는 동료 의원께서 방금 말씀하셨듯이)…'(소속 정당이 같은 경우) 혹은 'As the Honourable Gentleman has just said(존경하는 신사분께서 방금 말씀하셨듯이)…'(소속 정당이 다른 경우)라며 서로를 칭한다.

문어도 쓰이는 장소에 따라 크게 달라지는데, 특히 신문지상이나 영상에 등장할 때 더욱 그러하다. 독자의 시선을 끌기 위해 신문의 머리기사는 그야말로 '대문짝'만하다. 같은 맥락에서 행사를 홍보하는 각종 포스터도 대형 활자체를 사용한다. 각종 유인물을 제작하면서 회사의 홍보 담당자는 제품의 특성을 부각시키기 위해 철자와 구두점의 색상, 간격, 크기, 형태에 세심한 주의를 기울인다. 예를 들어 다음의 두 광고 중 어떤 방식이 마음에 드는가?

YE OLD TEA SHOPPE

YE OLD TEA SHOPPE

(오래된 추억의 찻집)

TAKE OFF WITH
FASTAIR TODAY

TAKE OFF WITH
FASTAIR TODAY

(여행은 파스테어와 함께)

나라면 이런 구닥다리 항공사에 내 생명을 맡기지 않겠다!

지금 몇 시죠?

토요일 밤 10시다. 그리고 당신이 누군가에게 열두 시간 전에 한 일에 대해 이야기한다면 대략 이런 식일 것이다.

> I went to the shops this morning(나 오늘 아침에 쇼핑 다녀왔어).

하지만 BBC 월드서비스(BBC World Service)나 CNN 같은 국제적인 텔레비전 채널을 켜보면 뭔가 이상하다는 느낌을 받는다. 아직 토요일인데도 뉴스 진행자는 이렇게 말한다.

> President Obama was in New York Saturday morning(토요일 아침 오바마 대통령은 뉴욕에 있었습니다).

다음과 같이 고쳐 말해야 옳지 않을까?

> President Obama was in New York this morning(오늘 아침 오바마 대통령은 뉴욕에 있었습니다).

이는 그 프로그램이 시간대가 서로 다른 세계 전역에서 방송되기 때문이다. 어느 지역은 이미 일요일이 되었을 수도 있으므로 '오늘 아침(this morning)'이라고 하면 맞지 않다. 이것 역시 장소가 우리가 사용하는 언어의 특성에 변화를 주는 또 다른 예다. 물론 이런 경우 변화의 직접적인 동인은 장소가 아니라 우리의 시간 감각이긴 하지만.

CHAPTER 23

직업어

직업적으로 사용하는 언어에서는 더욱더 많은 변이형을 볼 수 있다.

학교 도서관에 가게 되면 책이 어떻게 분류되어 서가에 꽂혀 있는지 눈여겨보기 바란다. BIOLOGY(생물학), HISTORY(역사), GEOGRAPHY(지리학), RELIGION(종교), LITERATURE(문학), SCIENCE(과학) 등 분야별 표지標識가 눈에 띌 것이다. 학문 분야가 좀 더 넓어진다는 점을 제외하고 공공도서관도 크게 다르지 않다. 예를 들어 공공도서관에서는 보통 중·고등학교에서 가르치지 않는 LAW(법률)나 MEDICINE(의학) 같은 분야까지 포괄한다.

이를테면 문학과 과학 분야에서 각각 한 권씩 책을 고른 다음, 대략 가운데 부분쯤 펼치고 아무 구절이나 골라 읽어보라. 작가가 말하려는 것을 이해할 필요까지는 없고 단지 말하는 방식에만 주목하라. 다음과 같이 서술*방식*에서 차이가 있다는 사실을 확인할 수 있을 것이다.

> Harry glanced into the cracked, dusty mirror and saw Ron and Hermione exchanging sceptical looks behind his back(해리는 금이 가고 먼지가 낀 거울을 통해 론과 헤르미온느가 자신의 등 뒤에서 은밀한 표정을 주고받는 장면을 목격했다).

> Cirrus clouds are found at high altitudes, at around 6,000 metres (20,000 feet), but can be at a much lower height in cold polar regions[새털구름은 대략 6,000미터(2만 피트) 상공의 높은 고도에서 발견되지만, 추운 극지방에서는 그보다 훨씬 낮은 고도에서도 발견될 수 있다].

문체부터 전혀 다르다. 왜 그럴까?

글의 목적이 서로 다르기 때문이다. 첫 번째 예문은 우리를 흥미로운 이야기 속으로 안내한다. 'cracked(금이 간)'나 'dusty(먼지가 낀)' 같은 단어가 극적인 분위기를 연출할 뿐만 아니라 이야기를 이끌어가는 인물의 이름까지 거론되며 독자의 궁금증을 부추긴다. 다시 말해 플롯이 전환점을 맞고 있는 것이다. 론과 헤르미온느는 도대체 무엇 때문에 비밀스러운 눈빛을 주고받는 것일까? 이런 궁금증이 독자로 하여금 손에서 책을 내려놓지 못하게 만든다.

한편 두 번째 예문에는 등장인물에 대한 묘사가 없고, 극적인 분위기를 연출하는 단어나 플롯의 전환도 없다. 대신 간단명료하게 기본적인 사실만 전달한다. 한마디로 이 예문은 과학적인 것으로, 독자에게 드라마가 아니라 몇 가지의 지식을 알려준다. 물론 마음이 내키면 계속 읽어나갈 수 있지만 읽기를 강요하지는 않는다.

두 예문을 뒤섞어보면 문체의 차이가 더 분명해진다. 다음 예문을 읽어보자.

> Harry finished his cornflakes and found cirrus clouds at high altitudes, at around 6,000 metres (20,000 feet), but Hermione, who was wearing a red dress, thought they could be at a much lower height in cold polar regions[콘플레이크를 마저 먹어치운 해리는 대략 6,000미터(2만 피트) 상공의 높은 고도에서 새털구름을 발견했지만, 빨간색 옷을 입고 있던 헤르미온느는 추운 극지방에서는 그보다 훨씬 낮은 고도에서도 새털구름이 발견될 수 있다고 생각했다].

아주 이상하게 들린다. 무엇보다도 더는 과학적이지 않다. 왜 그럴까?

과학에 관한 글쓰기에서는 누가 어떤 사람이고, 어떤 옷을 입었고, 아침식사로 무엇을 먹었는지 등은 중요한 고려 사항이 아니기 때문이다. 해리의 눈에 띄었는지 여부와 상관없이 새털구름이 6,000미터 상공에 존재한다는 것은 하나의 사실이다. 마찬가지로 헤르미온느의 생각과 상관없이 극지방에서는 새털구름이 훨씬 더 낮은 고도에 존재할 수 있다는 것 역시 하나의 사실이다. 이 두 사람의 개인적인 견해는 사실과 아무런 관계가 없다. 설령 헤르미온느가 파란색 옷을 입었거나 해리가 아침식사로 토스트를 먹었더라도 새털구름이 6,000미터 상공에 존재한다는 사실에는 변함이 없다.

과학에 관한 글은 어떤 활동이 일어나고 있다는 사실을 전달할 뿐 그것을 행하는 사람에 관해서는 전혀 관심을 두지 않는다. 과학자라면 당연히 다음에 나오는 두 예문 중 두 번째 문장을 선택한다.

Harry found cirrus clouds at high altitudes(해리는 높은 고도에서 새털구름을 발견했다). (우리는 새털구름을 발견한 사람이 누구인지를 안다.)

Cirrus clouds are found at high altitude(새털구름은 높은 고도에서 발견된다). (우리는 새털구름을 발견한 사람이 누구인지를 알지 못한다.)

이런 유형의 문장을 흔히 '비인격적'이라고 한다.

과학에 관한 글쓰기에서 개인적인 상상력은 철저히 배제된다. 따라서 과학 서적에 다음과 같은 문장이 등장할 수는 없다.

Cirrus clouds are really beautiful and they make me tingle all over whenever I see them, and they are found at high altitudes(새털구름은 너무나 아름다워서 나는 그것을 바라볼 때마다 온몸에 전율을 느낀다. 그리고 새털구름은 높은 고도에서 발견된다).

과학은 감정을 전혀 고려하지 않는다. 어떤 사람은 구름을 아름답다고 느끼지만, 또 어떤 사람은 그렇게 느끼지 않는다. 하지만 그와 상관없이 구름이 높은 고도에서 발견된다는 것은 엄연한 사실이며, 과학은 바로 그런 사실의 진술을 목적으로 삼는다. 사람들이 어떻게 느끼는지에 관해 알고 싶다면 당연히 시나 소설을 읽는 편이 더 낫지 않겠는가.

한마디로 과학 언어는 다른 종류의 언어와 성격이 다르다. 과학 언어는 특수한 단어와 문법을 사용하여 우주의 운행 원리를 기술하고 설명하는데, 대부분 많은 전문용어와 부호가 매개로 동원된다. 과학자로 훈련을 받는다면 과학적으로 말하고 쓰는 방법을 익히는 것이 최우선 과제인데, 이는 마치 새로운 언어를 배우는 상황과 같다.

다른 직업에도 동일한 규칙이 적용된다. 법률가, 의사, 성직자, 라디오 방송 진행자 혹은 스포츠 해설가가 되고 싶다면 무엇보다도 그 직업에서 요구하는 새로운 언어를 배우는 것이 급선무다. 직업마다 고유의 전문용어('jargon')와 문법 및 말하고 쓰는 방식이 존재한다. 라디오와 텔레비전에 등장하는 스포츠 해설가와, 스포츠 종목에 따라 해설가가 말하는 방식이 어떻게 달라지는지를 떠올려보라. 축구 경기 해설은 경마나 테니스 경기 해설과 다르다. 무엇보다도 해설가의 말하는 속도와 목소리의 높낮이가 전혀 다르다. 텔레비전에서 꽤 멀리 떨어져 있어도 대개 해설가의 어투만 듣고 현재 어떤 스포츠가 중계되고 있는지 금세 알아챌 수 있다.

사람들이 가진 다양한 직업을 통해서도 우리는 새로운 형태의 언어 변이를 확인한다. '과학 영어(scientific English)', '종교 영어(religious English)', '의학 영어(medical English)' 등과 같이 표현할 수도 있다. 이 변이형은 '챕터 12'에서 다룬 방언이나 악센트와 크게 다르지 않다. 물론 방언이나 악센트처럼 출신지를 알려주는 대신 그 사람의 직업을 알려준다는 점이 다르지만 말이다. 이러한 변이형이 종종 *직업 방언(occupational dialects)*으로 불리는 것도 그런 이유에서다.

성장하면서 우리는 점점 더 많은 직업 방언을 접하게 된다. 텔레비전만 시청해도 경찰, 변호사, 의사 등 온갖 유형의 전문직 종사자의 말하기 방식을 배울 수 있다. 교회, 모스크 혹은 다른 종교시설에서 우리는 서로 확연히 구별되는 언어 사용 형태를 경험한다. 상점, 시장, 박람회장 등은 갖가지 언어의 경연장이다. 기차, 선박, 비행기 등의 아나운서도 그들 특유의 언어로 안내 방송을 한다.

직업 방언에 대한 여러분의 지식을 테스트해보라. 다음 예문은 다양한 전문직 종사자가 사용함직한 표현을 모은 것이다. 오른쪽의 직업명과 연결해보라. (정답은 이 챕터의 끝에 있다.)

테스트 1

1. Thou knowest how much we love Thee(주님께서는 우리가 얼마나 당신을 사랑하는지 알고 계십니다).

2. I put it to you that you are lying (당신은 분명 거짓말을 하고 있습니다).

3. They thought it was all over-but it isn't(다들 게임이 끝났다고 생각했겠지요-그런데 그게 아닙니다)!

4. Stand up straight, you horrible little man(똑바로 서, 꼴도 보기 싫은 머저리 자식아)!

5. Atoms combine to form units called molecules(원자들이 결합하여 분자라고 불리는 단위를 형성한다).

6. You are not obliged to say anything(당신은 묵비권을 행사할 수 있습니다).

A. football commentator (축구 해설가)

B. army sergeant(육군 병장)

C. advertiser(광고주)

D. scientist(과학자)

E. lawyer(변호사)

F. priest(성직자)

7. These are yummy delicious(결코 잊을 수 없는 맛)! | G. police officer(경찰관)

일련의 개별 단어로도 이와 비슷한 테스트를 할 수 있다. 다음의 단어는 어떤 직업과 연관되어 있을까? 마찬가지로 오른쪽의 직업명과 연결해보라.

테스트 2

1. depression(저기압), cold front(한랭전선), precipitation(강수량), force 5(풍력 5)

2. holiday(휴가), destination(목적지), check-in(탑승수속), ticketing(매표)

3. cavity(충치 구멍), occlusion(교합), decay(부식, 충치), incisor(앞니)

4. symptoms(증상), diagnosis(진단), pulse(맥박), medication(약제, 투약)

A. hairdresser(헤어드레서, 미용사)

B. dentist(치과 의사)

C. estate agent(부동산중개인)

D. weather-caster(기상캐스터)

5. amps(앰프), speakers(스피커), kit(키트), deck(덱), cans(헤드폰)

E. travel agent(여행사 또는 여행사 직원)

6. salon(살롱), blow dry(헤어드라이어), shampoo(샴푸), set(세트), trim(다듬기)

F. doctor(의사)

7. offer(오퍼, 판매 신청), sale(판매), detached(단독의), buyer(구매자), attractive(매력적인)

G. disc jockey(디제이)

두 번째 테스트의 5번에 'cans'라는 아주 흥미로운 단어가 있다. 사실 이 단어 대신 'headphone'을 사용해도 된다. 하지만 방송업계에 종사하는 사람들끼리 대화할 때는 'headphone'보다 'cans'를 훨씬 더 자주 사용한다. 일종의 방송 은어인 셈이다. 다음 챕터에서 상세히 살펴보겠지만 은어 혹은 속어도 언어 변이의 중요한 방식 중 하나다.

• 정답 •

테스트 1 : 1F, 2E, 3A, 4B, 5D, 6G, 7C

테스트 2 : 1D, 2E, 3B, 4F, 5G, 6A, 7C

암호화된 언어

때로는 특정 분야에서 편의를 위해 극도로 축약된 형태의 언어를 만들어낸다. 일종의 암호화가 이루어지는데, 전문적인 학습 과정을 거친 사람만이 암호를 정확히 해독할 수 있다. 몇 가지를 예로 들어보자.

1. P-Q4, N-KB3, NxP
2. K1, K2tog, K5, Cr2R
3. H_2SO_4, CH_3, H_2O
4. $ax^2+bx+c=0$
5. 〈i〉, 〈/i〉, 〈b〉, 〈/b〉

1번은 체스(chess), 2번은 뜨개질(knitting), 3번은 화학(chemistry), 4번은 수학(mathematics), 5번은 컴퓨팅(computing)과 관련된 일종의 암호다. 이 특정 분야를 섭렵한 사람이라면 제시된 기호를 해석할 수 있겠지만, 그렇지 못한 사람에게는 마치 외국어처럼 보일 것이다.

하나씩 풀이해보면 다음과 같다. 'P-Q4'는 '퀸(Queen)의 열에 위치한 폰(Pawn)을 4번 칸으로 이동하라'는 의미다. 'K5'는 '다섯 코를 뜨라'는 의미다. 'H_2O'는 물을 의미하는 화학

식이다. 수학 공식에 등장하는 글자는 미지수를 의미한다. 〈i〉와 〈/i〉는 하이퍼텍스트 기술 언어(Hyper Text Markup Language, HTML)라고 알려진 일종의 컴퓨터 프로그래밍 언어로, 특정 단어를 이탤릭체로 출력하고 싶을 때 사용된다. 〈i〉는 컴퓨터에 이탤릭체 사용을 실행하라고 명령하는 반면 〈/i〉는 〈i〉를 통해 내려진 명령의 실행을 중단하라고 명령한다. 따라서 '〈i〉hello〈/i〉 there'라고 입력하면 웹 페이지에 '*hello* there'라고 뜬다.

CHAPTER 24

속어

벤과 빌이라는 두 친구가 주고받는 말을 들어보자.

빌 : I'm gonna take the Porker down to the Bakery for some rolls.

벤 : I'll come with you, man. I need some juice for my Pug too.

아주 이상한 대화다. 누군가가 빵을 먹이기 위해 돼지를 제과점으로 데리고 간다는 말인가? 그리고 또 다른 사람은 개에게 주스를 사주고?

하지만 따지고 보면, 자동차에 푹 빠진 사람들 사이에서만 통용되는 특수한 언어라는 사실을 모르기 때문에 이상하게 들릴 뿐이다. 이 두 사람의 대화를 이해하려면 몇 단어를 다음과 같이 옮겨봐야 한다.

Porker Porsche(포르쉐)*

bakery petrol/gas station(주유소)

rolls petrol/gas(휘발유, 가솔린)

juice petrol/gas

Pug Peugeot(푸조)**

자동차 업계에는 이와 유사한 단어가 수두룩하다. 몇 가지 예를 더 들어보자.

shoes wheels(바퀴)

windair conditioning(공기조절장치)

boots tyres(타이어)

Roller Rolls Royce(롤스로이스)***

Landy Land Rover(랜드로버)****

자, 그렇다면 이제 다음 문장은 그리 어렵지 않게 이해할 것이다.

* 독일산 스포츠카.

** 프랑스의 푸조사가 개발한 자동차.

*** 영국의 롤스로이스사가 개발한 자동차.

**** 영국의 로버사가 개발한 지프차.

I need new boots for the shoes on my Landy(내 랜드로버 바퀴에 갈아 끼울 새 타이어가 필요하다).

'shoes'와 'bakery' 같은 단어는 자동차 관련 속어다.

그렇다면 속어(slang)란 무엇인가? 다음은 역사가 꽤 깊은 옛날 노래다.

The chief use of slang(속어의 가장 중요한 쓰임새는)
Is to show you're one of the gang(당신이 특정 집단의 일원임을 과시하는 것이다).

이 경우의 'gang'은 길거리에서 싸움질을 일삼는 불량 청소년이나 범죄자 패거리가 아니라 동일한 관심사와 배경을 가진 사람들의 집단을 의미한다. 언어마다 수백 종류의 속어가 존재한다. 의사 여러 명이 정기적으로 함께 어울려 직업상의 이야기를 나눈다면 그들이 일종의 특수 집단(gang)을 형성한다고 말할 수 있다. 마찬가지로 변호사 집단, 축구선수 집단, 교사 집단이라는 말도 가능하다. 이들 집단 구성원 간의 대화를 유심히 들어보면 그들이 속한 세계에서만 통용되는 단어가 분명 존재하며, 그 수가 한둘이 아니라는 사실도 확인된다.

그렇다면 나는 어떻게 이런 단어를 알고 있을까? 쿨 레이서(cool racers)* 혹은 핫 로드(hot rods)** 세계에 발을 들여놓았단 말인가? 물론 그렇지는 않다. 자동차에 관해 말할 때 나 스스로는 결코 'bakery'나 'shoes' 같은 단어를 쓰지 않는다. 하지만 언어학자로서 나는 항상 귀를 열어놓고 있기 때문에 영화나 텔레비전에서 이 단어들을 쉽게 접할 수 있다. 그뿐만 아니라 내 눈도 항상 열려 있다. 매일 이런 단어를 사용하는 사람들이 올린 무수한 인터넷 사이트를 검색하다 보니 자연스럽게 자동차 관련 속어와 친숙해졌다.

언어학자는 속어 수집을 좋아한다. 우표를 수집하는 사람의 성향과 비슷하다고나 할까. 아니, 그보다는 조류 관찰에 비유하는 것이 더 적절할 것 같다. 어~, 들어보자! 난생처음 접하는 새로운 단어가 아닌가! 도대체 무슨 뜻일까? 말하는 사람은 누구지? 나는 즉시 메모장에 그 단어를 적는다. 몇 년 전 병원에 간 적이 있다. 의사는 처방전을 쓰면서 마치 혼잣말처럼 내게 'I think you'd better have some bug-juice(몇 알 복용하는 게 좋겠어)'라고 말했다. 병실 문을 나서자마자 나는 재빨리 'bug-juice'라는 단어를 메모장에 옮겼다. 알고 보니 그것은 'antibiotics(항생제)'를 의미했다.

'bug-juice'는 이른바 의학 속어(medical slang)로, 일반적으로는 의료인 사이에서만 통용되는 단어다. 그런데도 그가 내게 그런 표현을 쓴 것이었다. 왜 그랬을까? 아마도 우리가 오랜 친구이고 비슷한 배경을 지녔기 때문이었을 것이다. 공통점이 많은 사람끼리는 그들만의 특수 언어를 공유하는 경향이 강하다.

---

* 경주용 자동차.

** 마력과 속도를 높이기 위해 개조한 자동차.

사실 언어학자라 해도 속어를 연구하기가 쉽지는 않다. 학교나 거주 지역에 따라 그 유형이 천차만별이기 때문에, 말하는 사람의 설명을 듣지 않고는 아예 접근할 수 없는 속어가 수두룩하다. 초등학생들이 사용하는 속어는 중·고등학생들이 사용하는 속어와 다르다. 어느 소도시에 여러 개의 학교가 있는 경우 학교마다 학생이 사용하는 속어도 달라질 수 있다. 심지어 같은 학교라도 학년에 따라 사용하는 단어가 약간씩 다르다. 몇 년 전에 나는 고등학교 졸업반 학생들을 모집하여 내 연구에 동참시킨 적이 있다. 각자 자신이 다니는 학교에서 사용되는 속어를 수집하는 것이 그들에게 내준 과제였다. 그 결과 놀랍게도 신입생의 속어와 졸업반 학생의 속어가 다르다는 점이 밝혀졌다.

이것은 속어의 무수한 특성들 중 하나일 뿐이다. 속어는 엄청난 속도로 변한다. 어느 순간 반짝 유행하다가 한 해도 채 넘기지 못하고 퇴물 취급을 받기 일쑤다. 다음은 불과 몇 년 전에 유행한 속어다. 이 중 아직도 사용되는 단어가 있는지 확인해보라.

bling	fancy jewellery(화려하고 값비싼 장신구)
bones	money(돈)
phat	cool, great(멋진, 굉장한)
sup, wassup	what's up(무슨 일이야)?
wicked	cool, great(멋진, 굉장한)
yo	hello(안녕)

그리고 다음은 1960년대와 1970년대에 사용된 속어다.

blast	great time(멋진 시간)
bread	money(돈)
bug	irritate(짜증나게 하다)
dig?	understand(알겠어)?
fab	fabulous, fantastic(기막히게 좋은, 환상적인)
far out	excellent(탁월한, 정말 괜찮은)
funky	neat, cool(아주 좋은, 굉장한)
groovy	great, cool(멋진, 굉장한)
pad	house, home(집, 가정)

이 중 일부를 알고 있다면, 아마도 연장자에게 들었거나 이 단어가 나오는 영화 – 「그리스(Grease)」와 같은 – 를 보았기 때문일 것이다. 아니, 어쩌면 여러분이 이 단어들 중 한두 개를 직접 사용하고 있는지도 모른다. 하지만 분명 위에 예시된 단어는 대부분 40년 전에 유행했다.

이보다 시간을 더 거슬러 올라갈수록 당시 사람들이 사용한 속어를 이해하기가 더욱더 어려워진다. 빅토리아 시대 영국의 부랑자들 사이에서는 'billy'가 'handkerchief(손수건)', 'dipper'가 'pickpocket(소매치기)', 'luggers'가 'earrings(귀걸이)'를 의미했다. 셰익스피어의 연극 「윈저의 즐거운 아낙네들(The Merry Wives of Windsor)」에서 여관 주인이 자기 친구를 'bully rook'이라고 부르는데 도대체 무슨 뜻일까? 16세기에는 'fine fellow(좋은 친구)'에 해당하는 속어였다.

위험을 무릅쓰고 속어를 추적할 만큼 용감한 언어학자도 있었다. 영국의 사전 편찬자 에릭 파트리지(Eric Partridge)는 위험하기 그지없는 런던의 밤길을 누비고 다니며 범죄자나 부랑자가 쓰는 뒷골목 언어를 연구했다. 당시 암흑가에서 권총은 보통 'canon(대포)', 'rod(막대)', 'heater(가열기)'로 통했으며, 'biscuit(비스킷)'처럼 전혀 엉뚱한 이름으로 불리기도 했다. 그가 살아 있어 그로부터 직접 그와 관련된 이야기를 들을 수 있다면 더없이 좋으련만!

당연한 말이지만, 가정에서 만들어지는 속어를 연구하는 일은 이보다 훨씬 덜 위험하다. 대다수 가정에는 가족 구성원 및 가까운 친지나 친구 사이에서만 통하는 '우리끼리(made-up)' 언어가 있다. 예를 들어 먼 거리에서 텔레비전의 채널을 조정하는 기기인 리모컨(remote controller)은 집집마다 독특한 애칭이 있다. 그중 대표적인 예를 들면 다음과 같다.

bimmer	pinger
blapper	plinky
dibber	podger
donker	pringer
dooberry	splonker
flicker	woojit

2008년, 이와 같은 가정 속어를 묶어 출간하면서 공동 편집자들은 자신들의 저서에 '식탁 언어(Kitchen Table Lingo)'라는 표제를 달았다.

속어는 말하는 방식을 통해 소속감 혹은 연대 의식을 과시하고 싶은 사람들이 사용하는 언어다. 속어는 격식에 얽매이지 않고, 극히 일상적이며 구어적이다. 또 집단의 구성원끼리만 통하는 비밀 언어와 유사하다. 따라서 속어는 '챕터 10'에서 다룬 언어의 표준적인 사용과는 아주 다르다. 이를테면 표준 영어와 같은 표준어는 모든 사람에게 소통이 가능한 단어를 사용한다. 우리의 말과 글이 가능한 한 많은 사람에게 이해되기를 원한다면 속어는 피하는 게 상책이다.

표준어와 속어를 구별하는 것은 언어 학습의 필수 과정이다. 이 두 언어 방식을 혼동하면 낭패를 볼 수도 있다. 친구끼리 속어를 쓰는 것은 극히 자연스럽고 정상적이다. 표준 영어로만 말한다면 도리어 그게 더 이상해서, 그런 사람은 친구에게 놀림감이 되기 십상이다. 하지만 일반인을 상대할 때는 속어를 피해야 한다. 예를 들어 BBC 혹은 CNN의 방송 진행자는 속어를 사용하지 않는데, 이는 자신의 언어가 모든 시청자에게 이해되기를 바라기 때문이다.

여러분 자신의 작은 집단에 속해 있지 않은 사람이 읽을 무엇인가를 쓸 때는 속어를 사용하지 않도록 각별히 주의해야 한다. 그러지 않으면 심각한 어려움에 처할 수도 있다. 예를 들어 학교 과제물인 에세이에 속어를 사용하고 싶으면 빨간 볼펜으로 떡칠

이 되어 교정된 상태로 되돌려받을 각오를 해야 한다. 그리고 이것은 (123쪽에서 언급한 이유와 더불어) 낮은 점수를 받는 또 다른 이유가 될 것이다.

범죄소설에서 작가가 의도적으로 특정인의 말하는 방식을 독자에게 보여주려는 경우를 제외하고는 인쇄물에서 속어를 찾기는 쉽지 않다. 물론 이 책에서는 아주 가끔씩 속어적 표현이 등장한다. 그런 경우에 나는 반드시 작은따옴표 안에 넣어 특수 용어임을 밝혔다. 이 챕터의 앞부분과 '챕터 25' 중간에 그런 예들이 나오니 확인해보기 바란다.

WOULD YOU ADAM AND EVE IT?

지금으로부터 200년 전에 런던 이스트엔드에 살던 사람들인 Cockneys(코크니)는 특정한 단어 대신 압운 어구(rhyming phrases)를 사용하기 시작했다. 그들은 'feet(발)'을 'plates of meat' 혹은 그저 'plates'라 말하고, 'stairs(계단)'를 'apples and pears' 혹은 그저 'apples'라고 말했다. 따라서 다음과 같은 문장이 가능했다.

I hurt my plates (of meat) coming down the apples (and pears)(나는 계단을 내려오다 발을 다쳤다).

그들은 왜 그렇게 했을까? 그저 재미로 그랬을 가능성이 높다. 하지만 범죄자도 이런 어구를 사용했는데, 경찰이 자신의 말을 알아듣지 못하게 하기 위해서였다.
이른바 '압운 속어(rhyming slang)'의 예를 몇 가지만 더 들어보자.

Hampstead Heath	teeth(치아)
lump of lead	head(머리)
artful dodger	lodger(하숙인)

lean and lurch　　church(교회)

Adam and Eve　　believe(믿다)

오늘날에도 새로운 압운 어구가 계속 만들어지고 있다. 다음 문장은 어떤 의미로 쓰일까?

He's on the Adrian Mole.

I want an Ali G.

She was wearing her Barack Obamas.

현재 얼마나 자주 사용되는지는 잘 모르지만, 이 표현이 모두 극히 최근 몇 년 사이에 만들어진 것만은 분명한 사실이다.

• 정답 •

He is on the dole(그는 실업수당을 받고 있다).

I want a pee(나는 소변이 마렵다).

She was wearing her pyjamas(그녀는 파자마를 입고 있었다).

CHAPTER 25

사전

다음 질문에 답해보라.

1. 집에 있을 때 휴대전화는 보통 어디에 두는가?
2. 휴대전화를 어떻게 사용하는지 알고 있는가?
3. 얼마나 자주 휴대전화를 사용하는가?
4. 언제 마지막으로 휴대전화를 업그레이드했는가?

어쩌면 다들 '이게 무슨 어려운 문제라고?'라고 생각하며 피식 웃을지도 모른다. 그렇다면 다음 질문에도 대답해보라.

1. 집에 있을 때 사전은 보통 어디에 두는가?

2. 사전을 어떻게 사용하는지 알고 있는가?
3. 얼마나 자주 사전을 사용하는가?
4. 언제 마지막으로 사전을 업그레이드했는가?

대부분의 경우 두 번째 질문들이 좀 더 답하기 어려울 것이다. 아마 다음과 같은 대답이 가장 일반적일 것이다.

1. 정확히는 모르겠다. 거실 책꽂이에 꽂혀 있을 것 같기도 하고…….
2. 별로.
3. 십자말풀이나 스크래블(Scrabble)*을 할 때만 사용한다.
4. 정확히 기억나지 않는다.

여러분이라면 과연 어떻게 답할까? 내 대답은 다음과 같다.

1. 한 권은 내 컴퓨터 오른쪽에 놓여 있다. 그리고 또 한 권은 내 컴퓨터의 즐겨찾기에 들어 있다.
2. 그렇다. 사전의 앞부분에 수록되어 있는 일러두기를 꼼꼼히 읽어봐서 그에 관해 알고 있다.
3. 거의 매일.
4. 올해.

---

* 글자가 적힌 플라스틱 조각으로 단어를 만드는 게임.

특히 3번 대답에 놀라는 사람이 많을 텐데, 그것은 아마 이런 생각 때문일 것이다. 데이비드 크리스털은 수십 년 동안이나 영어 연구에 매달려왔지 않은가? 그런데도 다시 사전을 뒤적일 필요가 있을까? 사전에 실린 단어쯤은 완전히 꿰차고 있어야 정상이 아닌가?

그럴 수 있다면야 얼마나 좋으랴! '챕터 3' 끝부분에서 던진 '우리는 과연 단어를 몇 개나 알고 있을까?'라는 물음으로 되돌아가보자. 내 대답은, 약 10만 개다. 적지 않은 숫자이지만 전체 영어 단어 중 10분의 1에 불과하다. 현재 영어는 100만 개가 넘는 단어로 구성되어 있다. 물론 내가 알지 못하거나 굳이 알 필요가 없는 단어는 대부분 과학 및 기술과 관련된 것이다. 때때로 이런 단어와 부딪히면 그 의미를 찾아 사전을 뒤적이는데, 내게 사전이 필요한 것은 대부분 이런 경우다.

예를 들어 언젠가 암벽등반을 묘사하는 책을 읽어나가는데 저자가 경사면을 오르기 위해 자신의 발을 'grike' 속으로 들이밀었다는 대목이 내 눈을 멈춰 세웠다. 그 단어의 의미를 몰랐던 것이다. 내가 모르는 신발류일까? 아니면 특수한 등반 장비일까? '그리 중요한 게 아니니까 그냥 건너뛰자'는 생각이 자꾸만 유혹했다. 이런 유혹에는 과감히 맞서라! 모르는 단어는 반드시 확인하고 넘어간다! 실제로 나는 그렇게 했다. 알고 보니 그 단어는 신발이나 장비와 전혀 상관없었다. 'grike'는 빗물에 의해 만들어진 바위의 좁은 틈새를 말한다.

내 어휘 목록에 단어 하나가 더해지는 순간이었다. 그때까지

10만 개의 단어를 알았다면 그 순간부터는 10만 1개를 아는 셈이었다. 그 생각만 하면 나는 늘 기분이 뿌듯해진다. 리버풀에 살 때 배운 속어를 실생활에서 사용하면서 나는 그야말로 '날아갈 듯이 기뻤다(dead chuffed)'. 언어에 관심 있는 사람이라면 누구나, 그리고 이 책을 여기까지 읽었다면 여러분도 분명 새로운 단어를 하나씩 배워나갈 때마다 형용할 수 없는 기쁨을 느낄 것이다.

단어의 의미를 알고는 있다고 *생각되지만* 확신하지 못할 때도 나는 사전을 뒤적인다. 최근에 나는 'flexor muscle'이라는 낯선 어구와 마주쳤다. 도대체 어떤 종류의 근육을 말하는 걸까? 'flex'라는 단어가 'bend(구부리다)'라는 의미로 쓰인다는 것을 알고 있었기 때문에 나는 신체의 특정 부위를 구부려주는 근육일 거라고 추측했다. 하지만 확신할 수는 없었다. 그래서 확인해보니 신체의 특정 부위가 아니라 모든 부위를 의미했다. 다시 말해 'flexor muscle[굴근(屈筋)]'은 팔다리의 구부림 운동을 관장하는 근육을 총칭하는 말이었다.

단어를 정확히 사용하려면 사전적 정의를 세심히 확인해야 한다. 자칫 의도하지 않은 엉뚱한 의미로 쓰여서 사람들을 혼란스럽게 만들 수 있기 때문이다. 'aftermath'라는 단어를 예로 들어보자. 다음은 이 단어에 대한 사전적 정의 중 하나다.

> The effects arising from an (especially unpleasant) event
>
> [어떤 (특히 불쾌한) 사건이 야기한 영향].

따라서 다음과 같이 표현할 수 있다.

The film was about the aftermath of the war in the Middle East(그 영화는 중동전쟁의 후유증을 다루었다).
Traffic was held up for several hours in the aftermath of the accident(그 사고의 여파로 여러 시간 차량이 정체되었다).

다음은 한 고등학생이 쓴 에세이에서 발췌한 문장이다.

The church fete was great fun and very successful, and in the aftermath a thousand pounds was given to charity(교회 축제는 아주 재미있고 성공적이었으며, 그 여파로 1,000파운드의 자선기금이 마련되었다).

뭔가 이상하다는 느낌이 들지 않는가? 사전의 뜻풀이에 따르면 보통 '불쾌한(unpleasant)' 사건이어야 한다. 따라서 'In the aftermath of the church fete'라는 표현을 굳이 사용하려면 그 사건 혹은 행사가 재난이라는 사실이 전제되어야 한다. 토네이도가 텐트를 모조리 휩쓸고 가버렸던가 하는 식으로 말이다. 그런데 이 글에서 묘사된 상황으로 비춰볼 때 재난은 발생하지 않았다. 오히려 축제는 아주 즐겁고 성공적인 사건(event)이었다. 따라서 글쓴이는 'aftermath'라는 단어를 잘못 사용했으므로, 위의 문장은 다음과 같이 고치는 것이 옳다.

The church fete was great fun and very successful, and as a result a thousand pounds was given to charity(교회 축제는 아주 재미있고 성공적이었으며, 그 결과 1,000파운드의 자선기금이 마련되었다).

조금 귀찮더라도 사전에서 그 단어를 한 번만 찾아보았다면 이러한 문제는 쉽게 피할 수 있었을 것이다.

사전은 또 어떤 용도로 쓰일까? 많은 사람들은 철자를 확인하기 위해 사전을 활용하는데, 특히 언어 학습의 초기 단계에 그러하다. 학교에서 학생이 사전을 사용하는 주된 이유 중 하나도 다름 아닌 철자 확인이다. 사전의 또 다른 용도는 단어의 발음 확인이다. 언젠가 나는 책을 읽다가 'telemeter'라는 단어와 마주쳤는데, 어떻게 발음해야 하는지 곧바로 떠오르지 않았다. telemeter(원격계측기)란 전파를 이용해 멀리 떨어진 측정기의 데이터를 자동적으로 표시해주는 통신설비를 가리킨다. 그런데 어떤 식으로 발음해야 할까?

첫 번째 음절에 강세를 두어 '<u>tell</u>-y-meet-er(텔리미터)'라고 발음해야 할까?
아니면 두 번째 음절에 강세를 두어 'te-<u>lem</u>-iter(테렘이터)'라고 발음해야 할까?

내 사전에 따르면 두 발음 모두 가능하지만 전자가 훨씬 더 자주 사용된다.

사전은 또 다른 형태의 정보도 제공해준다. 사전은 단어의 문법에 관해, 다시 말해 그 단어가 명사인지, 동사인지 혹은 다른 어떤 품사인지를 알려준다. 사전은 단어가 특수한 방식으로 사용되는지, 이를테면 그것이 의학이나 법률 용어인지 혹은 옛날 단어인지, 무례한 단어인지를 알려준다. 사전은 또한 문장에서 단어가 사용되는 방식의 다양한 예를 제공해준다. 좋은 사전이라면 당연히 'aftermath'와 관련하여 앞에서 내가 제시한 것과 유사한 예문을 가능한 한 많이 제공해줄 수 있어야 한다. 그뿐만 아니라 사전은 단어의 역사와 기원에 관해, 다시 말해 단어가 그 언어로 어떻게 유입되었는지, 그리고 단어가 수 세기에 걸쳐 어떻게 변화해왔는지를 말해준다. 이것이 바로 *어원학(etymology)*이라는 학문으로, 너무나 흥미롭고 매력적인 분야이기 때문에 다음 챕터 전체를 할애하여 살펴볼 것이다.

이것으로 모든 문제가 해결되었을까? 우리는 우리의 사전을 다시 발견했고, 사전이 담고 있는 정보의 종류를 알게 되었고, 틈만 나면 사전을 찾아보기 시작했다. 그런데도 또 다른 문제가 남아 있단 말인가? 그렇다. 4번 질문이 우리를 기다리고 있다. 언제 마지막으로 여러분의 사전을 업데이트했는가?

불과 몇 년마다 개정판이 계속 나오므로 집에 낡은 사전 한 권만 달랑 비치하는 것은 유행이 한참 지난 휴대전화로 만족하는 것과 다를 바 없다. 예를 들어 출간된 지 10년이 지난 사전에는 수천 개의 단어와 그 의미가 누락되어 있을 수밖에 없다. 인터넷과 관련된 무수한 단어를 생각해보라! 그뿐만 아니라 사전 편찬자는 독자의 사용 편의를 위해 정보를 제공하는 새로운 방식을 두고 늘 고심한다. 그 결과 최근에 출시된 사전에는 엄청난 양의 추가 정보가 담긴 CD가 뒷면에 부착되기도 한다. 온라인에 접속할 수 있는 사전도 꽤 많다. 따라서 어떤 종류의 사전을 사더라도 최소한 5년마다 새로운 개정판으로 교체해야 한다.

사전 제작과 관련된 두 가지 용어만 더 언급하고 이 챕터를 마치겠다. 먼저 사전을 집필하고 편찬하는 작업 및 그 과정은 *사전학(lexicography)*이라고 한다. 그리고 사전 집필과 편찬에 참여하는 사람들은 *사전 편찬자* 혹은 *사전학자(lexicographer)*라고 하는데, 철자법을 다룬 '챕터 10'에서 언급한 노어 웹스터와 새뮤얼 존슨 같은 인물이다. 이 단어와 관련된 정보를 더 많이 찾고 싶으면 어떻게 해야 하는지 여러분은 이미 터득했다. 사전에 그 답이 있다.

워드 디스플레이

사전이 한 언어의 어휘에 관해 알려주는 주요 수단임은 분명하지만 유일한 수단은 아니다. *시소러스(thesaurus)**도 또 다른

* 원래는 '유의어와 반의어를 모은 사전'이라는 의미다.

형태의 단어집이지만 그 쓰임새에서 일반 사전과 확연히 구별된다. 시소러스는 유사한 의미를 가진 단어를 함께 모아놓은 책이다.

들판을 헤매고 돌아다니느라 먼지투성이가 된 누군가에 관한 글을 쓴다고 가정해보자. 간단하게 'dirty'라고 표현할 수도 있지만, 이야기에 극적인 긴장감을 더하고 싶으면 유사한 의미이면서 뉘앙스가 다른 단어를 생각해내려고 고심하게 마련이다. 스스로 적절한 단어를 떠올리면 좋겠지만 그러지 못한 경우 어딘가에 의존해야 하는데, 이때 아주 유용한 것이 바로 시소러스다. 시소러스에서 표제어 'dirty'를 찾아보면 다음과 같은 식으로 유의어가 제시되어 있다.

dirty filthy, foul, muddy, mucky, soiled, grimy, messy, swampy, sodden

이제 여러분은 말하고자 하는 바와 가장 어울리는 단어를 고르기만 하면 된다.

시소러스는 그 이용법에서 일반 사전과 정반대다. 사전을 이용할 때 우리는 단어를 머릿속으로 생각하면서 그 단어의 의미를 찾는다. 반면 시소러스를 이용할 때에는 머릿속으로 특정 의미를 생각하면서 그 의미를 가장 잘 표현해주는 단어를 선택한다.

컴퓨터 덕분에 오늘날에는 온갖 흥미로운 방법으로 단어를 디스플레이할 수 있다. '단어 구름(word-cloud) 생성 플래시 제작 사이트'인 워들(Wordle, www.wordle.net)과 같은 소프트웨어를 이용하면 한 작품에 등장하는 모든 단어를 '구름' 모양으로 디스플레이할 수 있다. 단어의 크기는 사용 빈도를 반영한다. 나는 이 책의 텍스트 전체를 워들에 입력하여 아래와 같은 결과를 얻었다. '단어 구름'은 이 책의 특징을 일목요연하게 보여준다. 'language(언어)'의 등장 빈도가 가장 높을 거라고는 누구나 쉽게 예상할 수 있다. 그런데 'people(사람)'이 두 번째로 높다니, 조금은 의외라는 생각이 들지 않는가? 전혀 그렇지 않다. 사람이 없으면 언어가 존재할 수 없으며, 언어가 없으면 사람이 존재할 수 없기 때문이다.

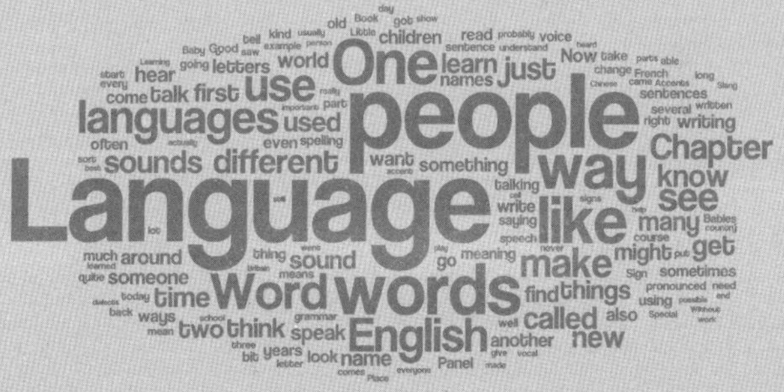

CHAPTER 26

어원

어원학은 단어의 역사와 기원을 연구하는 학문으로, 아주 흥미롭고 경이로운 분야다. 먼저 'salary'와 'sausage'를 예로 들어 보자. 오늘날 이 두 단어는 서로 완전히 다른 의미를 갖고 있다.

> A salary is the amount of money someone is paid in a year for doing a job(샐러리는 누군가가 1년 동안 일한 대가로 지불받는 돈의 액수다).
> A sausage is a type of food made of meat shaped into a thin roll(소시지는 얇은 롤에 고기를 채워 넣어 만든 식품이다).

그런데 오랜 옛날에 둘은 같은 단어였다. 어떻게 그럴 수 있었을까?

'salary'는 14세기에 영어로 유입되었다. 이 단어는 원래 '소금-돈(salt-money)', 즉 소금을 구입하기 위한 돈을 의미하는 라틴어 'salarium'에서 유래했다. 로마 시대에 소금은 음식을 보관하는 데 필수품이었기 때문에 군인은 급료와 더불어 소금 살 돈을 따로 지급받았다. 'sausage' 역시 14세기에 영어로 유입되었는데, 이 단어는 '소금에 절인 고기(salted meat)'를 의미하는 라틴어 'salsicium'에서 유래했다. 이 두 단어의 공통 요소인 'sal'은 'salt(소금)'에 해당하는 라틴어다.

이 밖에도 많은 영어 단어가 'salt'에 어원을 두고 있다. 'sauce(소스)'도 그중 하나다. 무엇인가가 '소금에 절여졌다(salted)'는 뜻을 지닌 라틴어 'salsa'에서 유래했다. 'salad(샐러드)' 또한 여기에 속하는데, 마찬가지로 '소금에 절인'이라는 의미를 가진 또 다른 라틴어 'salata'에서 유래했다. 수 세기 동안 단어가 점차 분화되다가 오늘날에는 서로 전혀 다른 의미로 사용되기에 이르렀다. 사람들은 샐러드(salad)와 소시지(sausages)에 소스(sauce)를 끼얹어 먹고 그 비용은 연봉(salary)에서 지급한다.

언어에 속한 모든 단어는 나름의 역사를 갖고 있으며, 사전은 그 숱한 역사를 우리에게 알려준다. 몇 가지를 예로 들어보자.

'melon(멜론)'은 프랑스어에서 유래한다. 이 단어는 1300년대 말에 영어로 유입되었다.

'potato(감자)'는 스페인어에서 유래한다. 이 단어는 1500년대 중반에 영어로 유입되었다.

'yoghurt(요구르트)'는 터키어에서 유래한다. 이 단어는 1600년대 초에 영어로 유입되었다.

'spaghetti(스파게티)'는 이탈리아어에서 유래한다. 이 단어는 1800년대 중반에 영어로 유입되었다.

'sushi(스시)'는 일본어에서 유래한다. 이 단어는 1800년대 말에 영어로 유입되었다.

이들은 모두 영어로 유입되고도 의미가 변하지 않았다. 셰익스피어가 살던 시절의 사람들이 처음으로 먹기 시작한 감자는 오늘날 우리 식탁에 오르는 감자와 동일한 종류의 식용작물이다.

무수한 외래어가 영어로 유입된 후 의미 변화 과정을 겪었다. 오늘날 누군가를 빗대어 'silly'라고 표현하면 보통 어리석거나 멍청하다는 의미를 지닌다. 하지만 1,000년 전에는 전혀 다른 의미로 사용되었다. 이 단어가 처음 영국에서 사용되었을 때는 'happy(즐거운)' 혹은 'blessed(행복한)'라는 의미를 가졌다. 그 후 'innocent(천진난만한)'라는 의미로 바뀌었다가, 다시 얼마 후 뭔가가 잘못되었기 때문에 동정을 받아야 하는 사람을 의미하게 되었다. 다시 말해 누군가에게 'silly'라고 표현하는 것은 곧 그 사람의 의지나 정신이 박약하다는 의미였다. 물론 오늘날에도 우리는 지적이면서 동시에 'silly' 상태일 수도 있다.

단어의 의미는 지금도 계속 변하고 있다. 다음 예는 인터넷이 등장하면서 발생한 변화다.

- 'mouse(마우스)'는 1,000년 넘게 특정한 종의 작은 동물을 가리켜왔지만, 1960년대 이후부터는 손에 쥐고 컴퓨터 화면의 포인터를 조작하는 기기라는 의미도 갖게 되었다.
- 'spam(스팸)'은 원래 다진 고기로 만든 통조림이었지만, 1990년대 초부터 통신이나 인터넷을 통해 무차별적으로 살포되는 광고성 이메일 메시지라는 의미도 갖게 되었다.
- 'surf(서프)'는 원래 파도타기를 의미했지만, 1990년대 초부터 인터넷에서 사이트를 옮겨다닌다는 의미도 갖게 되었다.

'챕터 24'에서 살펴본 속어들 중에서도 의미 변화를 통해 생명을 연장한 단어가 꽤 많다. 'wicked'와 'cool'이 대표적인 경우다.

때로는 단어가 정반대되는 의미로 변한다. 어렸을 때 내가 알고 있던 'cowboy(카우보이)'라는 단어의 의미는 '카우보이와 인디언'이 등장하는 영화 속 이미지가 전부였다. 카우보이는 언제나 멋지고 정의로운 사나이였다. 그런데 1970년대 이후부터 이 단어에 새로운 의미가 덧붙여졌다. 주변에서 누군가가 'cowboy builder(카우보이 빌더)'라고 말하면 그 사람은 결코 좋은 의미에서 그렇게 표현한 것이 아니다. 왜냐하면 'cowboy builder'란 제대로 된 기술을 갖추지 못해서 작업의 질이 떨어지거나 불량 제품을 생산하면서도 과도한 돈을 요구하는 불량 시공업자 혹은 악덕 업주를 가리키기 때문이다. 다시 말해 과거에 정의를 대변하던 착한 카우보이가 오늘날에는 악당으로 바뀌고 만 것이다.

이것은 특정 단어의 의미가 악화된 예다. 이와 정반대로 단어가 좋은 의미로 바뀐 경우도 적지 않다. 'nice'가 대표적인 예다. 1300년대에 영어로 유입되었을 때 이 단어는 'foolish(어리석은)' 혹은 'ignorant(무지한)'라는 의미를 갖고 있었다. 이후 'showy(겉꾸미는)', 'fussy(신경질적인)', 'lazy(게으른)' 등과 같은 부정적인 의미가 더해졌다. 그와 정반대되는 의미도 점차 생겨났다. 누군가에게 'nice'라는 표현을 들은 경우 당사자는 옷을 잘 입었다거나(well-dressed), 특별하다거나(particular), 모든 일에 신중하다(careful)는 의미로 받아들일 수도 있었다. 그리고 1700년대에는 이 단어에 'agreeable(마음이 끌리는)', 'pleasant(유쾌한)', 'kind(친절한)', 'attractive(매력적인)' 등의 긍정적인 의미가 광범위하게 부여되었는데, 이때 생겨난 의미가 지금까지 통용되고 있다.

의미가 보편화되는 과정을 밟는 단어도 적지 않다. 1200년대 말에 영어로 유입되었을 때 'office(오피스)'는 특수한 형태의 종교의식을 의미했다. 신부나 수녀처럼 특별한 사람만이 그 의식을 매일 치렀다. 하지만 오늘날에는 그 의미가 훨씬 더 보편화되었다. 다시 말해 이제는 이 단어가 모든 종류의 공식적인 지위나 의무 혹은 사람들이 행정적인 업무를 수행하는 공간을 의미할 수도 있다. 따라서 다음과 같이 표현할 수 있다.

> Mary's office is in the City(메리의 사무실은 도심에 있다).
>
> John works in the Foreign Office(존은 외무부에 근무한다).
>
> She holds a high office in the government(그녀는 정부 고위직에 있다).

물론 아직도 이 단어에는 종교적인 의미가 묻어 있지만 거의 퇴색했다.

반대로 의미가 특수화되는 과정을 밟는 단어도 있다. 말하자면 그 의미가 축소되는 것이다. 고대영어에서 'mete'(오늘날의 'meat'에 해당하는 단어)는 모든 종류의 고형 음식(solid food)을 의미했다. 하지만 오늘날에는 특정 동물의 살코기로 그 의미가 제한되었으며, 특별한 경우에만 가끔 옛 의미로 사용될 뿐이다. 예를 들어 'sweetmeat(스위트미트)'는 설탕에 졸인 과자나 설탕을 씌운 견과류를 의미하며, 동물의 살코기와 전혀 상관없다. (민스파이에 사용되는) 'mincemeat(민스미트)' 또한 동물의 살코기와 상관없다. 하지만 이는 예외에 속한다. 다시 말해 오늘날까지 'meat'의 본래 의미를 간직한 단어는 극히 일부분에 불과하다.

'챕터 21'에서 언급했듯이 옛날 텍스트를 대할 때마다 우리는 항상 이와 같은 의미 변화를 눈여겨보며, 선불리 현대적인 의미로 읽어내는 잘못을 범하지 말아야 한다. 예를 들어 셰익스피어 연극에서 누군가를 'naughty'라고 표현했을 경우 이 단어를 오늘날의 의미로 받아들이기 쉽다. 하지만 실제로는 그 의미가 전혀 다르다. 오늘날 어떤 남자아이를 보고 'naughty'라고 말한다면 그것은 곧 그 아이가 바르게 행동하지 않는다는, 다시 말해 약간 버릇이 없거나 개구쟁이라는 의미다. 그런데 셰익스피어 연극에 등장하는 인물이 'naughty'라고 불리는 경우에는 이보다 훨씬 더 부정적인 의미를 지닌다. 정말로 사악하거나 악랄한 사람인 것이다.

어원을 연구하는 사람을 *어원학자(etymologist)*라고 한다. 아직도 많은 단어가 수수께끼로 남아 있기 때문에 어원학자가 해야 할 일은 그야말로 산더미 같다. 우리는 단어의 기원을 알지 못한다. 빵에 바르는 식재료인 'jam(잼)'을 예로 들어보자. 왜 우리는 이것을 하필이면 'jam'이라고 부를까? 잼은 과일에 설탕을 넣고 장시간 졸여서 만든다. 그렇다면 애초부터 으깨거나 '졸여서(jammed)' 걸쭉하게 만든 과일이라는 의미에서 'jam'이라고 불린 것일까? 추측할 수는 있지만 확실한 증거는 없다.

이런 단어는 무수히 많다. 롤빵(bread roll)*을 뜻하는 단어인 'bap'이 어디에서 유래했는지 아는 사람은 없다. 마찬가지로 과학자들이 'boffins'라고 불리게 된 이유를 아는 사람도 없다. 미친 짓을 하는 사람들이 'bonkers'라고 불리는 이유는 또 무엇이란 말인가? 마치 어딘가에 머리를 '꽝 부딪힌(bonk)' 것처럼 행동하기 때문일까? 어원학자는 이런 질문들의 답을 찾기 위해 골머리를 앓는다.

모든 단어는 역사를 갖고 있다. 그것은 인명이나 지명도 마찬가지다. 하지만 인명과 지명은 그 언어에 국한되지 않으므로 특별히 예외적인 경우를 제외하고는 사전에 등재되지 않는다. 'Paris(파리)', 'Bordeaux(보르도)', 'François(프랑수아)' 등의 명칭을 알고 있을 수도 있지만, 그렇다고 반드시 프랑스어를 구사할 수 있다는 것을 의미하지는 않는다. 마찬가지로 영어를 전혀 모르는

---

* 둥글게 말아 구운 빵.

사람도 'David(데이비드)', 'Elizabeth(엘리자베스)', 'Manchester(맨체스터)', 'Kentucky(켄터키)'와 같은 명칭을 별다른 어려움이나 거부감 없이 일상적으로 사용할 수 있다. 그럼에도 불구하고 우리는 이런 명칭의 역사를 추적할 수 있다. 그 과정에서 모든 명칭은 제각각 사연을 갖고 있다는 사실을 알게 된다.

'groom'에 얽힌 사연

어떤 단어는 아주 특이한 형태를 취하고 있는데, 그 연유를 밝혀주는 것도 다름 아닌 어원에 관한 연구다. 'bridegroom(신랑)'에 포함되어 있는 'groom'을 예로 들어보자. 왜 여기에 들어가 있을까? 'groom'은 피고용인, 그중에서도 특히 말을 돌보는 사람인 마부를 의미한다. 그런데 이것이 결혼과 무슨 상관이 있단 말인가? 신랑(bridegroom)은 신부(bride)의 하인이 아니다. 남에게 예쁘게 보이도록 자기 아내의 피부나 머리를 손질해주는 사람은 더더욱 아니다. 그런데도 왜 마부(groom)라고 불리는 것일까? 어원이 우리에게 그 답을 알려준다.

영국에서 처음 사용될 때는 지금과 달리 'bridgome'['breed-go-muh(브리드고머)'으로 발음]이라는 형태를 취했다. 그리고 이 중 첫 번째 부분인 'brid'는 'bride(신부)'를, 두 번째 부분인

'gome'은 'man(남자)'을 의미했다. 'gome'은 고대영어에서 자주 사용되었지만 중세 시대에는 사용되지 않았다. 1500년대에는 이 단어의 의미를 아는 사람이 전혀 없었다. 그래서 사람들은 이 단어를 모양새뿐만 아니라 발음까지 비슷한 'groom'으로 대체했으며, 그 결과 'bridgome'이 'bridegroom'으로 바뀌게 된 것이다.

이런 경우는 비일비재했다. 어떤 단어를 받아들이기 어려우면 보다 쉽게 접근할 수 있는 형태로 바꿔버리면 그만이었다. 1600년대 초에 'cucaracha(바퀴벌레)'라는 스페인어 단어가 영어로 유입되었을 때 사람들이 그 단어를 아주 이상하다고 생각했던 게 분명하다. 왜냐하면 오래지 않아 이 단어는 'cockerel(어린 수탉)'과 전혀 상관없는데도 좀 더 친밀하게 들린다는 이유만으로 'cockroach'로 바뀌었기 때문이다. 마찬가지로 'asparagus(아스파라거스)'의 구어체 명칭인 'sparrow-grass'도 참새(sparrow)와 전혀 상관없다.

CHAPTER 27

지명

거주지를 알려주거나 길을 찾으려면 장소마다 명칭을 부여해야 한다. 만약 지명이 없다면 어떤 일이 벌어질지 상상해보라. 아마 우리는 다음과 같은 식으로 복잡하게 말해야 할 것이다.

> 내일 저를 찾아오십시오. 저는 당신의 거주지에서 5마일(8킬로미터) 떨어진 곳에 위치한 작은 타운에 살고 있습니다. 간선도로를 따라 북쪽을 향해 길을 잡으시면 됩니다. 마을 세 개를 지나치면 언덕이 나타나는데, 그 언덕 위에 몇 그루의 나무와 함께 또 다른 마을이 자리하고 있습니다. 거기서 좌측으로 돌면 집들이 늘어선 도로가 나옵니다. 도로 오른편의 두 번째 집이 우리 집입니다.

다음과 같이 말하면 훨씬 더 간편하지 않을까?

내일 저를 찾아오십시오. 저는 Leethorpe에 살고 있습니다. Redcliff에서 출발해 북쪽 방향으로 길을 잡으시면 됩니다. Leethrope로 진입하면 좌측으로 곧장 Bridge Road가 나타납니다. 4번지가 우리 집입니다.

혹은 다음과 같은 방식은?

내일 저를 찾아오십시오. 저는 Bedfordshire 카운티 Leethorpe 타운의 Bridge Road 4번지에 살고 있습니다.

그러면 우리는 지도나 내비게이션을 이용하여 그곳을 찾아갈 수 있다.

그렇다면 지명은 어디에서 유래했을까? 위에서 언급된 지역은 왜 'Bedfordshire'라고 불릴까? 그리고 도로명이 'Bridge'인 까닭은 또 무엇인가? 지명은 늘 궁금증을 자아낸다. 특히 이상하거나 우스꽝스러운 이름은 더더욱 그렇다. 예를 들어 미국에 'Hot Coffee(핫 커피)'라고 불리는 곳이 있다. 어떻게 이런 특이한 이름이 붙었을까?

대부분의 지명은 그 유래가 분명하다. 먼저 사람 이름을 딴 지명이 있다. Washington(워싱턴)은 미국의 초대 대통령 이름을 따서 명명된 것이다. Georgetown(조지타운), Williamsburg(윌리엄

스버그), Victoria(빅토리아), Maryland(메릴랜드) 등의 지역은 영국의 왕이나 여왕의 이름을 땄다. St Albans(세인트앨번스)는 성인의 이름을, 그리고 오하이오 주의 도시 Columbus(콜럼버스)는 유명한 탐험가의 이름을 따왔다.

다음으로는 경관의 특징을 묘사하는 지명이 있다. 미국의 Twin Peaks(트윈픽스)가 두 개의 산이 마주 보이는 곳에 위치한다는 것은 아주 자연스러운 일이다. 따라서 다음과 같은 지역 명칭은 그 유래가 비교적 쉽게 추측된다.

> Salt Lake City(솔트레이크시티), Table Mountain(테이블마운틴), Swan River(스완 리버), Westport(웨스트포트), Newtown(뉴타운), Great North Road(그레이트노스로드)

따라서 Bridge Road(브리지 로드)는 중간에 다리가 가로놓여 있거나 다리와 인접한 지역이라고 추측할 수 있다.

그런데 바로 이 대목에서 흥미로운 사실이 출현한다. 이와 유사한 이름을 가졌는데도 현재 다리의 흔적이 전혀 남아 있지 않은 지역도 존재하기 때문이다. 의문을 해소하려면 탐문수사에 들어가야 한다. 대체 언제 다리가 있었던 걸까? 그 지역 토박이 노인을 찾아다니며 직접 경험했거나 전해 들은 과거사를 수집하거나 옛날 지도를 찾아내어 실마리를 풀어나갈 수도 있다.

실제로 대부분의 지명은 그곳의 역사에 대한 탐문 탐색 작업을 거쳐야만 그 실체에 접근할 수 있다. Hot Coffee라는 지명은 어디에서 유래했을까? 1800년대 말에 한 남자가 미시시피의 고속도로변에 여관을 차려놓고 여행자를 상대로 뜨거운 커피를 팔았다. 그 상호가 바로 'Hot Coffee'였다. 사람들은 간판 때문에 그 장소를 쉽게 기억할 수 있었으며, 언제부턴가 'Let's stop at Hot Coffee(핫 커피에서 쉬었다 가자)'와 같은 표현이 입에서 자연스럽게 흘러나오기 시작했다. 그러다 마침내 그 상호가 단순히 여관뿐만 아니라 인근의 모든 농장과 가옥을 지칭하는 말로 바뀐 것이다.

때로는 지명의 의미는 분명한데 그 이름을 낳은 사건은 까마득히 잊힌 경우가 있다. 전 세계를 여행하다 보면 우리는 Cape Catastrophe(케이프 카타스트로피), Fort Defiance(포트 디파이언스)*, Skeleton Bay(스켈리튼 베이), Foggy Island(포기 아일랜드)와 같은 특이한 지명을 만난다. 탐험가들이 아프리카의 스켈리튼 베이에 맨 처음 도착했을 당시에는 주변에 해골이 산더미처럼 쌓여 있었을 것으로 추정되지만, 그 해골의 주인이 누구인지는 아직도 수수께끼로 남아 있다.

많은 지명이 두 부분 이상으로 구성되어 있는데, 다음 예에서 보이듯 때로는 각 부분의 의미를 추정하기가 그리 어렵지 않다.

> Southport(사우스포트), Horsepath(호스패스), Blackheath(블랙히스), Newcastle(뉴캐슬)

---

* 인디언들에 대한 정착민들의 저항(defiance)을 알리기 위해 명명한 요새 이름 'Fort Defiance'에서 유래했다.

하지만 Leethrope와 같은 지명은 현대 영어로는 단어를 구성하는 두 부분에 대한 의미 추정이 쉽지 않다. 'lee'는 무엇을 의미할까? 그리고 또 'thrope'는? 하지만 1,000년 전의 고대영어로 되돌아가보면 이 지명의 실체가 서서히 드러난다. 고대영어에서 'lee'는 숲 혹은 숲속의 빈터를 의미했고, 'thrope'는 마을 혹은 농장을 의미했다. 따라서 앵글로색슨 시대에 Leethrope에 살았다는 말은 곧 삼림지대에 조성된 마을에 거주했음을 의미한다.

다음은 타운 명칭에서 흔히 나타나는 세 가지 주요 특징이다.

- '-by'로 끝나는 타운은 원래 바이킹족 침입자가 거주했던 농장 혹은 작은 마을이었다. 첫 번째 부분은 보통 농장 소유주의 이름으로, 이를테면 Grimsby(그림즈비)는 'Grim's village(그림 가문의 마을)'를 의미했다. 그리고 Derby(더비)는 'a village where deer were found(사슴들이 발견된 마을)'였다. 덴마크어에서는 오늘날까지도 단어 'by'가 'town(타운)'을 의미한다.
- '-ing'로 끝나는 타운은 원래 그곳에 살았던 사람들에 관해 말해준다. Reading(레딩)은 'the people of Reada(리다의 사람들)', 즉 'Reada's family or tribe(리다의 가문 혹은 부족)'를 의미한다. 리다가 어떤 인물이었는지는 지금까지 전혀 알려지지 않았다. 하지만 그 이름이 'red one(붉은 사람)'을 의미하기 때문에 머리가 붉은색이었을 것으로 추측된다.
- '-caster' 혹은 '-chester'로 끝나는 타운은 원래 로마의 요새 혹은 소도시였다. 이 단어는 진지 혹은 요새를 의미하는 라틴

어 'castra'에서 유래한다. 첫 번째 부분은 보통 요새가 건립된 지역의 이름을 나타낸다. 예를 들어 Lancaster(랭커스터)는 'the Roman fort on the River Lune(룬 강에 위치한 로마 요새)'을 의미한다.

이러한 명칭들은 원래 영국에서 출발했지만 오늘날에는 세계 곳곳의 영어권에서 발견된다. 랭커스터라는 지명은 오스트레일리아와 캐나다에도 있다. 심지어 미국에는 여러 곳이 있다.

온갖 종류의 장소 혹은 공간이 이름을 갖고 있다. 그중 몇 가지를 예로 들어보면 다음과 같다.

- 행성 : 금성(Venus)은 로마 신화에 나오는 미와 사랑의 여신의 이름에서 따왔다.
- 대륙 : 아메리카(America)는 이탈리아의 탐험가 아메리고 베스푸치(Amerigo Vespucci)의 이름에서 유래한다.
- 국가 : 웨일스(Wales)는 앵글로색슨 단어에서 유래하며, '외국인(foreigners)' 혹은 '야만인(barbarians)'을 의미한다.
- 주 : 켄터키(Kentucky)는 아메리카 인디언 언어인 이로쿼이어(Iroquois)에서 유래하며, '목초지(meadow land)'를 의미한다.
- 카운티 : 베드포드(Bedford)는 (앵글로색슨 시대의 위대한 신학자이자 역사가인) 베다(Beda)가 살았던 여울(river-crossing='ford')이다.
- 산 : 세계 최고봉 에베레스트(Everest)는 역사상 최초로 이 산의

높이와 위치를 기록으로 남긴 조지 에베레스트(George Everest) 경의 이름에서 따왔다.

- 자치구 : 런던의 토트넘(Tottenham)은 '토타의 농지(Totta's homestead)'를 의미한다.
- 도시 : 버밍엄(Birmingham)은 '베오르마 가문의 마을(the village of the family of Beorma)'을 의미한다.
- 타운 : 랭커셔 카운티의 옴스커크(Ormskirk)는 '오름의 교회(Orm's church)'를 의미한다.
- 거리 : 런던의 옥스퍼드 가(Oxford Street)는 1700년대 초에 이 지역을 소유했던 옥스퍼드 백작 2세(the second Earl of Oxford)의 이름을 땄다.

이뿐만이 아니다. 우리는 들판, 강, 계곡, 언덕, 술집, 식당, 테마공원, 학교, 농장 등등 모든 종류의 지리적 특징(geographical features)*에 이름을 부여한다.

누구나 자신이 거주하는 집에 이름 붙이기를 좋아한다. 이는 특정한 장소에 스스로 이름을 부여하는 것이기에 아주 흥미로운 연구 대상이기도 하다. 이 챕터에서 언급한 다른 예는 모두 나 아닌 다른 누군가가 생각해낸 이름이다. 하지만 집을 산다면 소유주는 거기에 새로운 이름을 부여하거나 기존 이름이 마음에 들지

* 지도상에 표시될 수 있는 지구 구성 요소를 통틀어 일컫는 말. 자연적 지리 특징, 추상적 지리 특징, 인위적 지리 특징으로 나뉜다. 자연적 지리 특징은 지형과 생태계를, 추상적 지리 특징은 정치적인 구획이나 적도 등을, 인위적 지리 특징은 거주지나 댐, 고속도로, 교량과 같은 건축물을 포함한다.

않으면 바꿀 수 있는 권한을 갖는다.

가옥의 명칭은 대부분 그 외관이나 소재지 혹은 거기에서 일어난 사건이나 에피소드를 나타낸다. 수년 전에 실시한 연구 조사에 따르면 현재 영국에서 선호하는 가옥 명칭 1위에서 20위까지는 다음과 같다.

1. The Cottage
2. Rose Cottage
3. The Bungalow
4. The Coach House
5. Orchard House
6. The Lodge
7. Woodlands
8. The Old School House
9. Ivy Cottage
10. The Willows
11. The Barn
12. The Old Rectory
13. Hillside
14. Hillcrest
15. The Croft
16. The Old Vicarage
17. Sunnyside
18. Orchard Cottage
19. Yew Tree Cottage
20. The Laurels

마치 모든 집이 시골의 읍이나 마을에 위치해 있는 듯하다. 가옥의 역사를 증언하는 명칭과 더불어 나무와 식물이 약방의 감초 격으로 등장하기 때문이다.

또 다른 유명 가옥의 명칭은 동물에 토대를 두고 있다.

Badger Cottage(오소리), Magpies(까치), Robin's Nest(울새)

선호하는 휴양지를 본뜬 경우도 적지 않다.

Windermere(윈더미어)*, Costa Brava(코스타 브라바)**, Naples(나폴리)***

그뿐만 아니라 좋아하는 책에서 가져온 명칭도 더러 있다.

Manderley(맨덜리)****, Rivendell(리븐델)*****, Bleak House(블리크 하우스)******

영국 잉글랜드 워릭셔 카운티에 소재한 타운인 스트랫퍼드 어폰에이번(Stratford-upon-Avon)에는 셰익스피어의 연극에서 따온 이름의 게스트하우스(guest house)가 즐비하다. 그중에는 셰익스피어의 희곡 제목을 따서 'Twelfth Night[십이야(十二夜)]'라고 불리는 것도 있다.

또 하나의 잘 알려진 작명법은 언어를 비트는, 다시 말해 언어유희를 하는 것이다. 사람들은 종종 단어의 철자를 슬쩍 바꿔

---

* 동명의 호수를 끼고 있는 영국의 카운티.

** 스페인 동북부의 해안지대.

*** 이탈리아 남부의 항구도시.

**** 미국의 현대 시인 레베카 울프(Rebecca Wolff)의 시집 『맨덜리(Manderley)』에 나오는 잿더미가 된 도시.

***** 영국 작가 톨킨(John Ronald Reuel Tolkien)의 3부작 판타지 소설 『반지의 제왕(The Lord of the Rings)』에 나오는 마을. 사람들의 눈에 띄지 않는 계곡으로, 두 개의 강에 끼인 삼각지대에 위치해 있다.

****** 영국 작가 찰스 디킨스(Charles Dickens)가 1953년에 발표한 장편소설의 제목으로, '황폐한 집'이라는 의미다. 우리말로도 번역되었다.

놓는다.

Faerie Glen['fairy(요정의)' 계곡], Kosy Korner('Cosy Corner'), Dunroamin('done roaming')

때로는 거꾸로 읽어야 의미가 통하게 만든다.

Tivuli(→Iluvit=I love it), Deroda(→Adored), Tiedam(→Madeit=made it)

뿐만 아니라 가옥 명칭이 그곳에 살았던 사람을 가리키기도 한다.

Mikelynn(Michae+Lynn), Billon(Bill+Marion), The Eddies(에드워드 가문)

심지어 외국어를 사용할 수도 있다.

Casa Nostra('Our House'에 해당하는 이탈리아어), Mon Repos('My Rest'에 해당하는 프랑스어)

하지만 뭐니 뭐니 해도 우리가 의문을 제기할 때까지는 본 모습을 전혀 드러내지 않는 명칭이 가장 흥미롭고 매력적이다.

나는 Chimes(차임)이라는 집을 알고 있다. 왜 그렇게 불릴까? Bell(벨)이라는 가족이 살고 있기 때문이다. 나는 또 Spooks(유령들)라고 불리는 집을 알고 있다. 왜 그렇게 불릴까? 바로 옆에 묘지가 있기 때문이다. 뿐만 아니라 Offbeat(오프비트)라고 불리는 집도 알고 있다. 왜 그런 이름을 갖게 되었을까? 은퇴한 경찰관이 사는 집이기 때문이다.

궁금하면 물어보라. 사람들은 자신의 집에 얽힌 과거사를 말해주고 싶어 안달이 나 있다.

지구상의 디스크월드

2009년, 서머싯 카운티 윈캔턴의 신흥 주택단지에 새로 놓인 두 개의 도로에 영국 작가 테리 프래쳇(Terry Pratchett)의 코믹 판타지 소설 시리즈 '디스크월드(Discworld)'에서 따온 이름이 붙여졌다. 작가가 제시한 열네 가지 이름 중 두 개를 선택하는 주민투표가 실시되었다. 여러분이라면 어느 것을 고르겠는가?

Mollymog Street **Lobbin Clout**

Moon Pond Lane **Scoone Avenue**

Cable Street

Shamlegger Street

Peach Pie Street

Treacle Mine Road

Hen and Chickens Field

Tenth Egg Street

Kicklebury Street

Morpork Street

Ankh Street

The Ridings

투표 결과 최종적으로 'Peach Pie Street'와 'Treacle Mine Road'가 낙점되었다.

판타지 시리즈에서 거리 이름을 따온 것이 이 경우가 처음은 아니었다. 폴란드의 작은 마을인 Grabowiecz에는 Obi-Wan-Kenobi Street(폴란드어로는 Obi-Wana-Kenobiego)*, 그리고 미국 메릴랜드 주 프린스 조지스 카운티에 소재한 타운인 어퍼 말보로에는 피카드 레인(Picard Lane), 라이커 드라이브(Reiker Drive), 라포지 레인(Laforge Lane), 크러셔 코트(Crusher Court) 등 '스타트렉(Star Trek)' 시리즈의 등장인물**을 모델로 삼은 거리 이름이 즐비하다.

---

* 오비 완 케노비는 '스타워즈' 시리즈에 등장하는 제다이 기사로, 젊어서 마스터가 된 인물이다.

** Jean-Luc Picard[장 뤽 피카드(함장, 대령)], William T. Reiker[윌리엄 T. 라이커(부함장, 중령)], Geordi La Forge[조르디 라 포지(기관장)], Beverly Crusher[비버리 크러셔(군의관, 중령)].

CHAPTER 28

인명

다른 사람의 화를 돋우는 가장 확실한 방법은 이름을 엉터리로 철자하는 것이다. 그러면 상대방은 기를 쓰며 잘못을 바로잡으려 애쓰는데, 다음과 같은 식이다.

It's Anne with an 'e'('e'가 들어가는 Anne이랍니다).

That's Taylor with a 'y' not an 'i'('i'가 아니라 'y'가 들어가는 Taylor랍니다).

It's Katherine with a 'k' and 'e'('k'와 'e'가 들어가는 Katherine이랍니다).

Hilary has one 'l'(not two, as in Hillary Clinton)[내 이름 Hilary에는 'l'이 하나만 들어간답니다(Hillary Clinton처럼 두 개가 아니라)].

누구에게나 이름은 특별한 의미를 지닌다. 그렇기에 부모는 자녀의 이름을 신중하게 짓는다. 일단 이름을 정하고 나면 바꾸기가 쉽지 않다.

사람의 이름에 관해 이야기하려면 몇 가지의 용어가 필요하다. 오늘날에는 다음과 같은 세 가지 가능성이 있다.

- 누구나 *이름(first name)*이 있다. (영어의) Michael이나 Mary 혹은 (프랑스어의) Antoine나 Amélie 같은 것들이다. 종종 *given name* 혹은 (기독교인인 경우) *Christian name(세례명)*으로도 불린다.
- 누구나 *성(surname)* 혹은 *family name*이 있다. (영어의) Smith, (독일어의) Klein, (중국어의) Wang 같은 것들이다. 여성이 태어나 갖는 성은 *maiden name(결혼 전의 성)*이라고 불린다.
- 하나 혹은 그 이상의 *가운데 이름(middle name)*을 갖는 사람도 많다. Michael James Smith 혹은 Mary Catherine Jane Williams의 경우처럼. 영어권에서는 Michael J. Smith와 같은 식으로 가운데 이름을 한 글자로 줄여 쓰기도 하는데, 특히 미국에서 이러한 성향이 강하다.

언어에 따라 호명 관습도 달라진다. 영국에서는 서로 이름을 부른다. 따라서 Michael James Smith라는 사람은 Michael로 불리는 것이 일반적이다. 한편 독일에서는 가운데 이름이 '부르는 이름(call name)'[독일어로는 Rufname : 'roof-nah-muh(루프나메)'로 발음]이다. 따라서 Johann Wolfgang Schmidt라는 사람은 Wolfgang으로 불리는 것이 일반적이다.

그렇다고 항상 그래왔던 건 아니다. 1,000년 전의 영국에서는 누구나 이름밖에 없었다. 다음은 앵글로색슨 시대의 대표적인 이름이다.

남성 : Edwin, Altfrith, Osric, Cynwulf, Alfred, Cadmon, Oswald

여성 : Waldgith, Edith, Frithild, Ethelfleda, Eadgifu, Elfrida, Hilda

동일한 이름을 가진 두 사람을 구별하고 싶은 경우에는 'Edwin the baker' 혹은 'Edwin from Derby'와 같은 식으로 달리 표현해야 한다. 중세 시대 사람들이 'Edwin Baker' 혹은 'Edwin Derby'와 같은 식의 표현을 일상화하기 시작하면서 점차 성(姓)에 대한 인식이 자리잡아갔다. 다음 예처럼, 많은 성이 당사자의 직업 혹은 출신지에서 유래하는 것도 비슷한 맥락에서다.

직업에서 유래한 성 : Potter(도공), Smith(대장장이), Cook(요리사), Taylor(재단사), Shakespeare['shook a spear(창을 휘두르는)' 군인]

출신지에서 유래한 성 : Hall, Norman['man from the north(북쪽에서 온 남자)'], Street, Wood

성을 만드는 또 다른 방법은 'John Long' 혹은 'John Short'의 경우처럼 당사자의 외모나 행동을 묘사하는 것이다. 다음과 같은 성이 등장한 것도 같은 배경에서다.

Black, Little, Young, Rich, Armstrong, Swift

뚜렷이 구별되는 특징이 없으면 아주 간단한 방법을 활용했다. 남자라면 누구의 '아들(son of)' 혹은 누구의 '친척(kin of)'이라고 해버리면 그만이었다. 여자라면 'Thomas(에게 속한) Mary', 즉 Mary Thomas라고 불렀다. 다음과 같은 성이 등장한 것도 같은 배경에서다.

Johnson, Robertson, Watkins, Nicholas

아이슬란드 사람들은 항상 부모와 연관시켜 호칭한다. 만약 내 이름이 Eric이고 내게 아들과 딸이 한 명씩 있다면 Ericsson과 Ericsdottir['Eric's daughter(에릭의 딸)']로 불린다.

때로는 특이한 성의 유래를 추적하기 위해 탐문수사가 필요하다. 어떤 사람이 Newman이라고 불린 까닭은 무엇이었을까? 아마도 그 지역에 새로 이주해왔기 때문이었을 것이다. 어떤 사람이 Palmer라고 불린 까닭은 무엇이었을까? 성지를 순례한 사람이 참배의 표시로 종려나무(palm)를 갖고 돌아왔기 때문이었다. 어떤 사람이 Leach라고 불린 까닭은 무엇이었을까? 의사로서 거머리(leech)를 이용하여 사람들을 치유했기 때문이었다.

일단 이름을 갖게 되면 특별한 일이 없는 한 그 이름이 평생 우리를 따라다닌다. 그렇다면 사람들로 하여금 이름을 바꾸게 만드는 특별한 일이란 어떤 경우를 말할까? 종교의식도 그중 하나다. 몇몇 나라에서는 기독교의 견진성사가 진행되는 동안 기존 이름(여기에서는 성명을 의미한다)에 성인의 이름을 덧붙인다. 또 어떤 사람은 개종하면서 이름을 바꾼다. 무슬림으로 개종한 후 Cassius Clay(캐시어스 클레이)라는 이름을 Muhammad Ali(무함마드 알리)로 바꾼 세계적인 복싱 영웅이 대표적인 예다. 여성이 성직자가 되는 경우 몇몇 종교에서는 새로운 이름을 얻기도 하는데, 심지어 남성 이름이 사용되기도 한다. 예를 들어 기독교에서는 수녀가 Sister Luke 혹은 Sister Bernard라는 이름으로 불리기도 한다. 그런데 Luke(누가)와 Bernard(버나드)는 모두 남자 성인이다.

사람들은 또한 현재의 이름이 마음에 들지 않거나 직업상 어울리지 않는다고 생각하면 이름을 바꾸기도 한다. 이처럼 직업상 갖게 되는 새로운 이름은 예명 혹은 *필명*(*pseudonym* : 'syoo-duh-nim'으로 발음)이라 불리며 주로 작가, 영화배우, 팝스타 등이 애용한다. 혹시 Charles Dodgson(찰스 도슨), Marshall Bruce Mathers(마셜 브루스 매서스), David McDonald(데이비드 맥도널드)라는 이름을 들어본 적이 있는가? 이보다는 아마 작가 Lewis Carroll[루이스 캐럴, 『이상한 나라의 앨리스(Alice in Wonderland)』], 팝스타 Eminem(에미넴), 배우 David Tennant(데이비드 테넌트, 「닥터 후」)에 훨씬 더 익숙할 것이다.

때로는 선택의 여지가 없다. 이미 다른 배우가 동일한 이름을 쓰는 경우 신인배우는 실명을 사용할 수 없어서 불가피하게 개명해야 한다. 그러지 않으면 엄청난 혼란을 초래할 수도 있기 때문이다. 미국의 영화배우 Michael J. Fox(마이클 J. 폭스)의 이름에 'J'가 더해진 것이나, 영국의 코미디언 David Walliams(데이비드 윌리엄스)가 'David Williams'라는 본명을 사용하지 못하는 것도 같은 이유에서다.

결혼은 성이 바뀌는 가장 흔한 '사건'이다. 여기에도 흔히들 생각하는 것보다 다양한 규칙 혹은 선택 방식이 있다.

- 전통적인 방식은 아내가 남편의 성을 취하는 것이다. Michael Smith라는 남성과 결혼하는 경우 Mary Williams는 Mary Smith로 바뀐다.
- 또 다른 방식은 아내가 남편의 성을 취하지만 결혼 전의 성을 가운데 이름으로 계속 사용하는 것이다. Michael Smith라는 남성과 결혼하는 경우 Mary Williams가 Mary Williams Smith로 바뀐다. 때로는 남편도 똑같은 방식을 좇아 Michael Williams Smith로 바뀐다. 이런 경우 두 사람은 자신들의 성을 이음표(-)로 연결함으로써 Mary Williams-Smith 및 Michael Williams-Smith라는 '이중으로 된(double-barrelled)' 성을 각각 가질 수도 있다.
- 또 하나의 대안은 아내가 가정에서는 남편의 성을 따르되 직장에서는 결혼 전의 성을 계속 사용하는 방식이다. 결과적으

로는 두 개의 성을 갖게 되는 셈인데, 주로 결혼 전의 이름이 세상에 잘 알려진 유명 여성이 취하는 방식이다.

- 아주 드물기는 하지만 남편이 아내의 결혼 전 성을 취하기도 한다. Mary Williams라는 여성과 결혼하는 경우 Michael Smith가 Michael Williams로 바뀐다.
- 자신의 성과 배우자의 성 중 하나만 선택하고 싶지 않은 경우에는 어떻게 해야 할까? 혹은 양쪽의 성을 모두 유지하되 굳이 선후를 가르고 싶지 않은 경우에는? 이런 문제에도 좋은 해결책이 있다. 최근 특히 미국의 신혼부부 사이에서 서로의 성을 맞물리게 하여 새로운 성을 만드는 방식이 유행하고 있다. Mary Williams라는 여성과 Michael Smith라는 남성이 결혼하는 경우 각각 Mrs Willsmith와 Mr Willsmith 혹은 Mrs Smithiams와 Mr Smithiams가 될 수도 있다.

'누구나 이름은 하나밖에 없다.' 맞는 말일까? 틀렸다. 대부분은 두 개 이상의 이름을 갖는다. 누구에게나 애칭과 별명이 따라다니기 때문이다. Elizabeth(엘리자베스)라고 불리는 누군가는 Liz(리즈), Lizzy(리지), Lisbet(리스벳), Beth(베스), Besty(베스티), Elsie(엘시) 등 여러 이름으로 불릴 수 있다. 물론 이러한 애칭은 가족이나 친구 사이에서만 통용된다. 그뿐만 아니라 엘리자베스는 별명도 가질 수 있다. 예를 들어 금발이면 Blondie(블론디)라고 불릴 가능성이 높다.

'nickname(별명)'은 중세 시대에 기원을 둔 단어로, 원래 형태는 'an eke name'이었다. 여기에서 'eke'('eek'로 발음)는 'also(또 다른)'를 의미했다. 당시 별명은 서로 특별한 관계임을 보여주는 여분의 이름이었다. 가까운 친구끼리 흔히 부르는 별명의 예를 몇 가지만 들어보면 다음과 같다.

Charles(찰스) → Chuck(척)*

Michael(마이클) → Spike(스파이크)**

머리카락이 붉은 사람 → Ginger(진저, 생강)***

성이 Murphy(머피)인 사람 → Spud(스퍼드, 'spud'와 'murphy'는 둘 다 감자를 지칭하는 속어다)

연인끼리는 보통 Sweetypie(스위티파이)와 Mouse(마우스) 같은 별명 혹은 애칭을 사용한다. 물론 별명이 늘 좋은 의미로만 사용되지는 않는다. 특히 아이들에게는 놀림의 수단이 되기도 한다. Piggy(뚱보), Porky(돼지), Four-Eyes(안경잡이) 등의 표현이 대표적이다.

이런 종류의 별명은 우리가 직접 선택하는 것이 아니라 우리 의사와 상관없이 다른 사람이 붙인 것이다. 학생은 교사의 별명을 짓는다. 저널리스트는 정치가의 별명을 짓는다. 악명 높은 범죄자도 종종 별명을 갖는데, Scarface Al Capone(스카페이스 알 카

---

* 북잉글랜드의 영어에서 상대방을 친근하게 대하는 호칭으로, 우리말의 '친구'쯤에 해당한다.

** 영국의 속어로, 국교회 사람을 경멸적으로 부르는 말('마이클'=천사 미카엘)이다.

*** 생강은 연한 적갈색을 띤다.

포네)*와 Jack the Ripper(잭 더 리퍼)**가 대표적인 경우다. Richard the Lionheart(사자심왕, 리처드 1세)***나 Merry Monarch(즐거운 군주, 찰스 2세)****의 경우처럼 왕이나 여왕에게도 별명이 있을 수 있다.

집단도 별명을 가질 수 있는데, 특히 대중에 노출된 단체가 그렇다. Tories(토리당원)란 누구를 칭하는가? 영국 보수정당의 지지자들이다.***** Gunners(구너스)는 누구인가? 축구 클럽 아스널을 말한다.****** 여러분은 종종 Marks and Sparks(막스 앤드 스팍스)로 쇼핑을 하러 가는가? Marks and Spencers(막스 앤드 스펜서스)로 말이다.******* 심지어는 도시나 주도 별칭을 가진다. 영국의 도시 중 Pompey(폼페이)라고도 불리는 곳은 어디일까? Portsmouth(포

---

* 20세기 초에 미국의 시카고를 중심으로 활약한 유명한 갱단 두목으로, 왼쪽 뺨에 난 칼자국 흉터 때문에 'Scarface[a person with a scarred face(얼굴에 흉터가 있는 사람)]'라는 별명을 얻었다.

** 1888년 영국 런던에서 최소한 다섯 명의 매춘부를 '갈기갈기 찢어(ripped)' 살해한 엽기적인 연쇄살인범으로, 직역하면 '찢는 자 잭' 혹은 '살인마 잭'쯤 된다. 여기서 Jack은 특정인을 가리키는 이름이 아니라 (James Smith의 경우처럼) 그저 'someone(아무개)'을 뜻하는 무작위의 단어다.

*** 십자군 원정에서 맹위를 떨친 영국 국왕 리처드 1세(1157~1199)는 사자의 심장을 가졌다는 의미로 '라이언하트', 즉 '사자심왕'으로 통했다.

**** 찰스 2세(1630~1685)는 망명생활을 하면서 예민한 정치적 감각을 익혔지만 천성적으로 게으르고 우유부단했다. 특히 도덕관념이 희박해서 수많은 정부(情婦)를 거느리며 열여덟 명에 달하는 서자를 두었지만, 그러한 도덕적 결함이 엄격한 청교도 시대를 거친 국민들로부터 오히려 환영받았다. 왕위 계승 등 여러 문제가 해결되지 않은 상태였지만 아주 행복한 말년을 보냈기에 그는 'Merry Monarch(즐거운 군주)'로 불렸다.

***** 토리당(Tory Party)과 휘그당(Whig Party). 찰스 2세 시대인 1618년부터 1681년 사이에 왕위 계승을 둘러싸고 격렬한 논쟁이 벌어졌다. 이 자격 논쟁에서 국교인 성공회가 아닌 가톨릭교도였던 국왕의 아우 요크 공작 제임스(훗날의 제임스 2세)의 즉위를 인정하는 사람들은 상대편으로부터 경멸적인 의미로 '토리(Tory)'라 불렸고, 반대로 즉위를 인정하지 않는 사람들은 상대편으로부터 경멸적인 의미로 '휘그(Whig)'라 불린 데서 연유하는 정당 이름. 아일랜드어 'toraidhe'에서 유래하는 'tory'는 '불량' 혹은 '도적'을 의미했고, 'whig'는 스코틀랜드어로 '모반자', 즉 '말 도둑'을 의미했다.

****** 축구 클럽 아스널(Arsenal) FC는 1886년 런던 남동쪽 템스 강 근처에 있던 군수공장의 노동자들에 의해 만들어졌다. 'arsenal'이란 '무기고' 혹은 '병기고'를 의미하기 때문에 'Gunners(총잡이)'라는 애칭으로도 불린다.

******* 'Marks and Sparks'는 영국의 유명한 고급 백화점 'Marks and Spencers'에 대한 애칭 혹은 별칭이다.

츠머스).* Lone Star State(론 스타 스테이트)는 어디를 가리키는 말일까? Texas(텍사스)**다.

우리가 직접 자신의 별명 혹은 별칭을 선택하는 상황도 있다. 인터넷에 가입할 때다. 채팅 그룹이나 페이스북 같은 소셜 네트워크에 접속하거나, 각종 블로그에 댓글을 달거나, 이메일을 보낼 때 우리는 자의로 닉네임 혹은 보다 일반적인 쓰임말로 '닉(nick)'을 택할 수 있다. 사이버 공간에서는 아주 다양하고 독창적인 닉네임이 돌아다닌다. 다시 말해 사람들은 다음 예처럼 스스로에게 온갖 종류의 기발한 이름을 부여한다.

Stardude, Crazybabe, Yoyo, Dave66, XXYYZZ

물론 이러한 닉네임은 굳이 발음해볼 필요조차 없다.

---

* 포츠머스도 이탈리아 남부에 위치한 항구인 폼페이처럼 내륙으로 들어가려면 반드시 거쳐야 하는 곳이라는 의미에서 'Pompey'라는 애칭이 붙었다.

** 주의 깃발에 별이 하나만 그려져 있기 때문에 'Lone Star(외로운 별)'라는 별칭을 갖게 된 듯하다.

여러분은 '알프 어 벳(ALF A BETT)'을 아는가?

작가는 작중인물의 성격을 반영하는 이름 만들기를 좋아한다. 찰스 디킨스는 Scrooge(스크루지=수전노), Pecksniff(펙스니프=위선자), Bumble(범블=갈팡질팡), Sweedlepipe(스위들파이프) 등과 같이 매우 인상적인 인물들을 보유하고 있다. 조앤 롤링(Joan K. Rowling)에게도 Hagrid(해그리드), Kettleburn(케틀번), Dumbledore(덤블도어), Sprout(스프라우트) 등등 그에 못지않은 막강한 인물들이 포진해 있다.

어떤 이름은 좋게 들리고 또 어떤 이름은 나쁘게 들리는데, 왜 그럴까? 일반적으로 [m], [n], [l]과 같은 연자음(soft consonant)은 [k]와 [g] 같은 경자음(hard consonant)에 비해 한결 부드럽게 들린다. 두 외계인 종족이 살고 있는 행성에 도착했다고 가정해보자. 한 종족은 Lamonians, 다른 종족은 Grataks라고 불린다. 어느 종족이 더 우호적으로 들리는가? 대부분은 Lamonians를 선택한다. 발음이 순하고 부드럽게 들리기 때문이다. 반면 Grataks는 왠지 험악하거나 위험하게 들린다.

사람들은 이름의 소리를 유희의 대상으로 삼는 것을 즐긴다. 말하자면 발음을 슬쩍 비트는 것이다. 유머집을 뒤져보면 다음과 같은 식의 재미있는 표현이 수두룩하다.

Chris Cross	**Jim Nasium**	**Mustapha Camel**
Dan D Lion	**Laura Norder**	**Noah Zark**
Dinah Mite	**Minnie Buss**	**Patty Cake**
Eva Brick	**Mona Lott**	**Stan Dupp**

CHAPTER 29

전자혁명

컴퓨터는 우리의 언어생활 방식을 완전히 바꿔놓았다. 생후 몇 년 동안 우리는 듣고 말하기만 하다가, 다섯 살 무렵이 되어서야 읽고 쓰는 법을 배웠다. 아주 극소수만 나이가 좀 더 들면서 타이프라이터로 타이핑하는 법을 배울 수 있었을 뿐이다. 그것이 전부였다. 그러다 어느 순간 갑자기 컴퓨터와 휴대전화가 보편화되면서 이제는 수많은 사람들이 키보드와 키패드(keypad)*로 서로 전자 대화를 한다. 심지어는 어린아이도 이 대열에 동참한다. 내가 아는 몇몇 세 살배기 아이는 키보드에서 자신의 이름 글자를 찾아내어 그것을 모니터에 띄울 수 있다. 아직 글쓰기를 배우지

* 컴퓨터 등에 쓰이는 일반적인 키보드와 달리 휴대전화에서 사용할 수 있도록 알파벳 등의 문자와 숫자를 조합한 특수 소형 키보드.

않았는데도 타이핑할 수 있다는 사실이 놀라울 따름이다.

타이핑 속도는 처음에는 느리지만 익숙해지면 금세 빨라진다. 일단 능숙한 타자수가 되고 나면 옛날의 타이프라이터로는 상상도 할 수 없었던 일을 할 수 있다. 손가락을 이용한 정상적인 대화가 가능해진 것이다. 이런 대화의 예를 살펴보자. 제인(Jane)과 에릭(Eric)은 지금 컴퓨터로 실시간 메시지 교환(instant messaging)*을 하고 있다.

제인 : hi(안녕)

에릭 : hi(안녕)

제인 : gotta mo(잠깐 시간 괜찮아)?

에릭 : sure(물론)

제인 : thought u might b(혹시나 했지)

제인 : havin a bath(목욕 중인가 하고 말이야)

에릭 : no(천만에)

에릭 : had one last week(지난주에 했걸랑)

제인 : ☺

에릭 : or was it last month(아니 지난달이었나)??!!

에릭 : cant rememebr(기억이 안 나네)

---

* 메신저 서비스. 사용자가 메신저 서버에 접속되어 있을 때, 사용 중인 개인용 컴퓨터에 착신 메시지를 표시해주고 이것을 받은 사용자는 곧 반송할 수 있게 만든 서비스를 말한다. 이메일은 상대방이 열어보기 전에는 전달되지 않지만, 메신저 서비스는 보내는 즉시 상대방의 화면에 표시된다. 따라서 빠른 속도로 대화할 수 있으며, 이런 작용을 가능하게 만드는 시스템을 통틀어 인스턴트 메신저(instant messenger)라고 한다.

두 사람의 메시지 교환은 채 30초도 걸리지 않았다. 물론 얼굴을 직접 맞댄 대화보다야 훨씬 느리지만 그래도 상당한 속도다.

두 사람의 문자 대화 어투에서 제인과 에릭이 젊은층이라는 사실이 쉽게 확인된다. 두 사람은 아주 간편하고 참신한 방식으로 채팅을 하고 있을 뿐만 아니라 'hi', 'gotta, mo(=moment)' 등 'g'를 생략한 'havin'의 경우처럼 마치 말하듯 철자한다. 그리고 'u(=you)'와 'b(=be)'처럼 인터넷 약어(internet abbreviation)가 사용된다. 에릭은 'remember'를 'rememebr'로 잘못 입력했다. 두 사람 모두 문장의 첫 글자를 대문자로 입력하는 번거로움을 피했다. 게다가 표준 구두점도 따르지 않는다. 'cant'의 아포스트로피(apostrophe)는 물론 문장 끝의 마침표도 생략했다. 심지어 에릭은 한곳에 여러 개의 문장부호를 사용하는가 하면('??!!'), 제인은 화면에 스마일리(smiley)*, 즉 이모티콘(emoticon) 형태로 표시되는 특이한 부호를 사용하기도 한다.

어떤 사람들은 이 대화를 보고 제인과 에릭은 영어 구사에 아주 서툰 사람들이라고 단정하면서 이렇게 말할지도 모른다. "구두점은 물론 대문자 사용법도 모른다. 심지어 에릭은 remember라는 아주 평범한 단어조차 제대로 철자하지 못한다. 정말이지 끔찍하다!" 그들의 생각이 옳을까?

천만에. 그렇지 않다. 나는 우연한 기회에 이들 두 사람과 알고 지내게 되었다. 얼마 전에는 제인이 내게 다음과 같이 시작되는

* 키보드의 문자 조합. 얼굴 표정과 관련된 여러 감정을 전달하기 위해 디자인된 것으로 '이모티콘'이라고도 불린다.

편지를 보내오기도 했다.

> Dear David(데이비드 선생님께),
>
> Thank you very much for your message of a few days ago. I'm sorry I haven't been able to answer it until now, but I've been on holiday(며칠 전에 보내주신 메시지는 고맙게 받아보았습니다. 이제야 답신을 보내드려 죄송하기 그지없습니다. 사실 그동안 휴가 여행을 다녀왔답니다).

보다시피 제인은 구두점과 아스트로피의 사용법을 정확히 알고 있다. 그녀의 편지 전문에서 단 하나의 철자 오류도 발견되지 않았다. 따라서 그녀는 분명 표준 영어를 구사할 수 있다. 그건 에릭도 마찬가지다. 사실 에릭은 '인간적 삶'에 관한 글을 쓰는 유명한 작가다.

앞의 대화에서 보여주듯 제인과 에릭은 현재 컴퓨터에 어울리는 새로운 형태의 글쓰기를 익히는 중이다. 실시간 메시지 교환의 주안점은 대화의 진행 속도로, '즉각적인, 실시간의'라는 수식어가 붙는 것도 같은 이유에서다. 대화 참가자는 추가로 키를 누르느라 시간을 낭비하지 않는다. 문장이 다시 시작될 때마다 대문자를 찾아 키보드의 시프트(shift)키를 누르다 보면 당연히 대화 속도가 느려질 수밖에 없다. 문장의 의미만 통하면 구두점도 과감히 생략해버린다. 비슷한 맥락에서 그들은 단어를 인식하는 데 큰 어려움만 없으면 타이핑 오류를 수정하느라 시간을 낭비하지도 않는다. 무엇을 뜻하는지가 분명하기 때문에 에릭은 'rememebr'를 그대로 둔 것이다.

앞의 대화에서 완전히 새로운 형태의 언어 사용 방식을 보여주는 예를 확인할 수 있다. 이모티콘이 바로 그것이다. 만약 이것이 얼굴을 맞댄 대화라면 제인이 어떤 식으로 반응했을지 짐작하기는 그리 어렵지 않다. 그녀는 웃었을 것이다. 이제 그녀는 문자로 웃을 수 있다. 스마일리 기호를 사용해서. 그녀는 자신의 감정을 표현할 단어를 찾느라 머리를 굴려야 하는 수고를 덜 수 있었다. 'ha ha(하하)' 혹은 'lol'['laughing out loud(크게 웃음)', 발음은 'lol(롤)'과 'elle-oh-ell(엘오엘)' 둘 다 가능] 같은 약어를 사용할 수도 있지만 메시지 송신자의 의도가 보다 직접적으로 전달되기 때문에 스마일리, 즉 이모티콘이 애용된다.

단번에 문장이 완결되지 못하고 몇 개의 청크(chunk)*로 나뉘어 표시되는 점 또한 눈길을 끈다. 다음 예문이 그런 경우다.

제인 : thought u might b(혹시나 했지)

제인 : havin a bath(목욕 중인가 하고 말이야)

메신저 서비스 이용자는 실시간 대화에서 가급적 짧은 형태의 메시지를 선호한다. 하나의 청크가 여섯 개 혹은 일곱 개 이상의 단어로 이루어지는 경우는 극히 드물다. 문장이 길어지는 경

* 언어 학습자가 한꺼번에 하나의 단위처럼 배울 수 있는 단어들의 덩어리.

우에는 보통 몇 개의 작은 단어 뭉치로 쪼갠다. 다음은 두 사람 간에 이루어진 실시간 메시지 교환의 또 다른 예다.

제인 : i just wanted to know(난 그저 알고 싶을 뿐이야)

제인 : if youve finished with the dvd(DVD 다 봤는지)

제인 : u borrowed last week(지난주에 네가 빌려간 것 말이야)

제인 : cos Emma would like to see it(당연히 엠마도 보고 싶어 하거든)

이런 식의 메시지 전달법은 상대방이 언제라도 끼어들어 자신의 의사를 표시할 수 있게 해준다. 제인이 의도하는 말뜻을 알아챘을 경우 에릭은 다음과 같이 중간중간 자신의 생각을 피력했을 수도 있다.

제인 : I just wanted to know(난 그저 알고 싶을 뿐이야)

제인 : if youve finished with the dvd(DVD 다 봤는지)

에릭 : yes(다 봤어)

제인 : u borrowed last week(지난주에 네가 빌려간 것 말이야)

에릭 : it was great(끝내주더라)

제인 : cos Emma would like to see it(당연히 엠마도 보고 싶어 하거든)

아주 이상하게 보이는 대화다. 얼굴을 맞댄 대화에서는 좀처럼 이루어지기 힘든 방식이다. 그뿐만 아니라 우리가 흔히 소설이나 희곡에서 접할 수 있는 그 어떤 형태의 문어적 대화와도 구별된다. 마치 두 사람이 동시에 말하고 있는 것 같다. 하지만 의사소통에는 전혀 문제가 없다. 일단 이런 방식의 컴퓨터 대화에 익숙해지고 나면, 정작 채팅하는 당사자는 자신이 어떤 식으로 이야기를 엮어나가는지 전혀 의식하지 못한다.

메신저 서비스를 이용한 대화, 즉 실시간 메시지 교환도 컴퓨터의 등장으로 가능해진 새로운 의사소통 방식 중 하나에 불과하다. 또 다른 방식으로는 다음과 같은 것들이 있다.

- 이메일을 보낼 수 있다.
- 채팅룸에 접속할 수 있다.
- 블로그에 글을 올릴 수 있다.
- 페이스북과 같은 소셜 네트워크에 접속할 수 있다.
- 트위터와 같은 시스템을 이용하여 짧은 메시지를 보낼 수 있다.
- 문자메시지를 주고받을 수 있다.
- 웹 페이지를 검색할 수 있다.
- 온라인 게임을 할 수 있다.
- 컴퓨터를 전화기처럼 사용할 수 있다.

놀라운 점은 이 모든 가능성이 극히 최근에 이루어졌다는 사실이다. 월드와이드웹(World Wide Web, WWW)은 1991년에 개발되었다. 1990년대 중반까지는 이메일 교환이 불가능했다. 구글 같은 검색 시스템이 등장한 것은 1999년경이다. 문자메시지가 가능해진 것은 20세기 말이다. 그리고 그 직후부터 비로소 블로깅(blogging)*이 보편화되었다. 페이스북은 2004년에, 트위터는 2006년에 출발했다. 다시 말해 – 내가 이 책을 집필하고 있는 시점은 2009년이다 – 우리가 현재 온라인상으로 행하고 있는 대부분은 불과 10년 남짓한 기간 동안 가능해졌다. 그런데도 마치 영원히 우리와 함께 존재해왔다는 느낌을 준다.

물론 젊은 세대에는 분명 처음부터 함께 존재해온 것들이다. 10대는 인터넷이 없는 세상을 기억하지 못한다. 태어나면서부터 인터넷을 접했고, 인터넷과 더불어 성장해왔기 때문이다. 이들은 마치 모국어를 습득하듯이 자연스럽게 컴퓨터로 말하고 쓰는 법을 배웠다. 하지만 그보다 나이가 많은 세대에는 결코 쉬운 일이 아니었다. 컴퓨터를 이용한 대화에 익숙해지는 것은 외국어를 배우는 것과 다를 바 없으니, 충분히 이해하고도 남는다.

실제로도 '언어'를 배운다는 표현이 아주 적절할 것 같다. 컴퓨터를 통한 의사소통에서도 다양한 문체가 등장하기 때문이다. 이메일을 주고받거나, 블로그에 댓글을 달거나, 문자메시지를 보낼 때 우리는 보통 각각 다른 글쓰기 방식을 택한다. 어떤 경우에는 소프트웨어가 그렇게 하도록 강요한다. 예를 들어 트위터를 이용한 메시지 전송에서는 라틴어 알파벳으로 140자 이내, 문자메시지에서는 그보다 조금 많은 160자 이내로 제한된다. 이 말은 곧 글자 수의 제한이 없는 블로그에 글을 쓰거나 페이스북 포

* 블로그(blog)는 'weblog' 혹은 'web log'의 약어다. 느낌이나 자신이 품어온 생각, 알리고 싶은 견해나 주장 같은 것을 웹에 올려 다른 사람도 보고 읽을 수 있게 열어놓은 글모음을 말한다. 블로그를 소유하여 관리하는 사람을 블로거(blogger), 이런 활동을 블로깅이라고 한다.

럼에 메시지를 보내는 경우에는 글쓰기 방식이 완전히 달라질 수 있음을 의미한다.

전자 언어 혹은 컴퓨터 언어가 일반 언어와 어떻게 다른지를 좀 더 면밀히 살펴보기 위해, 다음 챕터에서는 현재 가장 보편적인 통신수단으로 자리잡아가고 있는 문자메시지를 다루려 한다.

고함치지 마라!

만약 다음과 같은 메시지를 받는다면 당신은 어떤 생각부터 들겠는가?

> WILL YOU BRING MY DVD ROUND PLEASE. TED(제발 내 DVD 돌려줘. 테드)

모조리 대문자여서 화들짝 놀랄 것이다. 마치 테드가 고함치고 있는 것 같은 느낌을 준다. 화가 난 걸까? 뭔가에 토라진 걸까?

실제로는 테드가 실수로 대문자 전환키(caps lock)를 잘못 누르는 바람에 이런 상황이 발생했을 가능성이 높다. 아마도 테드는 이런 작은 오류가 상대방에게 얼마나 큰 심적 부담이 될지 전혀 모르고 있을 것이다.

컴퓨터에서 이런 식으로 고함지르는 행위는 네티켓(netiquette)* 에 어긋난다. 더군다나 대문자는 읽기도 불편하다. 컴퓨터의 문체 매뉴얼(style manual)은 실제로 그런 의도가 없다면 이런

---

* '네트워크(network)'와 '에티켓(etiquette)'의 합성어로, 사이버 공간에서 지켜야 할 예절을 말한다. 우리나라에서는 2000년 6월 15일에 정보통신윤리위원회에서 '네티즌 윤리강령'을 선포했으며, 일부 중·고등학교에서는 네티켓 교육을 실시하고 있다.

식의 표현은 가급적 피하라고 권고한다.

물론 의미를 강조하기 위해 특정 단어를 대문자로 표기할 수는 있다. 따라서 다음과 같은 메시지는 전혀 문제될 게 없다.

I thought the film was GREAT(내 생각에 그 영화는 굉장했다).

이 밖에도 다음 예문처럼 글꼴을 바꾸거나, 글자 간격을 띄우거나, 별표나 하이픈 같은 부호를 사용하여 특정 단어를 강조하는 등 다양한 방법이 있다.

I thought the film was **great**.

I thought the film was g r e a t.

I thought the film was *great*.

I thought the film was _great_.

이 중 어느 것이 가장 일반적이라고 말하기는 어렵다. 온라인 투표로 결정하는 것은 어떨까? (나는 별표 사용을 지지한다.)

CHAPTER 30

문자메시지

“이건 완전히 새로운 언어다. 도무지 한마디도 이해할 수가 없단 말이야!”

언젠가 문자메시지*를 두고 누군가가 한 말이다. 불평이 이어졌다.

“계속 이런 추세로 나가다간 머지않아 젊은이들이 철자법을 깡그리 잊어버리는 지경까지 이르게 될지도 모르겠어.”

어쩌면 지금 이 책을 읽고 있는 여러분이 위에서 언급된 부류의 젊은이인지도 모른다. 그렇다면 질문을 던져보자. 실제로 그

* texting 혹은 text-messaging. 휴대전화의 부가 서비스로, 짧은 문장을 상대방에게 보낼 수 있는 기능을 말한다. 이 서비스는 '제어통신로(control channels)'를 사용하기 때문에 음성 통화를 하는 도중에도 문자메시지를 수신할 수 있다. 다만 문자메시지의 길이는 160자로 제한된다.

런가? 아마도 여러분은 대부분 문자메시지를 주고받을 것이다. '통신 약어(textese)'*는 정말로 새로운 언어인가? 그리고 여러분은 정말로 철자법을 모르는가?

전문적인 언어학자 입장에서 세심하게 분석해보면 문자메시지에 사용되는 문장 또한 몇몇 사람이 우려하는 것처럼 결코 기괴하지 않다는 사실을 확인할 수 있다. 다음은 실제로 사용된 문자메시지에서 발췌한 문장들이다.

u 2. Glad journey went OK(당신도요. 즐거운 여행이었다니 나도 기뻐요).

what r u saying(무슨 말이에요)?

Landed safely. On way to town. xxx(무사히 도착했어요. 마을로 가는 중. 쪽쪽쪽)

i'll b there by 7(7시까지 거기로 갈게요)

we've just had a drink with Jon(우리는 방금 존과 한잔했걸랑요)!!!!

과연 누가 이런 문자메시지를 보낼까? 모든 연령대의 사람들이다. 첫 문장과 마지막 문장은 10대가, 나머지 문장은 40~50대가 사용했다.

다음은 또 다른 유형의 예문이다. 누가 보낸 건지 생각해보라.

Tropical Storm Barry (Atlantic) has formed, located 320

---

* 문자메시지, 메신저 서비스, 채팅룸 등에서 사용되는 격식을 갖추지 않은 약어를 일컫는 용어로, 단문 메시지 서비스(SMS) 언어라고도 부른다.

miles (520 km) Southwest of Tampa Florida[플로리다 주 탬파 남서쪽 320마일(520킬로미터) 지점에서 열대성 폭풍 배리(대서양)가 형성되었음].

Barack has chosen Senator Joe Biden to be our VP nominee (버락은 상원의원 조 바이든을 부통령 후보로 선택했습니다).

첫 번째 문장은 미국 기상관측소에서 보낸 문자메시지로, 폭풍이 몰려오고 있음을 경고하고 있다. 두 번째 문장은 2008년 8월 버락 오바마의 대선 캠프에서 보낸 문자메시지로, 유권자에게 러닝메이트가 누구인지를 알려준다. 이 두 문장에는 문자메시지라고 하면 으레 연상되는 축약어가 전혀 등장하지 않는다. 더군다나 표준 철자법을 준수하며 대문자와 구두점의 사용도 정확하다.

사실 현재 전 세계에서 사용되고 있는 문자메시지 대부분은 이와 크게 다르지 않다. 라디오 및 텔레비전 방송국, 학교, 가게와 기업체, 종교 단체, 정부 기구 등 다양한 조직에서 문자메시지를 보낸다. 이런 메시지는 현재 지구상에 퍼져 있는 각종 정보를 제공하며 우리의 반응을 유도한다. 공적 메시지에는 'c u l8r'[see you later(나중에 봐)]와 같은 약어가 거의 등장하지 않는다. 실제로 대부분의 기관은 메시지 송신자에게 약어 사용을 엄격히 금하고 있다. 자칫 오해를 불러올 수도 있다는 사실을 잘 알고 있기 때문이다.

심지어는 10대가 사용하는 문자메시지도 몇몇이 우려하는 것처럼 그렇게 심각한 정도로 일상적인 어법에서 벗어나지 않는다. 누구나 직접 실험을 통해 확인할 수 있다. 먼저 현재 문자메시지로 통용되는 문장 몇 개를 수집하여 거기에 포함된 단어를 세어보라. 그런 다음 'c', l8r', 'msg(message)' 등과 같은 통신 약어의 수를 세어, 그것이 전체 단어 개수에서 차지하는 비율을 따져보면 된다. 과연 어떤 결과가 나올까? 10대가 보낸 두 개의 생일 축하 문자메시지를 분석해보자.

happy birthday 2 u. hope this day is the best and all ur wishes come true. love and kisses from me and tom(생일 축하해. 오늘 최고로 멋진 날 보내길 바라고 너의 모든 소망이 이루어지길 기원한다. 사랑과 키스를 담아 나와 톰이)

hey 1 year older now. does that mean a yr smarter? have a gr8 day. light the candles. cut the cake. dance and shake. luv from all @ the club(헤이 한 살 더 먹었네. 그러니 그만큼 더 똑똑해져야겠지? 멋진 하루 보내길. 촛불도 켜고. 케이크도 자르고. 춤추며 흔들어대는 거야. 클럽 회원 일동이 사랑을 담아)

문자메시지 약어(총 8개)	정상적인 단어 (총 45개)			
u	happy	wishes	older	candles
2	birthday	come	now	cut
ur	hope	true	does	cake
yr	this	love	that	dance

gr8	day	kisses	mean	shake
luv	is	from(×2)	smarter	club
@	the(×4)	me	have	all(×2)
l	best	tom	a(×2)	year
	and(×4)	hey	day	light

이것이 전형적인 결과다. 사용된 통신 약어의 수는 전체 단어 중 극히 일부분에 불과하다. 그 비율은 보통 10~20퍼센트다. 예상치 못한 결과에 놀라는 사람도 적지 않을 것이다.

더구나 '새로운' 약어들이 실제로는 전혀 새롭지 않다는 사실을 알고 나면 놀라움이 배가될 것이다. 이를테면 'you'를 대신하는 'u'와 'great'를 대신하는 'gr8'는 오로지 휴대전화용으로 극히 최근에 탄생한 약어일까? 천만에. 전혀 그렇지 않다. 200년 전의 사람들도 같은 유형의 약어를 사용했다. *리버스*(*rebuses* : 'ree-buses'로 발음)*라고 불린 게임이 바로 그것으로, 영국의 빅토리아 여왕도 그 게임을 즐겼다고 한다. 특히 19세기에 유행했는데, 영국의 작가이자 수학자인 루이스 캐럴은 아이들에게 보내는 편지에서 리버스를 사용했다.

어린 시절 크리스마스 때마다 즐겨 했던 퍼즐 놀이에는 그림

---

* 그림으로만 구성된 메시지에서 그림으로 표기된 어휘의 의미는 버리고 발음만 사용하는 표기법. 리버스라는 명칭은 라틴어의 인용구[non verbis sed rebus(not with words but with things, 단어가 아니라 사물로)]에서 유래된 것으로, 유럽의 예술과 문학에서 흔히 등장한다. 레오나르도 다 빈치(1452~1519)는 수수께끼 그림인 리버스를 그렸고, 영국 작가 벤 존슨(1572~1637)은 연극에서 이를 풍자했다. 영어에서 리버스가 최초로 사용된 것은 1605년 무렵이며, 영국의 골동품 수집가이자 역사학자인 윌리엄 캠든(1551~1623)은 리버스를 '말의 기발한 상상력을 표현하기 위해 위트가 부족한 사람이 그림을 이용하는 것'이라고 정의했다.

과 표의문자가 섞여 있었는데, 지금 생각해보니 그것도 일종의 리버스였다. 리버스 게임은 '챕터 17'에서 살펴본 초기 문자 체계에서 사용한 것과 비슷한 방식이다. 다음과 같은 일련의 기호를 보고 그 의미를 풀어내느라 골머리를 앓던 기억이 아직도 생생하다.

YY U R YY U B I C U R YY 4 ME

마지막 단어를 제외하고는 모두 글자와 숫자로 표기된 표의문자로, 나이가 지긋한 사람이라면 누구나 한 번쯤 본 적이 있을 것이다. 영어로 옮겨보면 다음과 같다.*

too wise you are, too wise you be, I see you are too wise for me(당신은 너무나 현명하고, 앞으로도 그럴 겁니다. 나는 당신이 내게 너무나 과분한 사람임을 알고 있습니다)

따라서 통신 약어가 '새로운 언어'라는 말은 옳지 않다. 영어 문자메시지에서 흔히 등장하는 약어는 거의 대부분 오래전부터 언어에 편입되어 있었다. 이러한 현상은 다른 언어에도 적용된다. 'laughing out loud(큰 소리로 웃음)'를 대신하는 'lol'이나 'be right back(곧 돌아올게)'을 대신하는 'brb'의 경우처럼 완전히 새로운 약어는 극히 드물다.

---

* Y가 두 개 겹치므로 two Ys로 읽으면 too wise와 발음이 비슷해진다. 그리고 U는 you를, R은 are를 표기한 것이다.

물론 과거의 사람들이 그랬듯이 문자메시지를 애용하는 오늘날의 젊은이도 약어를 말장난의 도구로 삼는다. 그들은 새로운 약어를 즐겨 만들어내는데, 이때 기발함 혹은 참신함의 정도가 심할수록 즐거움도 더 커진다. 다음은 내가 수집한 '기발한' 약어들 중 몇 가지다.

imo	in my opinion(내 생각에는)
imho	in my humble opinion(내 짧은 생각에는)
imnsho	in my not so humble opinion(굳이 짧다고만 볼 수 없는 내 생각에 따르면)
imhbco	in my humble but correct opinion(짧지만 옳다고 판단되는 내 생각에 따르면)
rotfl	rolling on the floor laughing(바닥을 데굴데굴 구르면서 웃음)
rotflol	rolling on the floor laughing out loud(바닥을 데굴데굴 구르면서 크게 웃음)
rotfluts	rolling on the floor laughing unable to speak(바닥을 데굴데굴 구르면서 말도 못하고 웃음)
rotflmao	rolling on the floor laughing my ass off(바닥을 데굴데굴 구르면서 배꼽이 빠지도록 웃음)

이런 유형의 새로운 약어를 한데 모아 사전 형식으로 엮은 책자도 있긴 하다. 하지만 일상적으로 주고받는 문자메시지에 이런

약어가 등장하는 경우는 거의 없다고 해도 무방하다.

문자메시지를 주고받기 시작하면서부터 사람들이 약어를 애용하게 된 까닭은 무엇일까? 무엇보다도 시간과 에너지를 절약해주기 때문이다. 당연한 말이지만 'you'보다는 'u'를 입력하는 것이 훨씬 더 빠르다. 물론 같은 이유에서 채팅방이나 이메일 같은 또 다른 영역의 컴퓨터 의사소통에서도 이와 비슷한 형태의 약어를 사용한다.

또 다른 이유도 있다. 그저 재미있기 때문이다. 사람들은 글자를 생략하거나 '8'이나 '@'과 같은 문자로 글자를 대신하는 등, 마치 철자 놀이를 하듯 단어나 문장을 약간씩 비틀면서 묘한 즐거움을 느낀다. 이것은 다른 형태의 글쓰기에서는 불가능한 언어유희다.

바로 이 대목에서 중요한 사실 하나를 다시 상기시키고자 한다. '챕터 9'에서 언급한, 필요에 의한 특정 글자의 생략은 생략되는 지점에 원래는 해당 글자가 있었다는 사실을 알고 있다는 것을 전제하는 경우라야 가능하다. 다시 말해 철자법을 모르고는 문자메시지도 제대로 보낼 수 없다. 글자와 소리의 상관관계를 알아야만 'gr8'나 '2day' 같은 약어를 사용할 수 있다. 문자메시지에 능숙한 사람은 철자법에도 능숙하다는 말이 결코 과장된 표현은 아니다.

어쩌면 문자메시지에 능수능란한 사람은 창의성이 풍부하다고 말할 수 있다. 이것은 문자메시지 언어를 다루고 문자메시지 시를 짓는 방식에서 입증된다. 다음 경우처럼 유명한 책과 영화의 제목도 언어유희의 대상이 된다.

ChRlE & t chocl8 factrE*

Alice in 1derl&**

그뿐만 아니라 현재 전 세계적으로 다양한 문자메시지 시 경연 대회가 열리고 있다. 내 생각에 그중에는 특출한 작품도 많다. 최근 오스트레일리아의 한 학교에서는 5~12세 아동을 대상으로 한 경연 대회***가 열렸다. 다음은 참가작 중 하나로, 내가 가장 좋아하는 문자메시지 시이기도 하다.

quick hurry up & txt me(어서 서둘러 내게 문자메시지 날려줘)
tell me u luv me(나를 사랑한다고 말해줘)
tell me how much u want me(나를 간절히 원한다고 말해줘)
tell me im da 1(내가 당신이 원하는 그 사람이라고 말해줘)
oops wrong prsn(이걸 어째! 다른 사람에게 전송해버렸네)
i sent it 2 my mum(하필이면 그것도 내 엄마에게)

휴대전화의 한정된 화면상에서 배열 상태까지 고려해가며 제한된 160자 이내로 시 한 편을 쓴다는 것은 여간 어려운 일이

---

* 영국의 소설가 로알드 달(1916~1990)의 『찰리와 초콜릿 공장(Charlie and the Chocolate Factory)』.
** 루이스 캐럴의 『이상한 나라의 앨리스(Alice in Wonderland)』.
*** 오스트레일리아 남동쪽에 위치한 섬인 태즈메이니아에서 2003년에 개최된 문자메시지 시 경연 대회.

아니다. 원하지 않으면 굳이 약어를 사용할 필요는 없다. 사실 뛰어난 작품들 중 상당수는 철저히 표준 영어 철자법을 따른다. 다음은 2005년 BBC 텔레비전 프로그램에 소개된 작품으로, 웨일스에서 들을 수 있는 악센트와 방언을 소재로 삼고 있다.

This is my voice(이것은 내 목소리다)
The voice of my family(내 가족의 목소리)
The voice of my friends(내 친구들의 목소리)
The voice of my town(내 고향 마을의 목소리)
The voice of my past(내 과거의 목소리)
The voice of my future(내 미래의 목소리)
The voice of my heart(내 심장의 목소리)
This is one of the voices of Wales(이것은 웨일스의 다양한 목소리 중 하나다)

이 작품은 띄어 쓴 부분을 제외하고 총 144자로 구성되어 있다.

물론 엄격하게 제한된 최초의 시가 형식이 문자메시지 시라는 말은 아니다. 수 세기 전 일본 시인이 즐겨 사용한 *하이쿠(haiku)**를 대표적인 예로 꼽을 수 있다. 하이쿠는 순간의 경험을 포착한 아주 짧은 시로, 보통 17음절과 3행을 넘지 않는다. 다음은 하이쿠를 영어식으로 재현해본 것이다.

---

* 일본의 전통 단시. 특정한 달이나 계절의 자연에 대한 시인의 생각과 정서를 표현한 서정시다.

sunflash of sea birds(바닷새들의 금빛 향연)

flying beyond the horizon(수평선 너머로 날아간다)

time to move on(시간을 매단 채)

독자 여러분도 한번 시도해보시길.

다른 나라의 문자메시지

영어권 밖의 사람들은 어떤 식으로 문자메시지를 주고받을까? 별반 다르지 않다. 그들 역시 글자를 생략하거나 숫자로 발음을 대신한다.

'thank you(고맙습니다)'에 해당하는 프랑스어 단어는 'merci'('mare-see'로 발음)다. 그런데 'six'에 해당하는 프랑스어는 영어 단어와 그 모양새가 비슷하지만 발음이 다르다(보통 'see'로 발음). 따라서 프랑스어로 문자메시지를 주고받는 사람들은 종종 'merci'를 'mr6'로 표기한다.

'attention(주의)'에 해당하는 독일어 단어는 'Achtung'이다. 그리고 'eight'에 해당하는 독일어 단어는 'acht'다. 따라서 독일어로 문자메시지를 주고받는 사람은 종종 'Achtung'을 '8ung'으로 표기한다.

'greeting'(인사말)에 해당하는 스페인어 단어는 'saludos'('saloo-doss'로 발음)다. 그리고 'two'에 해당하는 스페인어 단어는 'dos'('doss'로 발음)다. 따라서 스페인어로 문자메시지를 주고받는 사람은 종종 'saludos'를 'salu2'로 표기한다.

'now(지금)'에 해당하는 웨일스어 단어는 'nawr'인데, 발음은 영어와 비슷하지만 'r'이 붙어 있다. 그리고 'nine'에 해당하는 웨일스어 단어는 'naw'다. 따라서 웨일스어로 문자메시지를 주고받는 사람들은 종종 'nawr'를 '9r'로 표기한다.

CHAPTER 31

놀이 언어

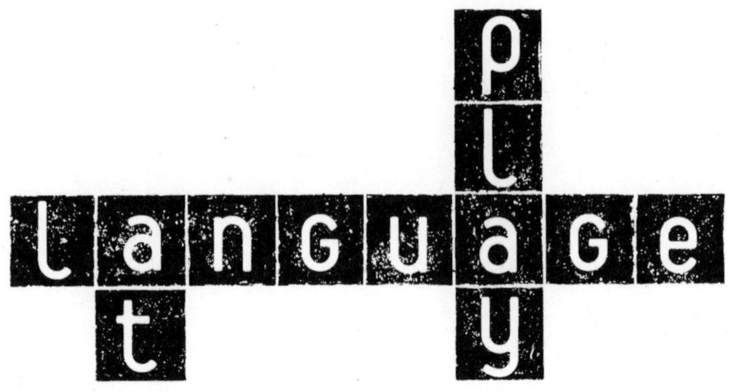

문자메시지는 사람들이 언어유희에 얼마나 쉽게 매료될 수 있는지를 분명하게 보여준다. 휴대전화가 개발되고 불과 얼마 지나지 않아 사람들은 문자메시지를 주고받으며 단어의 정상적인 철자를 비틀어대기 시작했다. '챕터 30'에서 살펴보았듯이 그로부터 다시 오래지 않아 사람들은 문자메시지 시에 도전하기에 이르렀다. 그런데 그것도 또 다른 시작에 불과했다. 중국이나 일본 같은 몇몇 나라에서는 현재 수백만 명이 가장 최근의 연재소설을 문자메시지를 통해 매일 받아보고 있다.

우리는 스스로 언어유희를 좋아할 뿐더러 다른 사람의 언어유희도 즐겨 감상한다. 언어유희의 방법은 수백 가지에 달한다. 이 책에서 논의된 모든 언어 영역이 놀이의 대상이 될 수 있지만 그중에서도 특히 소리와 글자, 혹은 이 둘의 상관관계가 애용된다.

주변에서 늘 재미있고 우스꽝스러운 목소리가 들린다. 목소리의 주인공은 호머 심슨(Homer Simpson)*, 알리 지(Ali G)**, 벅스 버니(Bugs Bunny) 등 텔레비전이나 영화를 통해 접하는 수많은 캐릭터일 수도 있다. 학생이 선생님의 목소리를 흉내내기도 한다. 남자아이가 같은 반 여학생의 목소리를 흉내내거나 그 반대의 경우도 가능하다. 누군가가 갑자기 미국식으로 발음하거나(당사자가 영국인인 경우) 반대로 영국식으로 발음하고(당사자가 미국인인 경우), '무식한 촌놈(country yokel)'이나 해적의 과장된 목소리로 떠벌릴 수도 있다. 어릴 때부터 성대모사에 유달리 특출한 재능을 보이는 사람도 있는데, 그들 중 일부는 훗날 배우나 텔레비전에 출연하는 성대모사 전문가가 되기도 한다.

소리 혹은 발음을 대상으로 삼는 또 다른 형태의 언어유희는 다의어나 동음이의어를 이용하는 방법이다. 이른바 '펀(pun)'***은 특정한 의미를 지닌 하나의 단어를 취한 다음, 발음은 같지만 의미가 전혀 다른 또 하나의 단어로 그것을 대체할 때 이루어진다. 예를 들어보자.

> You shouldn't write with a broken pencil because it's pointless[요령부득이기 때문에 (심이) 부러진 연필로 글을 써서는 안 된다].

---

* 1989년 미국에서 제작된 애니메이션 시리즈 「심슨 가족(The Simpsons)」에 등장하는 인물.

** 영국의 인기 텔레비전 프로그램 「다 알리 지 쇼(Da Ali G Show)」의 진행자.

*** 발음은 같거나 비슷하지만 뜻이 전혀 다른 단어나 어구를 '일부러' 오용하거나 혼용함으로써 수사학적 효과를 노리는 일종의 말장난.

단어 'point'는 'sharp end(뾰족한 끝)'와 'purpose(목적, 효용)'라는 두 의미를 가진다. 물론 이런 식의 말장난은 사용자가 미리 두 의미 모두를 알고 있어야 한다는 것을 전제로 한다.

때로는 발음이 정확히 일치하지 않지만 상호 연관성을 유추할 정도로는 비슷하게 들리는 단어가 사용된다.

환자 : Doctor, doctor, I think I'm a bird(선생님, 선생님, 제가 새라는 생각이 들어요).

의사 : I'll tweet you in a minute(금방 치료해드릴게요).

다음 세 가지 전제 조건이 충족되어야만 가능한 아주 재치 있는 펀이다. 첫째, 새는 '짹짹거린다(tweet)'는 사실을 알고 있어야 한다. 둘째, 의사는 환자를 '치료한다(treat)'는 사실을 알고 있어야 한다. 셋째, 영국의 유명 방송인 조나단 로스(Jonathan Ross)의 경우처럼 사람들은 종종 'r'을 'w'로 발음한다는 사실을 알고 있어야 한다.

생일 카드에서도 펀이 애용된다. 고양이를 좋아하는 사람끼리라면 다음과 비슷한 형태의 카드를 주고받음직하다.

I didn't FUR-get(나는 잊지 않고)

I looked in the CATalogue(카탈로그를 뒤진 끝에)

And found this card(이 카드를 발견했어요).

So do PAWS(그러니 늘 건강하시고)

And have a PURR-fect birthday(그리고 멋진 생일 보내세요)

사람들은 또한 알파벳 철자로 말장난하기를 좋아한다. 글자가 적힌 플라스틱 조각으로 단어를 만들어 그 숫자에 따라 점수를 매기는 게임인 스크래블이 대표적인 예다. 그 밖에도 혼자 즐길 수 있는 글자놀이는 많다.

- 앞뒤 양방향으로 동일하게 읽히는 단어나 문장을 만들어보라.

  'Was it a cat I saw? Madam, I'm Adam.'

  이러한 글자놀이는 *팰린드롬(palindromes)** 혹은 회문(回文)이라고 불린다.

- 단어나 문장을 구성하는 글자를 재배열하여 연관된 의미를 지닌 새로운 단어나 어구를 만들어보라.

  'the eyes=they see. Harry Potter=try trap hero'

  이러한 글자놀이는 *애너그램(anagrams)* 혹은 어구전철(語句轉綴)이라고 불린다.

- 특정 글자가 전혀 등장하지 않는 단어로만 구성된 문장을 만들어보라. 다음은 영어 알파벳에서 사용 빈도가 가장 많은 글자인 'e'가 등장하지 않는 문장이다.

  'I am going to show you how to do this right now.'

---

* 거꾸로 읽어도 제대로 읽는 것과 동일한 단어나 문장을 일컫는 말이다. '거꾸로 뛰다'라는 의미를 지닌 그리스어 단어 'pelindromos(펠린드로모스)'에 기원을 두고 있으며, 그 자체가 가진 게임이나 퍼즐의 속성 때문에 언어유희에서는 물론 문학적 기법으로 애용되어왔다. 심지어는 팰린드롬을 위한 웹 사이트나 잡지까지 등장하는 추세다.

이 글자놀이는 *리포그램(lipograms)*이라고 불린다. 가장 유명한 사례는 1939년 어니스트 라이트(Ernest Wright)가 발표한 소설 『개츠비(Gadsby)』로, 5만 단어로 쓰인 이 작품에는 글자 'e'가 단 한 번도 나오지 않는다.

- 모든 단어가 동일한 모음을 갖는 문장을 만들어보라.

  'Cool schoolboys do not do sports on top of London shopfronts.'

  이 글자놀이는 *유니보칼릭스(univocalics* : 'you-nee-voh-cal-iks'로 발음)라고 불린다.

신문이나 잡지의 만화란과 크리스마스 연감(Christmas annuals)에는 이외에도 십자말풀이나 낱말 퀴즈 같은 다양한 언어놀이가 등장한다. 같은 방식으로 여러분 자신의 게임을 만드는 것도 그리 어렵지 않다. 모든 단어가 각각 다른 알파벳 글자로 시작되는 문장을 만들어보라. 물론 알파벳 순서대로! 다음 문장은 하나의 예다.

> A big cowboy, dancing elegantly for grand hotels in Jersey, knitting lovely mittens nicely on pretty quilted rubber shoes, thought untrained vets would X-ray yellow zebras.

굳이 의미가 통할 필요까지는 없다!

놀이 언어를 연구할 수 있는 최적의 장소 중 하나는 바로 여러분의 코앞에 있다. 다름 아닌 학교 운동장, 특히 초등학교 운동장이다. 그곳에서 행동이 언어로 통제되는 다양한 놀이를 접할 수 있다. 아이들이 옹기종기 모여 줄넘기, 공 굴리기, 밀어내기 등의 놀이를 하고 있는 모습을 가만히 살펴보면 모든 동작이 언어에 맞춰 진행된다는 사실을 확인할 수 있다. 우리는 다음과 같은 운율을 듣는다.

I like coffee(나는 커피가 좋아),
I like tea(나는 차가 좋아),
I like radio(나는 라디오가 좋아),
And TV(나는 TV).

One, two, three(하나, 둘, 셋),
Mother caught a flea(엄마가 벼룩을 잡아),
Put it in the teapot(찻주전자 속에 넣고)
And made a cup of tea(차 한 잔을 만들었다네).
The flea jumped out(벼룩은 밖으로 튀어나오고),
Mother gave a shout(엄마는 소리쳤고),
In came father(아빠가 뛰어 들어왔다네).
With his shirt hanging out(잔뜩 화가 난 얼굴로).

이외에도 놀이 참가자를 곤경에 빠뜨리는 무수한 게임과 난

센스 게임이 있다.

One fine day in the middle of the night(어느 화창한 날 한밤중에),
Two dead men got up to fight(두 명의 죽은 사람이 일어나 서로 싸우기 시작했대요),
Back to back they faced each other(서로 등을 맞댄 채 얼굴을 마주 보며)
Drew their swords and shot each other(칼을 뽑아 서로서로를 찔렀대요).

Silence in the courtyard(안마당에도 침묵),
Silence in the street(거리에도 침묵),
The biggest twit in England(영국 최고의 바보가)
Is just about to speak-starting from now(막 말을 하기 시작한다나요-바로 지금)!

언어학자들이 수집한 놀이 동요는 수천 가지에 달한다. 세대마다 기존 동요의 일부를 사용하고 거기에 새로운 동요를 보태온 결과물이다.

이처럼 누구나 언어유희에 몰입하는 까닭은 무엇일까? 우리는 수수께끼 놀이를 하고, 동요를 만들고, 거꾸로 말하고, 유사한 발음이 섞여 혀가 잘 돌아가지 않는 어구나 문장을 만들고, 외국어 흉내를 내어 말하고, 이루 헤아릴 수 없이 많은 온갖 종류의 조크 - '노크노크(knock-knock)' 조크, '엘리펀트(elephant)' 조크, '닥터 닥터(doctor-doctor)' 조크 등등 - 혹은 유머를 주고받는다. 그렇다. 그 수가 수천 개에 달하니 이루 헤아릴 수 없다는 표현이 적절한 것 같다. 내 서가에는 『어린이를 위한 조크 1,000가지(A Thousand Jokes for Kids)』라는 책이 한 권 꽂혀 있는데, 대부분 너무 짓궂고 끔찍해서 어른이 읽으면 신음 소리부터 터져 나올 정도다. 하지만 그것도 재미의 일부라는데 어떡하랴.

우리는 왜 이런 행위를 할까? 이 책의 첫머리에서 미리 힌트를 준 것 같다. '우리는 종종 언어로 바보짓을 한다'라는 문장으로 '챕터 1'을 시작했다. 이어서 갓난아기에게 건네는 말인 베이비 토크에 관해 살펴보았다. 사실 베이비 토크도 일종의 언어유희다. 그것은 우리가 태어나는 순간부터 듣게 되는 말이다. 우리 주위의 사람들은 항상 언어유희를 즐긴다. 따라서 누구나 성장해가면서 그 대열에 합류하고 싶은 욕구를 느낀다는 것은 전혀 놀라운 일이 아니다.

시간이 지나면서 아기를 대상으로 한 언어유희는 점점 더 다양해진다. 생후 6개월 무렵 부모는 아기를 붙들고 '까꿍 놀이(peep-bo)'나 '정원을 빙글빙글 돌아요(round-and-round-the-garden) 놀이'를 한다. 두 살로 접어들면 아기는 간단한 동요나 노래를 듣기 시작하고 '늙었지만 위대한 요크 공작(The Grand Old Duke of York)'과 같이 다리근육을 키우는 놀이(bouncing game)에 열중한다. 잠자기 전에 동화를 읽어주는 시간은 아기를 거인, 새끼 돼지, 여우 등 모두 특이한 목소리를 갖고 있는 다채로운 캐릭터의 세계로 안내한다. 나아가 텔레비전과 DVD에서는 아기에게 미키 마우스(Mickey Mouse), 구피(Goofy), 도널드 덕(Donald Duck), (지금부터는 정말로 이상한 언어 사용법과 마주친다!) 티거(Tigger), 푸(Pooh) 등의 애니메이션 주인공을 소개하는데, 하나같이 괴상한 목소리를 갖고 있다. 그리고 초등학교에 입학할 즈음이면 어느새 삶이 거대한 언어놀이터라는 사실을 느끼게 된다.

물론 본격적인 학교생활이 시작되면 아이들은 곧 또 하나의 슬픈 현실과 마주해야 한다. 언어는 단순히 재미를 위한 것만은 아니다. 언어는 또한 보다 진지한 목적을 갖고 있다.

GRAFFITI RULES, OK?

우리는 주변에서 언어유희를 그저 듣는 것만이 아니라 낙서(Graffiti)의 형태로 보기도 한다. 물론 나도 아무렇게나 갈겨쓴 글씨로 공공건물의 벽면을 지저분하게 만드는 행위를 옹호하고 싶지는 않다. 그렇지만 낙서가 때로는 재치 있는 언어유희의 수단으로 사용된다는 사실만은 인정하지 않을 수 없다. 'OK' 테마가 그 좋은 예다.

'rules, OK?'라는 표현이 정확히 언제부터 사용되었는지는 알 길이 없다. 추측컨대 1900년대 초에 경쟁 관계인 갱단이 서로 자기 조직의 기강이 엄격하다는, 다시 말해 최고임을 과시하는 과정에서 생겨났을 가능성이 가장 높다. 다음과 같은 낙서에서 확인되듯이, 당시의 열성 축구팬도 그런 유행에 일조했던 것 같다.

ARSENAL RULES, OK?

오래지 않아 일반인들이 모방하면서 이 형식은 무수한 변이형을 낳게 된다. 여러분 각자가 직접 수집할 수도 있지만 굳이 그런 수고까지 감당할 필요는 없다. 비슷한 표현을 한데 모아 놓은 책자가 몇 권 출간되었기 때문이다. 다음은 그중 내 마음에 드는 특이한 형태를 발췌한 것이다.

James Bond rules, OOK?
Queen Elizabeth rules UK
Sausage rolls, OK?

언어학자의 입장에서 다음 표현은 당연히 좋아할 수밖에 없다.

Grammar rules, OK?

CHAPTER 32

언어는 왜 필요할까?

지금까지 살펴본 이 모든 것은 왜 필요한 걸까? 인간은 굳이 왜 말하고 쓰고 수화하는 법을 배워야 했을까? 언어를 사용하는 목적은 과연 무엇인가? 언뜻 생각하면 아주 간단한 질문이다. 서로 의사소통을 하기 위함이 아닌가. 지금까지 이 책에서 논의한 것도 바로 이 문제였다. 하지만 그것이 전부는 아니다.

언어의 1차적인 목적은 분명 의사소통이다. 우리는 언어를 통해 서로 생각과 견해를 공유한다. 우리는 언어를 사용하여 다른 사람에게 정보를 요청하고, 반대로 요청받을 경우 우리의 생각을 다른 사람에게 전해준다. 우리는 진실을 말하기도 하지만, 때로는 거짓을 말한다. 경우는 달라도 그 기본적인 목적은 변함이 없다. 우리는 머릿속에 있는 생각을 다른 사람의 머릿속으로 옮기고 싶어 한다. 그것을 실현하기 위해 우리는 말하고 쓰고 수화하는 것이다.

기본적인 목적이 의사소통과 상관없는 언어 사용도 다수 존재한다. '챕터 31'에서 살펴본 놀이 언어도 그중 하나다.

한 집단의 사람들이 서로 돌아가며 펀을 주고받는다고 가정해보자. 먼저 메리가 자신이 기르는 고양이(cat)의 건강상태가 좋지 않다는 말로 운을 뗀다. 그러자 존이 곧바로 맞받아 이렇게 말한다.

Aw, poor thing, did it have catarrh(저런, 가엾어라, 코감기 걸렸구나)?

모두가 깔깔대며 차례로 한 사람씩 '고양이' 펀을 내놓는다.

What a catastrophe(끔찍한 재앙이야)!

A catalogue of disasters(일련의 재난들)!

She must have been eating caterpillars(애벌레를 먹었음이 분명하다).

Perhaps she got her paws caught in her catapult(두 앞발이 투석기에 끼였는지도 모르지).

정작 고양이는 한마디도 이해하지 못한다. 둘러앉은 사람들은 말장난의 수위가 올라갈수록 탄성을 지르면서 마냥 즐거워한다.

잠시 이런 유형의 언어에 대해 생각해보자. 정보 전달을 위해 사용되는 언어가 아닌 것임은 분명하다. 고양이는 코감기에 걸리지 않았다. 고양이는 애벌레를 먹지 않았다. 고양이는 투석기를 잘못 건드리지 않았다. 위의 문장은 특정한 정보를 담고 있지 않다. 하지만 누구도 이의를 제기하지 않는다. 그저 재미로 주고받는 말이기 때문이다.

의사소통과 상관없는 언어 쓰임이 또 있다. 정체성의 표현이다. '챕터 12'에서 언급한 악센트와 방언은 화자의 출신지와 출신 성분을 말해준다. 즉 우리의 정체성을 표현하는 수단인 것이다.

또 다른 예를 들어보자. 축구 경기장에 가서 관중이 연호하는 소리를 유심히 들어보라.

COME ON YOU ROYALS! COME ON YOU ROYALS!

경기가 끝날 때까지 수백 번 넘게 같은 말을 되풀이해 들을 것이다. 이 문장에는 의사소통을 전제로 한 그 어떤 '개념(ideas)'도 담겨 있지 않다. 사람들은 그저 특정 팀을 응원한다는 것을 나타내기 위해 소리칠 뿐이다. 사람들의 연호는 그들이 누구 편인지를, 다시 말해 그들의 정체성을 드러낸다.

정체성은 글을 통해서도 표현될 수 있다. 신문 판매점에 들르게 된다면 신문마다 각각 어떤 방식으로 고유의 정체성을 드러내는지 살펴보라. 영국 일간지 〈선(Sun)〉과 〈미러(Mirror)〉는 1면 상단부의 큼지막한 붉은색 띠를 통해 다른 신문과 한눈에 구별된다. 뿐만 아니라 활자체를 달리함으로써 차별화하기도 한다. 예를 들어 〈뉴욕 타임스(The New York Times)〉는 특이한 활자체를 통해 독자들의 눈을 사로잡는다.

The New York Times

미국에서 이런 활자체를 사용하는 신문은 〈뉴욕 타임스〉뿐이다.

언어의 또 다른 용도는 우리의 감정을 표현하는 것이다. 나무에 못을 박다가 망치로 왼손 엄지손가락을 내리쳤다면 무의식중에 입에서 어떤 소리가 튀어나올까? 물론 참을성이 대단하다면야 얼굴을 찡그리는 것만으로도 아픔을 삭일 수 있다. 하지만 대부분은 비명을 지르거나 혼잣말로 투덜거린다. '멍청한 망치(Stupid hammer)!'라고 소리치며 망치 탓으로 돌리는 사람이 있는가 하면, 대상도 없이 험악한 욕설을 내뱉는 사람도 적지 않다.

그렇다면 이것은 과연 어떤 유형의 언어일까? 망치를 향해 던지는 멍청하다는 말이 의사소통을 전제로 할 리는 만무하다. 망치에는 뇌가 없다. 망치는 우리의 말을 이해할 수 없다. 그런데도 왜 사람들은 망치를 향해 말하는 걸까?

그것은 신경질이 난 마음을 진정시키기 위해서다. 누구나 한 번쯤 경험해봤을 테지만, 이런 경우 망치를 향해 소리치고 나면 기분이 한결 나아진다. 망치를 향해 욕을 내뱉는 것도 같은 이유에서다. 강도의 차이는 있지만 '어이쿠(Gosh)!', '빌어먹을(Sugar)!', '에이(Crikey)!' 등도 비슷한 상황에서 흔히 등장하는 표현이다.

감정 표현을 위한 언어 사용은 다른 식으로도 유용할 수 있다. 소리를 냄으로써 주변 사람에게 뭔가 잘못되었다는 사실을 알려주기 때문이다. 이 욕설은 도움을 요청하는 것이므로, 정보 소통 기능까지 겸한다고 할 수 있다. 하지만 다음 대화에서 보여주듯이 아주 명확한 정보는 아니다.

존(오른손으로 왼손 엄지손가락을 감싸쥐며) : 아유! 이런 빌어먹을 망치 같으니라고!

엄마 : 왜 그래?

존 : 손가락을 찧었단 말이에요!

존의 첫 번째 진술은 정확한 정보를 담고 있지 않다. 두 번째 진술을 듣고서야 비로소 엄마는 정확한 상황을 알아챈다. 말하자면 존은 서로 다른 두 방법으로 언어를 사용하고 있다.

우리는 그저 다른 사람과 좋은 관계를 계속 유지하기 위한 목적으로 언어를 사용하기도 한다. 누군가가 재채기를 하면 영국에서는 보통 주위 사람이 'Bless you(신의 가호가 있기를)!' 하고 말해준다. 그러면 당사자는 'Thank you(고맙습니다)!'라고 응대하는 게 예의다. 왜 이런 말을 주고받을까?

이것은 또 다른 방식의 언어 사용으로서 어색한 분위기를 누그러뜨리기 위함이다. 재채기처럼 예기치 못한 소음을 일으키면 누구나 당황하게 마련이다. 창피하고 쑥스러운 마음에 당사자는 보통 입도 뻥긋할 수 없다. 그리고 곧장 어색한 침묵으로 이어진다. 그런 경우 주위의 누군가가 나서서 말문을 터주면 분위기가 한결 부드러워진다.

단지 어색한 침묵을 깨기 위해 별 의미가 없는 말을 주고받는 경우는 허다하다. 서로 알고 지내는 사람들이 지나가다 우연히 마주치면 보통 '비가 올 것 같습니다' 혹은 '날씨 좋습니다' 등과 같은 말을 주고받는다. 쌍방 모두에게 대화를 계속 이어나가려는 의도는 전혀 없다. 아무 말도 없이 지나치면 어색할 뿐만 아니라 혹시 결례를 범하는 건 아닌지 염려되어 괜히 날씨를 들먹이는 것이다.

누군가를 처음 만났을 때도 비슷한 상황이 연출될 수 있다. '안녕하세요?'라는 말은 낯선 사람끼리도 흔히 주고받는 극히 의례적인 인사말로, 정보에 대한 요구가 전혀 개입되어 있지 않다. 인사를 받는 사람이 그런 말을 곡해하여 '그렇게 물어주시니 고맙습니다. 사실 저 오늘 열이 약간 있거든요. 감기가 오려나 봅니다. 지난밤부터 뭔가 조짐이 심상치 않았습니다'라며 자신의 건강상태에 대해 얘기하기 시작하면 상대방은 몹시 당황스러워할 것이다. 물론 정상적이라면 결코 일어날 수 없는 상황이다. 상대방이 기대하는 대답 또한 '네, 반갑습니다. 안녕하세요?'라는 정도의 가벼운 인사말일 뿐이다.

우리는 사교적인 관계를 유지하기 위해 매일 언어로 다른 사람과의 친분을 과시하거나 확인한다. 우리는 헤어지면서 '안녕', '잘 자', '나중에 또 봅시다' 등과 같은 말을 나누는데, 이런 표현은 당사자 간의 돈독한 관계를 확인하는 절차로 볼 수도 있다. 만약 이런 식의 인사말도 없이 헤어진다면 그 반대의 경우라고 생각해도 무방하다. 다시 말해 당사자 간의 관계가 악화되었음을 의미한다.

세상에 변화를 주는 언어 사용도 있다. 다음과 같은 장면을 상상해보자. 어느 조선소에 새로 만든 배 한 척이 바다로 나갈 준비를 하고 있다. 영국 여왕이 참석하여 명명식을 가질 예정이고, 샴페인 한 병이 밧줄 끝에 매달려 있다. 얼마 후 도착한 여왕이 '나는 이 배를 칭하여……'라고 말하자 밧줄이 크게 한 번 요동치더니 끝에 매달린 샴페인 병이 선체에 부딪혀 요란한 소리를 내며 깨졌다. 그것을 신호로 배가 천천히 바다로 미끄러져 들어가기 시작했다.

이것은 아주 특수한 용도의 언어 사용이다. 왜냐하면 우리가 세상을 바라보는 방식에 변화를 주기 때문이다. 명명식을 치르기 전까지는 그 배에 공식적인 이름이 없었다. 그러다 여왕의 말이 떨어지는 순간을 기점으로 그 배는 고유의 명칭을 갖게 된 것이다. 말하자면 이것은 '중요한 영향을 미치는' 언어다.

다른 많은 상황에서 같은 유형의 일이 발생한다. 혹시 경매장에 가본 적이 있는가? 경매사가 물건을 제시하면 그것을 사고 싶은 사람들이 가격을 부른다. 응찰이 끝나간다고 판단되면 경매사는 다음과 같이 외치면서 경매를 마무리 짓는다.

GOING… GOING… GONE

경매사가 'Gone'이라는 말과 함께 나무망치를 내리치는 '바로 그 순간' 물건은 팔린 것이 된다. 이 경우 역시 언어가 중요한 영향을 미친다.

대부분의 종교와 사교 단체는 그 일원이 되고자 하는 사람에게 특별한 통과의례를 요구한다. 기독교인이 되려면 반드시 세례를 받아야 한다. 세례식을 집전하는 성직자가 '나는 주님의 이름으로 당신에게 세례를 베풉니다'라고 말해주기 전까지는 기독교인이라 할 수 없다. 전 세계의 모든 종교인은 기도와 축복, 그리고 다른 다양한 영적 임무의 수행을 통해 스스로의 삶을 변화시키고 있다고 믿는다. 이와 유사하게 몇몇 사교 단체는 마술 의식이 세계의 본성에 영향을 줄 수 있다고 믿는다. 그 의식은 모두 언어에 의존한다.

마술이라고 하니 우리의 일상사와 한참 동떨어진 것으로 들릴지도 모른다. 하지만 생각해보라. '약속합니다(I promise)'라는 말을 통해서야 비로소 우리는 무엇인가에 대한 진정한 약속을 한다. 그리고 사과하려면 반드시 상대방에게 '미안합니다(I'm sorry)'라고 말해야 한다. 이 관행 역시 마술적인 건 마찬가지다.

끝으로, 언어의 중요한 쓰임새 중 하나를 살펴보며 이 챕터를 마무리하겠다. 우리는 우리의 생각에 도움을 얻기 위해 언어를 사용하기도 한다. 여러분 스스로에게 말을 해본 적이 있는가? 혼자 힘으로 어떤 문제를 해결해야 할 때 아주 유용한 방법이다. 언젠가 나는 우연히 누군가가 전선과 나사못 등 갖가지 색상의 소품을 늘어놓고 무엇인가를 조립하는 현장을 목격했다. 그는 설명서와 현재 진행 중인 자신의 일을 번갈아 보며 계속 혼잣말로 중얼거렸다.

그렇지, 초록색 전선은 왼쪽 나사못에 감고 빨간색 전선은 가운데 나사못에 감는 거야…… 그래…… 좋아…… 그리고 나머지 파란색과 오렌지색 전선은…….

그는 잠시 쉬면서 설명서를 꼼꼼히 들여다보더니 다시 중얼거림을 이어나갔다.

……파란색 역시 가운데 나사못에 감고…… 아니지, 그렇게 될 수가 없는데…….

그러고 나서 그 일이 끝날 때까지 그의 중얼거림은 계속되었다.

그는 대체 왜 그런 식의 말을 했을까? 당시 나는 방문 밖에 서 있었으니까 나를 염두에 두고 한 말은 아니었다. 그리고 그의 주위에는 아무도 없었다. 혼잣말이 그의 생각에 도움을 준 것임이 분명하다. 그는 설명서의 내용을 큰 소리로 반복함으로써 자신의 생각을 계속 정리해나가고 있었던 것이다.

일상생활에서 이와 유사한 일은 비일비재하다. 특정 사안을 까먹지 않으려고 우리는 흔히 다른 사람의 말을 반복한다.

메리 : 먼저 좌회전했다가 우회전하세요. 그리고 교통신호등 몇

개를 지나치면 왼편으로 존스로드가 나옵니다.

나 : 좌회전, 우회전, 몇 개의 교통신호등, 그리고 왼편.

메리 : 맞습니다.

나(차를 출발시키면서 혼잣말로) : 좌회전, 우회전, 몇 개의 교통신호등, 그리고 왼편…… 좌회전, 우회전…….

글을 쓸 때도 마찬가지다. 우리는 지면에 옮길 생각을 정리하기 위해 미리 간단한 메모를 하거나 초안을 잡는다. 무엇인가를 종이에 적거나 컴퓨터 화면에 띄우기만 해도 말하려는 것의 방향을 잡아나가는 데 큰 도움이 된다. 작가도 수많은 습작을 거쳐 작품의 큰 밑그림을 그려나간다. '챕터 35'에서 살펴보겠지만, 이것은 또 하나의 아주 특별한 언어 사용 형태인 문학에서 특히 두드러지는 현상이다. 그리고 이런 현상은 단어가 특정 정보만 전달하는 것이 아니라 때로는 사용자의 감정을 표현하는 수단이 된다는 사실을 방증한다.

연결 혹은 접속하기 위한 언어

인터넷은 우리를 하이퍼텍스트 링크(hypertext link)라는 완전히 새로운 방식의 언어 사용으로 안내한다. 하이퍼링크(hyperlink)라고도 불리는 이것은 컴퓨터상의 한 페이지에서 다른 페이지로, 혹은 한 사이트에서 다른 사이트로 이동할 때 클릭하는 특수한 형태의 텍스트를 의미한다. 보통 하이퍼텍스트 내의 다른 요소와 구별하기 위해 특정한 방식으로 채색되거나 밑줄이 그어져 있으며, 완전한 웹주소('www.davidcrystal.com'과 같은), 특정한 유형의 표제('News' 혹은 'Shopping Basket'과 같은), 또는 단순히 한 단어나 어구['click here(여기를 클릭하라)'와 같은] 등 다양한 형태를 취한다.

이러한 링크를 클릭하는 데 너무나 익숙해진 우리는 이것이 얼마나 혁신적인 언어 사용인지를 쉽게 잊어버린다. 이 언어의 유일한 목적은 우리를 특정한 지점에서 다른 지점으로 연결시켜주는 것이다. 인터넷이 등장하기 전에도 문어에서 이와 유사한 형태의 언어가 존재한 적이 있을까?

각주(footnote)와 상호참조(cross-reference)가 가장 근접한 것으로 꼽을 수 있다. 책(주로 학술 서적)에서는 종종 다음과 같은 형식이 등장한다.

The animals live in special cages.[1]

여기서 숫자는 독자를 보다 세부적인 정보로 안내해주는 곳이 해당 저서의 어느 부분에 자리하고 있음을 알려준다. 그곳은 특정 페이지의 하단부가 될 수도 있고(각주), 저서의 맨 뒷부분이 될 수도 있다(후주). 각주는 하이퍼텍스트 링크와 아주 흡사하다. 물론 클릭을 할 수 없다는 점은 제외하고! 또 다른 예를 보자.

The animals live in separate cages(see p. 318).

여기서 괄호 안의 표식은 318쪽을 참조하라는 의미다.

상호참조 또한 하이퍼텍스트 링크와 꽤 비슷하다. 하지만 둘 사이에는 엄청난 차이가 존재한다. 우리는 전통적인 문어에서 각주나 상호참조를 *반드시 사용할* 필요는 없다. 각주나 상호참조를 전혀 사용하지 않은 간행물도 수두룩하다. 반면 하이퍼텍스트 링크가 없다면 인터넷도 존재할 수 없다. 이 시스템이 '인터넷(interNET)', 그리고 월드와이드웹(World Wide Web)이 '웹(WEB)'으로 불리는 것도 같은 이유에서다. 다시 말해 하이퍼텍스트 링크는 동일한 연계 시스템[혹은 '프로토콜(protocol)']에 의해 연결된 전 세계의 모든 컴퓨터가 정보를 공유하는 방식이다. 그리고 언어는 이 모든 것을 가능케 해주는 수단이다.

CHAPTER 33

감정을 표현하는 언어

동일한 사안을 두고 말하는 방식을 달리함으로써 의미의 차별화가 이루어지는 경우도 종종 발생한다. 세 사람(메리, 수전, 조앤)은 각각 약간씩 표현 방식을 달리하여 옆방에서 한참 신나게 뛰놀고 있는 아이들에 대해 묘사하고 있다.

메리 : Listen to those little ones(들어보세요, 저 귀여운 녀석들)!

수전 : Listen to those urchins(들어보세요, 저 개구쟁이 녀석들)!

조앤 : Listen to those brats(들어보세요, 저 징그러운 녀석들)!

선택된 단어를 통해 우리는 말하는 사람의 감정 상태를 판단할 수 있다. 메리는 아이들을 마냥 사랑스럽게만 생각하고, 수전은 아이들이 조금 산만하거나 어쩌면 옷을 지저분하게 입고 있을지도 모른다고 생각한다. 한편 조앤은 아이들을 버릇없이 천방지축으로 날뛰는 골칫거리로 여기고 있음이 분명하다. 물론 굳이 자신의 감정을 드러내고 싶지 않다면 그저 'Listen to those children(들어보세요, 저 꼬마 녀석들)'이라고 표현하면 그만이다. 영어에서 'children'은 가치중립적인 단어다.

어떤 단어를 보거나 들을 때 우리에게 전해지는 감정을 *함의(connotation)*라고 한다. 위의 예문에 등장하는 'little ones', 'urchins', 'brats'는 각기 다른 함의를 갖고 있다. 이것은 다시 *긍정적인* 함의와 *부정적인* 함의로 구분되는데, 전자가 즐겁고 편안한 느낌을 준다면 후자는 불쾌하고 불편한 느낌을 불러일으킨다.

모든 언어에는 무엇인가를 감정적인 방식으로 생각하게 만드는 단어가 존재한다. 다음에 제시하는 단어 쌍(word-pair)은 모두 동일한 대상을 지칭한다. 각각 '좋은' 의미는 앞에, '나쁜' 의미는 뒤에 배치했다.

Joanne is very slim(조앤은 아주 날씬하다).
Joanne is very skinny(조앤은 아주 깡말랐다).

Our house is cosy(우리 집은 아늑하다).
Our house is cramped(우리 집은 비좁고 갑갑하다).

He was behaving in a childlike way(그는 순진무구하게 행동했다).

He was behaving in a childish way(그는 유치하게 행동했다).

The cakes I've made are moist(내가 만든 케이크는 촉촉하다).

The cakes I've made are soggy(내가 만든 케이크는 눅눅하다).

몇 개만 더 예를 들어보자. 우리는 '구두쇠 같고(miserly)', '인색하고(stingy)', '속 좁은(nitpicking)' 사람은 싫어하고 무시하는 반면 '검소하고(thrifty)', '절약하고(economical)', '꼼꼼한(meticulous)' 사람은 좋아하고 인정한다.

신문을 읽거나, 뉴스를 듣거나, 웹 사이트를 방문할 때 *각별한* 주의가 요구되는 것도 같은 맥락에서다. 우리는 한시도 경계심을 늦춰서는 안 된다. 대중매체를 통해 자신의 사고나 감정을 우리에게 주입시키려는 사람이 늘 넘쳐나기 때문이다. 한 신문에 다음과 같은 머리기사가 실렸다고 가정해보자.

TERRORISTS MOVE SOUTH(테러리스트들 남쪽으로 이동하다)

그런데 다른 신문에서는 동일한 그룹에 대해 전혀 다른 시각으로 접근한 머리기사가 등장할 수도 있다.

FREEDOM FIGHTERS MOVE SOUTH(자유의 투사들 남쪽으로 이동하다)

어휘의 선택에서 우리는 두 신문의 이념적 성향을 추측할 수 있다.

혹은 마땅한 거주지가 없어서 비어 있는 어떤 건물로 몰려든 사람들에 대해 묘사한 글을 예로 들어보자.

> Several vagrants now live in the building(현재 부랑자 무리가 이 건물을 점거하고 있다)

필자는 그들의 행동이 온당치 못하다는 점을 강조하고 있다. 왜냐하면 'vagrants(부랑자들)'라는 단어는 부정적인 함의를 갖고 있기 때문이다. 다음 문장으로 눈을 돌려보자.

> Several homeless people now live in the building(현재 집 없는 사람들이 이 건물에서 생활하고 있다)

앞의 예문과 대조적으로 필자는 우리에게 그들을 따듯한 시선으로 보아달라고 말하는 듯하다. 왜냐하면 'homeless(집 없는)'라는 단어는 긍정적인 함의를 갖고 있기 때문이다. 따라서 이 글을 대하는 사람은 동정 혹은 연민의 정을 느끼기 쉽다.

언어가 특정한 방식의 사고를 강요할 때 흔히들 '편파적(biased)'이라고 말한다. 항공사가 새로운 활주로를 건설하려는 상황을 가정해보자. 항공사 측의 입장을 대변하는 필자들은 '새로운 활주로 건설이 수백 개의 일자리를 창출할 것이다'라는 식의 긍정적인 말로 대중의 지지를 이끌어내려 할 것이다. 한편 반대하는 입장인 필자들은 '활주로 건설이 진행되면 수백 채의 가옥이 강제 철거될 것이다'라는 식의 부정적인 말로 대중의 거부 운동을 유도할 것이다. 중립적인 입장의 글이라면 당연히 양측의 주장을 객관적으로 다루는 게 원칙이다. 하지만 편파적인 글은 오직 한 가지 입장만 고수한다.

언어에 대해 알아야 하는 – 다시 말해 여러분이 지금 듣고 있는 것과 같은 책을 읽어야 하는 – 필연적인 이유 중 하나는 많은 사람이 그들 특유의 말과 글을 통해 우리의 사고와 감정을 조작하려 한다는 사실을 인식하고 그에 대처하는 방법을 모색해야 한다는 것이다. 그들은 특정한 방식으로, 즉 특정한 어휘, 특정한 발음, 특정한 문장 패턴 등을 효과적으로 선택하여 우리의 행동에 영향을 끼치려 한다. 무엇보다도 이것은 정치가가 유권자를 설득하여 표를 얻기 위한 연설에서, 그리고 마케팅 담당자와 광고대행업체가 소비자를 자극하여 특정 제품의 수요를 조장하려 할 때 즐겨 사용하는 전략이다. 바보가 되지 않으려면 그들이 의도하는 바를 꿰뚫어보는 예리한 통찰력이 필요하다. 한마디로 우리는 그들의 *수사학*(*rhetoric* : 'ret-o-rik'으로 발음)을 이해할 수 있어야 한다.

수사학이란 사람들을 설득하거나 사람들에게 영향을 미치려는 의도를 가진 언어 사용을 말한다. 광고업체는 어떤 식으로든 우리를 설득하여 물건을 사도록 유도해야 하기 때문에 다양한 형태의 수사학적 표현을 구사한다. 따라서 특정 제품을 매력적으로 들릴 수 있게 만드는 긍정적인 단어의 선택은 필수 요건이다. 몇 가지 예를 들어보자.

new(새로운), wonderful(굉장한), beautiful(아름다운), best(최고의), great value(최고 가치의), delicious(맛있는), special(특별한), extra(여분의), lovely(사랑스러운), crunchy(아삭아삭한), safe(안전한)

반면 제품을 선전하는 광고에서 다음과 같은 단어는 등장하지 않는다.

smelly(악취를 풍기는), dangerous(위험한), expensive(값비싼), tasteless(맛없는), ordinary(평범한), worst(최악의), out-of-date(유효기간이 지난)

다이어트 식품 광고에는 다음과 같은 문구가 흔히 사용된다.

This is the easy way to stay slim(이것은 날씬함을 유지하는 손쉬운 방법입니다)!

반면 다음과 같은 문구를 사용한다면 그 광고사는 바로 다음 날부터 간판을 내려야 할 것이다.

This is the easy way to stay skinny(이것은 깡마른 상태를 유지하는 손쉬운 방법입니다)!

미래의 고객들에게 제품의 이름을 각인시키기 위해 소리와 리듬도 고려 대상이 된다.

Maybe it's Maybelline!(특정 브랜드의 화장품 광고)

You can't get better than a Kwik-Fit fitter.(자동차 부품 서비스 광고)

광고에 등장하는 언어는 청자나 독자에게 의도한 수사학적 효과를 유발하기 위해 아주 신중하게 선택된다. 카피라이터는 짤막한 문구 하나를 고안하느라 몇 달 동안 끙끙대기도 한다. 그리고 사람들이 해당 제품의 이름을 기억하고 그 제품을 꾸준히 구매하는지 여부가 광고의 성패를 가름하는 잣대다.

비단 저널리스트, 광고 업주, 정치가만 수사학을 사용하는 것은 아니다. 누구나 수사학의 주체가 될 수 있다. 예를 들어 케이트는 주말에 시립극장에서 열리는 콘서트에 가고 싶지만 단짝 친구인 수는 요지부동이다. 이런 경우 케이트는 어떻게 할까? 십중팔구 그녀는 그 콘서트가 아주 재미있을 것이고, 입장권도 그리 비싸지 않다는 등 온갖 미사여구를 동원하여 친구를 설득하려 할 것이다. 사실 이러한 언어 행위가 다름 아닌 수사학이다.

우리는 대부분 아주 어릴 때부터 부모나 교사로부터 매일 수사학적 표현을 귀에 못이 박이도록 들으며 자란다. 누구나 한 번쯤은 이런 의문을 가졌을 것이다. 왜 특정한 음식만 몸에 좋고 다른 음식은 몸에 나쁠까? 왜 우리는 교복을 입어야 할까? 왜 동생을 때려서는 안 되는 걸까? 반대로 부모와 교사가 설득의 대상이 되기도 한다. "제발 파티에 가게 해주세요. 친구들 몽땅 다 참석한다고 했단 말이에요. 늦지 않을게요. 제발요!"

지금까지 이 챕터에서 예로 든 단어나 예문에서 확인할 수 있듯이, 언어는 단순한 의사소통의 도구 그 이상의 것이다. 언어는 특별한 방식으로 우리가 무엇인가에 대해 생각하고 느끼게 만들기도 한다. 우리는 왜 입만 열면 'please'라는 상투어를 달고 다닐까? 이것은 단순히 예절의 문제가 아니다. 실제로 'please'라는 표현은 다른 사람을 설득해 우리가 원하는 바를 얻는 데 큰 역할을 할 수도 있다. 우리는 주변에서 종종 "당신은 다른 사람의 마음을 움직이는 탁월한 재주가 있는 것 같아요"와 같은 표현을 듣는다. 그 말은 곧 수사학이 제대로 작동했다는 증거다.

우리는 다양한 유형의 논쟁을 통해 언어가 감정을 표현하는 수단으로도 사용될 수 있다는 사실을 확인한다. 텔레비전 멜로드라마의 에피소드는 거의 엇비슷한 형식으로 구성된다. 등장인물은 만나기만 하면 티격태격한다. 논쟁이 격해짐에 따라 언어도 감정적으로 변해간다. 급기야는 서로 삿대질을 해대다가 – 물론 텔레비전 방송이라는 특수한 상황이 허용하는 범위에서 – 심한 욕설까지 입에 담는다. 그러고는 더 이상 할 말이 떠오르지 않으면 쌍방 모두 아예 입을 다문다. 잠시 후 그들 중 한 명이 발끈 성을 내며 문을 박차고 밖으로 나가버린다. 그로써 대화는 끝났다. 하지만 단지 그때뿐이다. 그들은 다음 에피소드에 태연히 등장하여 또 다른 주제로 다시 맞붙을 것이다.

논쟁할 때 감정을 다스리기는 결코 쉽지 않다. '건강한 토론 문화'니 '토론의 기술'과 같은 표현이 언론에 자주 등장하는 것도 같은 이유에서다. 토론 혹은 논쟁이 원활히 진행되려면 양 진영 모두 가능한 한 냉정하고 합리적인 방법으로 자신의 관점을 제시하고 상대방의 말을 경청해야 한다. 이것은 누구나 배울 수 있는 기술이다. 훌륭한 토론자는 자신의 감정을 절대 개입시키지 않으며, 정당할 경우 상대방의 주장도 겸허히 수용한다. 굳이 언성을 높이거나, 모욕적인 발언을 하거나, 욕을 하거나, 발끈하여 자리를 박차고 일어설 필요가 없다. 적절하게 선택된 언어가 제대로 작동하도록 배려하면 되는 것이다.

상황에 맞는 적절한 언어의 선택은 우리가 말하고 쓰고 수화를 할 때마다 요구되는 최상의 덕목이다. 다음 챕터에서 좀 더 상세히 다루겠지만, 사실 이것은 그리 쉬운 일만은 아니다.

저에게 한 표를!

수사학을 이용하여 대중의 지지를 이끌어내는 데 탁월한 재능을 가진 사람들도 있다. 청중의 반응을 보면 알 수 있다. 웅변술에 능한 정치가는 청중으로부터 우레와 같은 박수를 유도해내는 방법을 잘 안다. 그들이 즐겨 구사하는 설득 전술 중 하나는 '삼단화법(talk in threes)'인데, 다음 예에서처럼 세 문장의 톤은 뒤로 갈수록 고조된다.

I don't just MAKE promises, like the opposition does (저는 결코 상대 진영처럼 공약을 하지 않습니다).
And I don't BREAK promises, like the opposition does(저는 상대 진영처럼 약속을 어기지 않습니다).
I KEEP my promises(저는 저의 약속을 반드시 지킬 것입니다).(박수와 환호성)

다음은 2008년 11월 버락 오바마가 미국 대통령에 당선했을 때의 연설문에서 발췌한 것으로, 한 문장 안에서 같은 형태의 표현을 볼 수 있다.

It's been a long time coming, but tonight, because

of what we did on this day, in this election, at this defining moment, change has come to America(여기에 오기까지 참으로 긴 시간이었지만, 오늘밤, 우리가 바로 오늘, 이번 선거에서, 이처럼 중요한 순간에 내린 결정 때문에, 미국에 변화가 찾아온 것입니다).

위의 문장을 다음과 같이 배열해보면 수사학적 전술이 보다 분명히 드러난다.

It's been a long time coming, but tonight, because of what we did
  on this day,
  in this election,
  at this defining moment,
change has come to America.

이 대목에서 우레와 같은 박수와 환호성이 터져 나온 것도 사실은 의도된 결과였다.

CHAPTER 34

정치적 공정성

최근 사람들을 묘사하는 방식에 많은 변화가 일어났다. 얼마 전까지만 해도 성별에 따라 명칭을 달리하던 직업이 적지 않았다.

남성의 직업	여성의 직업
steward(스튜어드)	stewardess(스튜어디스)
manager(매니저)	manageress(매니저리스)
poet(시인)	poetess(여류 시인)
sculptor(조각가)	sculptress(여류 조각가)
policeman(경찰관)	policewoman(여성 경찰관)

하지만 오늘날에는 직장에서의 남녀 차별 금지를 요구하

는 대대적인 사회운동 덕분에 '-ess'로 끝나는 – 다시 말해 차별적으로 여성을 지칭하는 – 용어는 대부분 사라졌다. 물론 'actress(여배우)', 'waitress(여종업원)' 등과 같은 일부 호칭은 아직도 종종 사용되지만, 여류 시인과 여류 조각가를 지칭하던 'poetess'와 'sculptress'는 이미 오래전부터 중립적인 단어인 'poet'와 'sculptor'로 굳어졌다. 마찬가지로 현재 대형 매장의 여성 매니저는 'manager(매니저)'로, 비행기의 여성 승무원을 지칭하던 스튜어디스는 'flight attendant(항공 승무원)'로 불린다. 그리고 경찰서에는 남성이든 여성이든 'police officer(경찰관)'가 있을 뿐이다.

같은 맥락에서 특히 모욕적이거나 비하하는 의미를 담고 있는 호칭은 무조건 피하는 게 상책이다. 고의든 실수든 그런 표현을 입에 올릴 경우 그에 따른 불이익을 감수해야 하기 때문이다. 2009년 영국의 해리 왕자에게 그런 일이 일어났다. 집에서 만든 비디오가 공개되는 바람에 그가 파키스탄 출신 동료 군인을 '파키(Paki)'라고 부른 사실이 대중에 알려진 것이다. 비록 그 단어를 호의적인 의미로 사용했고, 당사자인 파키스탄 동료가 불쾌하게 여기지 않았는데도 그는 많은 비난을 받아야 했다.

한때는 너무나 모욕적인 의미로 사용된 나머지 입에 올리기만 해도 공분을 사는 어휘가 있다. 영국에서는 '파키'라는 단어가 이에 해당한다. 파키스탄 출신의 이민자로서 평생 동안 '파키'라고 불리는 끔찍한 경험을 안고 살아가는 사람이라면 당연히 그 호칭에 거부감을 가질 수밖에 없다. 해리 왕자가 악의 없이 그저 지나치듯 농담조로 던진 한마디에 그토록 많은 사람이 분노를 표출한 것도 바로 그런 이유에서다.

다음과 같은 영어 속담이 있다.

> Sticks and stones will break my bones(막대기와 돌멩이로 내 뼈를 부러뜨릴 수는 있어도)
>
> But names will never hurt me(말로는 결코 그러지 못한다).

말짱 거짓말이다. 단 한마디도 믿지 마시길! 말도 상처를 입힐 수 있다. 더군다나 그 상처는 훨씬 더 오래간다. 누군가가 던진 돌멩이에 맞아 상처를 입어도 며칠만 지나면 원래 상태로 돌아가게 마련이다. 하지만 언어폭력으로 인한 상처는 영원히 지워지지 않기도 한다.

특히 다른 나라에서 온 사람들이 언어폭력에 시달리고 있다. 언어폭력은 비단 인종차별 문제에 국한되지 않는다. 사회집단에서 *어떤 식*으로든 절대다수에 속하지 않은 사람들은 놀림이나 따돌림의 대상이 될 수 있다. 안경을 낀 아이는 또래 집단에서 '안경잡이'라는 놀림을 당한다. 머리카락이 없는 사람은 '대머리'라는 별칭을 달고 살아야 한다. 그리고 참으로 안타까운 일이지만 우리 사회에는 아직도 눈이나 귀가 멀었거나, 말을 더듬거나, 피부에 흉한 반점이 있거나, 의학적 결함이 있는 사람을 조롱거리로 삼는 부류가 적지 않다. 그런데 정작 언어폭력 가해자는 자신의 행위가 남에게 씻을 수 없는 상처를 준다는 사실을 깨닫지 못하는 경우가 허다하다. 이 또한 우리가 언어에 관한 책을 읽어야 하는 이유 중 하나다.

그렇다면 누구나 피하고 싶어 하는 잔인한 호칭이 엄연히 존재하는 상황에서 우리가 취할 수 있는 대안은 과연 무엇일까? 모든 사람이 선호할 수 있는 새로운 용어를 만들어서 그것을 대신하면 어떨까? 하지만 생각만큼 쉬운 일은 아니다. 예를 들어 평생 휠체어에 의지하여 살아가야 하는 사람을 뭐라고 불러야 그들의 마음을 다치게 하지 않을까? 얼마 전까지만 하더라도 'cripples(불구자)'라는 호칭이 통용되었는데, 모두에게 거부감만 불러일으켰다. 보다 나은 용어를 찾는 노력이 계속되었다. 그러다 한동안은 신체장애를 가졌다는 의미의 'handicapped' 혹은 'disabled'라는 호칭이 유행했지만 이 또한 문제가 있기는 매한가지였다. 누군가를 장애인이라고 말하는 것은 자칫 그 사람이 뭔가 유용한 일을 전혀 할 수 없다는 의미로 받아들여질 수도 있기 때문이다. 잘 알다시피 평생 휠체어 신세를 져야 하는 상태인데도 농구를 하거나 마라톤을 완주하는 등 정상인 못지않게 활동적으로 생활하는 사람들도 있지 않은가.

문제는 분명하다. 부정적인 함의를 암시하지 않고도 휠체어를 사용하는 사람들을 묘사하기에 적절한 영어 단어가 존재하는가? 안타깝지만 현실적으로 그런 단어는 없다. 지금도 여전히 범사회적인 차원에서 걸을 수 있는 능력이 없거나 팔이나 다리를 상실한 사람들을 묘사하는 최선의 용어를 찾는 노력이 계속되고 있다. 그 결과 'differently abled(다른 능력을 가진)' 또는 'physically challenged(신체장애가 있는)'와 같이 새로운 대안이 제시되기도 한다. 하지만 그 어떤 용어도 모두를 만족시키지는 못한다. 그 용어를 선호하는 사람이 있는가 하면, 거부하는 사람도 있다. 신체적 결함을 가진 당사자들의 경우도 마찬가지다.

특정 그룹의 사람을 지칭할 때도 이와 비슷한 문제가 대두된다. 나이 많은 사람은 어떻게 불러야 할까? 'the aged(노인)', 'the elderly(어르신)', 'senior citizens(노령 인구)', 혹은 다른 것? 지능지수가 비정상적으로 낮은 사람은 어떻게 불러야 할까? 'mentally handicapped(정신장애가 있는)', 'retarded(지능 발달이 늦은)', 'intellectually challenged(지적 장애가 있는)', 혹은 다른 것? 살이 쪄서 뚱뚱한 사람들은 어떻게 불러야 할까? 'overweight(과체중)', 'differently sized(치수가 다른)', 'plus-sized(표준 치수를 능가하는)', 혹은 다른 것? 특히 마지막 질문은 옷가게 주인에게 아주 민감한 사안이다.

미국인은 오래전부터 흑인을 지칭하는 용어를 두고 고심해 왔다. 'the blacks(깜둥이)'와 마찬가지로 'negro(니그로)' 또한 공격적으로 여겨졌다. 우여곡절 끝에 오늘날에는 '아프리카계 미국인'이라는 의미의 'African American' 혹은 'Afro-American'이라는 호칭이 널리 사용되고 있다. 하지만 현재 유행하는 호칭이 10년 후에도 여전히 많은 사람으로부터 호응을 얻을지는 아무도 장담할 수 없다.

때로는 정부나 고용주 혹은 여타 사회단체가 앞장서서 특정한 호칭은 장려하고 나머지 호칭은 금지하는 정책을 꾀함으로써

이 문제를 해결하려고 한다. 그들은 '이것은 모든 사람이 의무적으로 사용해야 하는 용어다'라고 주장한다. 그 말은 곧 그런 반강제적 명령에 따르지 않을 경우 응분의 대가를 치러야 한다는 것을 의미한다. '올바른(correct)' 언어를 사용하지 않는 사람은 벌금을 물거나 직장을 잃을 수도 있다. 요즘 'politically correct(정치적으로 올바른)'(또는 약칭으로 'PC')라는 어구가 사람들의 입에 자주 오르내리는 것도 바로 이 때문이다. 어떤 용어가 정치적으로 올바르다는 것은 그것이 특정한 대상에 대한 공식적인 용어이자, 그것이 지칭하는 대상에 대한 어떠한 형태의 공격도 담고 있지 않다는 의미다.

사회적 약자에게 모멸감을 주는 편파적이고 차별적인 언어 행위를 추방함으로써 도덕성을 회복하자는 '정치적 공정성 운동(Political Correctness/PC-Movement)' 혹은 '차별 언어 철폐 운동'의 원래 취지는 아주 건강하고 바람직한 것이었다. 이 운동은 우리가 일상생활에서 사용하는 언어에 초점을 맞추기 때문에 언어에 대한 사회적 관심을 환기시켰을 뿐만 아니라 개인을 하나의 완전한 인격체로 바라보는 계기가 되었다. 존은 비록 휠체어를 타고 이동해야 하지만 일상생활을 하는 데는 별다른 어려움이 없다. 그런데도 사람들은 그의 신체적 결함이 그의 전부인 양 생각한다. 존은 시를 짓거나 그림을 그리는 등 다양한 분야에서 특출한 재능을 발휘할 수도 있다. 그런데도 사람들이 그를 '장애인'으로만 취급하고, 또 그렇게만 부른다면 당사자로서는 얼마나 화가 나고 치욕스럽겠는가?

그런데 차츰 원래의 건강한 취지가 퇴색하기 시작했다. 사람들은 실제로는 전혀 그렇지 않은데도 자신들이 남을 공격하고 있다고 생각하기 시작한 것이다. 개중에는 실제로는 전혀 공격적이지 않은 표현마저 회피하는 방법을 고안해내는 사람들도 생겨났다. 그 결과 남들의 비판이 두렵다는 이유에서 정말이지 웃음밖에 나오지 않는 괴상망측한 용어를 경쟁적으로 만들어내는 기현상까지 벌어졌다. 그 현상은 지금까지도 이어지고 있다. 텔레비전의 코미디 프로그램에서는 종종 농담조로 충치가 있는 사람을 'dentally challenged(치아 장애인)'라고 부른다. 심지어는 난쟁이를 비하하는 표현이라는 이유로 전래 동화 「백설공주와 일곱 난쟁이(Snow White and the Seven Dwarfs)」가 「백설공주와 일곱 명의 키 작은 남자(Snow White and the Seven Vertically Challenged Men)」로 바뀌는 해프닝까지 발생했다.

최근에 벌어지는 PC운동이 표현을 수정하는 데만 너무 집착하면서 차별을 없애자는 원래의 의도와 달리 또 다른 차별을 조장한다는 비판의 목소리도 터져 나오고 있다. 이 운동의 여파로 실제로는 전혀 공격적이거나 차별적이지 않은 언어까지 무차별적으로 색안경을 끼고 보는 불신 풍조가 일고 있다는 것이다. 'black'('검은 피부를 가진 사람'이라는 의미)이 인종차별적이고 모욕적인 단어로 인식되기 시작하자, 특히 미국에서는 어떤 상황에서도 그 단어를 피하려고 애쓰는 사람들 때문에 아주 우스꽝스러운 일이 자주 벌어졌다. 예를 들어 'black coffee(블랙커피)'를 'coffee without milk(우유를 뺀 커피)'라고 표현하는가 하면, 교사들은 'blackboards(칠판)'라는 단어를 회피했다. 심지어 몇몇 유치원에서는 – 이 경우는 영국도 마찬가지다 – 유명한 영어 동요 「Baa, baa, black sheep, have you any wool(매에, 매에, 검은 양아, 양털 좀 있니)?」에서 'black'이라는 단어가 주는 편견을 없앤다는 명목으로 'black sheep'을 'white sheep(흰 양)', 심지어는 'rainbow sheep(무지개 양)'으로 바꿔 부르는 바람에 학부모가 항의하는 촌극이 벌어지기도 했다. 지금도 종종 신문에서 이와 유사한 해프닝을 다룬 기사를 접한다. 사실 많은 사람이 극단적인 성향의 PC 운동에는 부정적인 시각을 갖고 있기 때문에, 이러한 제안은 불필요한 분란만 일으킬 뿐 대부분은 단순한 흥밋거리 이상의 관심을 끌지 못한다.

지난해 크리스마스에 나는 'Happy Christmas(즐거운 성탄절)'가 아니라 'Happy Holidays(즐거운 휴일)'라고 적힌 카드를 받은 적이 있다. 미루어 짐작컨대 카드를 보낸 사람은 기독교의 축일을 기념하는 카드를 받으면 혹여 내가 불쾌하게 생각하지나 않을까 우려하여 그렇게 적은 것 같았다. 참으로 부끄러운 일이다. 내가 알고 있는 사람들 중 대부분은 기독교, 힌두교, 유대교, 이슬람교 등 각기 다른 종교를 믿으면서도 다양한 종교 축일 때마다 서로 축하하거나 안부를 묻는 카드를 주고받는다. 그들은 하나같이 다양성을 존중하고 즐긴다. 심지어는 종교적 배경이 전혀 없는 사람도 종교 축제 기간 중에는 카드를 주고받으며 마냥 즐거워한다. 내 생각으로는 바로 이런 방향이 바람직하다. 모든 안부 카드에 천편일률적으로 '즐거운 휴일'이라고 적히는 날만은 제발 오지 않기를 간절히 바란다.

그런 날이 도래하느냐 마느냐는 것은 내 소관이 아닌 듯하다. 정치적 공정성이 어떤 상황으로까지 치달을지는 다음 세대에 속한 여러분이 결정할 문제이기 때문이다.

다른 나라의 정치적 공정성 운동

'챕터 34'에서 다룬 사례는 모두 영어를 모델로 삼았는데, 그럴 만한 이유가 있다. 그 뿌리가 1960년대와 1970년대로 거슬러 올라가는 PC운동의 주요 관심사는 대부분 미국에서 유래했기 때문이다. 물론 다른 나라에서도 제각각 PC운동이 전개되었다. 몇 가지를 예로 들어보자.

- 영국에서 'binman(청소부)'이 'refuse collector(쓰레기 수거인)' 혹은 'refuse disposal officer(쓰레기 처리 담당자)'로 바뀌었듯이, 이탈리아에서는 'netturbino'가 'operatore ecologico'(또는 'ecological operator')로 바뀌었다.
- 프랑스에서는 눈먼 사람들을 지칭하는 용어인 'aveugle(맹인)'과 PC운동에서 제안한 대안적 용어 'non-voyant'['non-seeing(볼 수 없는 사람)']을 두고 격렬한 논쟁이 벌어지고 있다.
- 독일인은 1930년대와 1940년대의 나치 통치 시절을 상기시키는 용어를 가급적 피한다. 당시 독일 의회는 'Reichstag'['제국의회(imperial congress)'라는 의미]로 불렸지만, 오늘날에는 'Bundestag'['연방의회(federal congress)'라는 의미]로 개칭되었다.

CHAPTER 35

문학어

'챕터 32·33'에서 살펴보았듯이 언어는 우리를 생각하고 느끼게 만들 수 있다. 언어는 우리의 뇌, 즉 우리의 마음에 특정한 자극을 줄 수 있다. 뇌를 가동시킨 언어는 다시 아름답거나 추하게 들리거나 보임으로써 우리의 귀와 눈에 자극을 줄 수 있다. 때로는 언어가 네 가지 일을 동시에 가능하게 한다. 우리는 언어를 통해 우리에게 재미있거나 유익한 이야기를 전해주고, 우리를 웃거나 울게 만들고, 지면이나 컴퓨터 화면 위에 가지런하게 배열되어 있고, (큰 소리로 말할 경우) 듣기에도 즐거운 무엇인가를 읽을 수 있다. 이런 유형의 언어는 거의 대부분 소설, 수필, 희곡, 시 등으로 대변되는 이른바 *문학(literature)*에서 발견된다.

사실 영어에서 'literature'라는 단어는 문어로 표현되는 모든 것을 의미할 수 있다. 휴가를 보내기 위해 그리스에 관해 알고 싶으면 우리는 여행사에서 제공하는 '자료(literature)', 즉 그곳을 소개하는 간단한 설명서나 소책자를 통해 관련 정보를 확인한다. 도서관에 가보면 역사, 법률, 철학, 의학 등 무수한 학문 분야를 다룬 책이 서가를 가득 메우고 있는데, 때로는 이와 같은 학술 서적 혹은 학술 문헌도 'literature'로 불린다. 같은 맥락에서 우리는 종종 특정 질병에 관한 정보를 찾기 위해 '의학 문헌(the medical literature)을 샅샅이 뒤졌다'와 같은 표현을 듣는다.

'literature'는 주로 언어를 사용하여 특별한 뭔가를 만드는 행위 및 그 결과물을 말한다. 그 결과물인 언어예술 작품은 크게 *픽션(fiction)*과 *논픽션(nonfiction)*으로 나뉜다. 픽션은 '해리포터' 시리즈와 로알드 달(Roald Dahl)이나 테리 프래쳇의 소설처럼 상상력을 동원하여 만들어낸 가공의 이야기다. 반면 논픽션은 여행담이나 *전기(biography)*처럼 실제 세계에 관한 이야기다. 때로는 두 형식이 뒤섞이는데, 일부는 사실이고 일부는 허구라고 할 수 있는 셰익스피어에 관한 이야기를 쓰는 경우가 여기에 해당한다.

대부분의 서구 문학은 문어 형식이다. 즉 글로 이루어져 있기 때문에 우리는 그것을 읽을 수 있다. 그런데 '챕터 20'에서 살펴보았듯이 현재 지구촌에는 전혀 기록된 적이 없는 언어도 수두룩하다. 이 문화권의 사람들은 문학을 듣는 수밖에 없다. 그러려면 말을 하거나 시를 읊는 데 탁월한 능력을 지닌 사람들이 있게 마련이며, 그들의 기억력과 입을 통해 이야기가 계속 전해진다. 그것이 '구비문학(oral literature)'이다.

1,000년 전에는 영국 문학도 이와 비슷한 형태였다. 고대영어에 뿌리를 둔 「베어울프(Beowulf)」는 3,182행으로 이루어진 영국의 영웅서사시다. 이 작품은 위대한 영웅 베어울프가 용을 포함한 괴물들과의 사투를 그리고 있다. 추측컨대 밤에 사람들이 모닥불 주위에 둘러앉아 귀를 기울이고 있는 동안 음유시인이 하프를 연주하며 이 장대한 서사시를 음송했을 것이다. 이야기를 완전히 끝마치기까지는 약 세 시간이 소요되었을 것이다. 그러다 어느 시점에 누군가가 오늘날 우리가 알고 있는 바와 같은 내용의 이야기를 글로 옮겨놓았다. 2007년에는 이 이야기를 소재로 영화가 제작되었다.

구전이든 기록물이든 모든 문학작품에는 한 가지 공통점이 있다. 작가라면 누구나 가장 효과적인 방식으로 언어를 사용하고자 고심한다. 그들은 어떻게든 우리의 마음을 사로잡아 감동을 이끌어내기 위해 자신이 말하고 쓰는 방식이 아름답고, 강렬하고, 극적이고, 기억에 남고, 독창적이기를 원한다. 그들은 우리가 행복해하거나 슬퍼하거나 무서워하거나 짜릿해하는 등의 무수한 감정을 느끼게 만들고 싶어 한다. 그들은 우리가 어떤 인물은 좋아하고, 또 어떤 인물은 싫어하도록 만들고 싶어 한다. 그리고 그들은 우리가 마치 멋진 그림을 감상할 때처럼 자신이 만들어낸 소리와 형상을 보고 들으며 감탄해주기를 원한다. 물론 작가는 색깔이 아니라 언어로 그림을 그린다는 점이 다르지만.

다음 글은 스크루지라는 수전노 이야기를 다룬 찰스 디킨스의 『크리스마스 캐럴(A Christmas Carol)』에서 발췌한 것으로, 마치 그림을 보듯 생동감이 넘쳐흐른다. 이 이야기는 여러 차례 영화로 만들어졌는데, 그중에는 마이클 케인(Michael Caine)이 주연을 맡은 작품도 있다. 이 발췌문을 통해 우리는 작가 디킨스의 글쓰기 방식을 엿볼 수 있다. 각각의 단어는 마치 그림에 붓질을 더하듯이 아주 신중하게 선택되었다.

> 오! 그는 바늘로 찔러도 피 한 방울 나지 않을 정도로 비정한 수전노였다. 스크루지! 남을 착취하고 강탈하고 수탈하고, 탐욕스럽고 자신밖에 모르는 불량 노인! 그 어떤 강철로도 따뜻한 불꽃을 단 한 번도 피워낸 적이 없는 부싯돌처럼 단단하고 날카로우며, 굴처럼 비밀스럽고 자족적이고 고독한 인물. 내면의 차가움이 그의 늙은 외모를 얼어붙게 만들었다. 뾰족코는 시들고 양 볼은 쪼그라들었으며, 걸음걸이도 경직되었다. 두 눈은 벌겋게 충혈되었고, 얇은 입술은 파래졌으며, 거슬리는 목소리에는 심술이 다닥다닥 묻어 있었다. 그의 머리, 그의 눈썹, 그의 억센 턱 위로 차가운 서리가 내려앉아 있었다.

이 짧은 묘사만으로도 스크루지의 겉모습과 됨됨이를 읽어내기에 부족함이 없는 듯하다.

또 다른 글을 읽어보자. 다음 예문은 어떤 소설의 도입 부분에서 발췌한 것이다. 이번에는 작가의 의도가 다르다. 우리의 관심을 사로잡아 책에서 눈을 떼지 못하게 만들려고 한다. 첫 문장부터 예사롭지 않다.

어느 따뜻한 봄날 저녁이었다. 문을 두드려대는 주먹 힘이 얼마나 강했던지 경첩이 휘어질 정도였다.

이 글을 접하는 순간 누구나 곧장 빨려들 수밖에 없다. 어떤 문일까? 누구의 주먹일까? 경첩이 휘어질 정도라면 야수거나 엄청난 거인이 아닐까? 계속 읽어보자.

한 남자가 문을 열고 밖을 살펴보았다. 강에서 피어오르는 안개가 거리를 가득 메우고 있었다. 구름이 잔뜩 낀 밤이었다. 그는 마치 하얀 벨벳 너머를 내다보려고 애쓰는 것만 같았다.

이번에는 아주 묘한 분위기가 우리를 사로잡는다. 안개가 잔뜩 끼어 있다. 그런 안개 속에서 과연 누가, 혹은 무엇이 문을 두드렸단 말인가?

하지만 다시 생각해보니 길 위로 쏟아져 내리는 불빛 바로 건너편에 분명 형체들이 있었다. 그를 조심스럽게 관찰하고 있는 수많은 형체. 어쩌면 아주 희미한 점광(點光)인지 모른다는 생각도 들었다.

이번에는 형체들. 그것도 무수히 많은. 게다가 그를 관찰하고 있다지 않은가. 계속 읽어보는 수밖에!

> 그의 눈앞 오른쪽의 형체는 분명했다. 크고 어둡고 빨간색으로, 마치 아이들이 만든 점토 인형 같았다. 두 눈은 잉걸불처럼 이글거리고 있었다.

이 대목에서 읽기를 멈추고 책을 다시 서가에 꽂기란 여간 어려운 일이 아니다. 하지만 이 책을 끝마치는 게 급선무인지라 애석하지만 이쯤에서 멈춰야겠다. [이 이야기의 결말이 궁금하면 『진흙의 발(Feet of Clay)』을 찾아 읽어보시길! 저자는 영국의 판타지 소설가 테리 프래쳇이다.]

또 다른 예를 들어보자. 이번에는 시다. 1802년 9월 3일, 윌리엄 워즈워스(William Wordsworth)가 눈앞에 펼쳐진 광경에 넋을 잃은 채 런던의 웨스트민스터 다리 위에 서 있다.

> 대지 위에 이보다 더 아름다운 곳 어디 있으랴.
> 영혼이 메마른 자가 아니면 그냥 지나치지 못하리라,
> 너무나 장엄하여 심장이 멈출 것만 같은 이 광경을.
> 도시는 지금 마치 긴 웃옷처럼
> 아침의 아름다움을 드리우고 있다. 조용히 맨몸으로,
> 들판과 창공을 향해 활짝 열린 채 누워 있는
> 배들, 탑들, 둥근 지붕들, 극장들, 그리고 사원들.
> 맑디맑은 대기 속에서 각기 찬연함을 뽐내고 있다.
> 태양이라고 이보다 더 아름답게 그 첫 빛살로
> 골짜기와 바위 혹은 언덕을 비춘 적이 있으랴.

나 또한 이처럼 깊은 고요를 본 적도 느낀 적도 없다네!
강은 저 혼자 자신의 달콤한 의지에 따라 흐르고
오, 주여! 집들마저 잠든 듯 보이오며
그토록 강한 심장도 조용히 누워 있사옵니다!

누구나 이처럼 맑고 평화로운 광경을 접할 수 있지만 그런 순간을 무심코 지나쳐버리기 일쑤다. 인용한 워즈워스의 시는 우리에게 어떻게 느껴야 하고, 또 그런 느낌을 어떻게 표현해야 하는지를 가르쳐준다. 시인의 주업은 우리가 *보고 느끼게* 만드는 것이기 때문이다.

시인은 또한 우리를 웃게 만든다.

마틸다가 내뱉는 거짓말은 너무 끔찍해서
듣는 사람마다 눈이 휘둥그레졌다네.
아주 어릴 적부터 오직 진실만을
소중히 여겨온 그녀의 고모는
어떻게든 마틸다를 믿어보려고 애썼다네.
그런데 그런 노력이 그녀를 죽음으로 몰아갈 뻔했다네……

영국의 유명한 우화 작가 힐레어 벨록(Hilaire Belloc)의 「거짓말쟁이 마틸다, 불에 타 죽다(Matilda, Who Told Lies, and was Burned to Death)」라는 시의 일부로, 이번에는 제목이 우리의 궁금증을 유발하여 계속 읽게 만든다.

문학은 우리의 삶에 또 하나의 차원을 더해준다. 책이나 컴퓨터 화면에서 읽든, 아니면 오디오 디스크를 통해 듣거나 DVD로 보든, 시는 다른 어떤 예술적 방식과 비교할 수 없는 특유의 힘으로 우리의 마음을 사로잡는다. 우리는 그림이나 조각품을 감상하고, 음악을 듣고, 춤이나 발레를 관람하면서도 특별한 무엇인가를 경험할 수 있다. 하지만 그 세부적인 요소의 범위와 깊이에서는 언어예술 작품이 단연 으뜸이다. 언어는 지금까지 인류가 습득해온 것들 중에서 가장 복잡한 결과물로, 자아 표현의 무한한 가능성을 내포하고 있다. 이 문제에 관해서는 '챕터 37'에서 좀 더 상세히 다룰 것이다.

시와 시인에 관해 한마디만 더하고 이 챕터를 마치도록 하겠다. 수년 전에 로버트 피셔(Robert Fisher)가 「시를 찾아서(To Find a Poem)」라는 시를 발표했는데, 그 도입부는 다음과 같다.

시를 찾으려면
바람에 귀를 기울여
이상하고 진귀한 단어들의 속삭임을 들어보고
돌멩이들을 들추어보아도
옛 시의 형상 그대로 굳어진
화석을 발견할 수 있을 것이다.
시의 화석들은 어디서나 모습을 드러내며
전혀 예기치 못한 장소에서도…….

앞으로 살펴보겠지만, 언어에 관한 책도 '전혀 예기치 못한' 장소가 될 수 있다.

인물 4행시 '클레리휴'

문학에는 소설, 희곡, 시 등 아주 다양한 유형 혹은 '장르(genres)'가 존재한다. 때로는 새로운 장르를 개척할 수도 있다. 1890년대 초에 에드워드 클레리휴 벤틀리(Edward Clerihew Bentley)는 4행으로 이루어진 인물 풍자시를 창안했다. 유명한 사람의 일상에서 벌어지는 하나의 사건을 익살스럽게 묘사한 것으로, 각 행의 길이는 자유로웠지만 각운은 반드시 맞춰야 했다. 일명 '클레리휴(clerihews)'라고도 알려진 그의 4행시는 많은 사람의 사랑을 받으며 숱한 아류작을 낳았다. 다음은 그의 풍자시 중에서 내가 가장 좋아하는 네 편이다.

Biography
Is different from Geography.
Geography is about maps,
While Biography deals with chaps.

전기는

지리와 다르다.

지리는 지도에 관한 것인 반면

전기는 친숙한 사람들을 다룬다.

James Hogg
Kept a dog,
But, being a shepherd
He did not keep a leopard.

제임스 호그는
개 한 마리를 키우고 있었다.
하지만 그는, 양치기로서
표범은 키우지 않았다.

Sir Humphry Davy
Was not fond of gravy
He lived in the odium
Of having discovered sodium.

험프리 데이비 경은
그레이비소스를 싫어했다.
그는 나트륨을 발견했다는
오명 속에서 살았다.

What fools we've been!
We've forgotten the Queen!
She removes her crown, it is said,
When she goes to bed.
우리는 얼마나 어리석었나!
여왕 폐하를 까맣게 잊고 있었다니!
풍문에 따르면 잠자리에 들 때는
여왕 폐하도 왕관을 벗는다네.

소재야 주위에 널려 있으니까 여러분도 직접 한번 도전해보시라.

벤틀리는 겨우 열여섯 살 때 자신의 데뷔작 격인 험프리 데이비 경에 관한 4행시를 썼다고 한다. 그것도 과학 수업 시간에!

CHAPTER 36

스타일 개발

‘챕터 35’에서 언급한 작가들은 모두 자신만의 고유한 스타일을 발전시켜왔다. 여기서 스타일이란 언어를 사용하는 개인적인 방식을 말한다. 이것은 누군가로부터 강한 인상을 받았을 때 ‘나는 당신의 스타일이 좋아요!’라고 말하는 경우와 동일한 유형의 개념이다. 이 말은 곧 ‘당신이 일을 처리하는 방식이 좋다’는 뜻이다. 사람들은 언어에서도 자신만의 방식을 고수하고 싶어 한다.

사실 이 챕터의 첫 문장은 ‘모든 작가는 자신만의 고유한 스*타일*을 발전시켜왔다’라는 식으로 고쳐야 옳다. 스타일은 지문과 다르다. 스타일은 우리가 처하는 상황에 따라 변하게 마련이다. 우리가 입는 옷과 비교해보자.

옷장에는 무엇이 들어 있을까? 그야 당연히 옷이다. 사람들은 대부분 꽤 많은 옷을 갖고 있다. 특별한 날에 입는 우아하고 고급스러운 의상, 평상복, 추울 때 입는 옷과 더울 때 입는 옷, 집에서 간편하게 걸치는 옷, 수영복, 잠옷 등 그 종류가 아주 다양하다. 우리는 날씨나 상황에 따라 적절한 옷을 입는다. 눈이 내리고 있는데 여름옷을 입는다거나 찜통더위에 털외투를 걸친다면 미친 사람으로 취급받기 십상이다. 그리고 호화로운 파티에 초대받았을 때는 정장 차림을 하는 게 예의다.

선택의 여지가 없는 경우도 종종 있다. 스카우트 대원, 안내원, 사관생도, 군악대의 단원, 치어리더, 축구선수, 군인이나 경찰 등과 같이 특정 그룹의 일원이라면 반드시 유니폼을 착용해야 한다. 뿐만 아니라 리셉션이나 파티에 초대받으면 초대장에 '이브닝드레스(evening dress)', '라운지 슈트(lounge suit)', '가장무도복(fancy dress)' 등의 의상이 명시되기도 한다. 그러면 사람들은 옷장을 열고 상황에 어울리는 옷을 고른다. 찾는 옷이 옷장에 없으면 새로 사거나 빌려야 하는데, 그도 저도 여의치 않으면 대부분 아예 외출을 포기해버린다.

우리는 자라면서 머릿속에 언어의 옷장을 만든다. 이 옷장은 옷 대신 다양한 스타일로 채워진다. '챕터 11·22·23'에서 살펴보았듯이 우리는 장소, 말하는 대상, 말하고자 하는 의도에 따라 다양한 방식으로 말하고 쓰는 법을 배운다. 우리는 공식적인 상황에서는 공식어를 사용하고 비공식적인 상황에서는 일상어를 사용하는 법을 배운다. 우리는 가족, 친구, 얼굴을 아는 사람, 낯선 사람 등 대화 상대에 따라 다양한 종류의 비공식적 언어를 사용하는 법을 배운다. '챕터 1'에서 살펴보았듯이 우리는 동물이나 갓난아기와 같이 특별한 대상을 상대로 한 특수한 언어 사용 방식도 배운다. 마찬가지로 우리는 문자메시지를 다룬 '챕터 30'에서 살펴보았듯이 특이한 글쓰기 방법도 배운다.

학교에서는 좀 더 공식적인 방식의 말하기와 쓰기를 배운다. 우리는 'Sir' 혹은 'Miss'와 같은 단어를 덧붙여 호칭하는 새로운 방식을 배운다. 공부하는 과목에 따라 말하고 쓰는 법이 다르다는 것도 배운다. 다시 말해 한 가지의 언어 스타일이 모든 분야에 적용되지 않는다는 사실을 곧 깨우친다. 수학 문제에 답하는 방식은 역사, 지리 등에 관한 에세이나 과학 리포트를 작성하거나 상상력에 기초한 글쓰기를 할 때와 전혀 다르다. 우리는 낭독, 토론, 연극 대사 등과 같은 다양한 말하기 방식도 배운다.

학교를 졸업하면 반드시 익혀야 하는 보다 많은 스타일이 우리를 기다린다. 직업이 우리를 특수한 방식으로 말하고 쓰도록 강요한다. 이 책에서 우리는 정치가, 광고주, 변호사, 의사, 성직자 등 다양한 직업에서 통용되는 특수한 언어 사용법을 살펴보았다. 게다가 우리는 일상생활에서도 새로운 스타일을 배워야 한다. 우리는 운전면허증이나 여권 신청서, 대학 입학원서 등의 서식을 작성하는 방법을 배워야 한다. 직장에서 봉급을 받기 시작하면 소득신고서를 작성하여 정부에 제출해야 한다. 그리고 취업하기 위해서는 반드시 이력서(curriculum vitae, CV)를 작성하여 제출해야 한다.

이 모든 일을 처리하는 데는 각각 올바른 방법과 잘못된 방법이 있다. 당연한 말이지만 일을 잘못된 방법으로 처리하면 우리는 원하는 것을 얻을 수 없다. 여권 신청서를 잘못 기재하면 여권을 받지 못한다. 이력서를 보내면서 틀린 철자를 확인하지 않으면 그 직장에 들어가기 힘들다. 서식을 잘못 기재하면 심지어 금전적인 손실을 입을 수도 있다. 벌금을 물어야 하는 경우가 적지 않기 때문이다.

첨단기술이 도입된다고 언어로 할 일이 줄어들지는 않는다. 인터넷이 보편화되면서 결과적으로 우리가 반드시 익혀야 하는 스타일의 수가 오히려 두 배로 늘어났다. 과거에는 반드시 우체국을 거쳐야 했던 업무 중 많은 부분이 지금은 온라인으로 처리된다. 지면 서식과 온라인 서식을 채우는 것은 비슷한 면도 많지만 다른 점도 그에 못지않게 많다. 따라서 정상적인 생활을 해나가려면 누구나 지면으로 일을 처리하는 방법에다 컴퓨터로 일을 처리하는 방법까지 익혀야 하는 번거로움을 감수할 수밖에 없다.

옷과 마찬가지로 우리가 사용하는 언어의 종류를 스스로 선택할 수 없는 상황도 흔하다. 종교 예배에 참석하는 사람에게는 사용 가능한 언어의 종류가 미리 주어진다. 예를 들어 기도나 성경 낭송도 정해진 방식에 따라야 한다.

법정에서도 같은 원칙이 적용된다. 판사, 변호사, 증인, 피고인 등의 자격으로 재판에 참석하면 모두 각각 정해진 방식에 따라 말한다. 법정 선서란 서기가 불러주는 단어를 정확히 그대로 반복하는 것을 의미한다. 증언대에 앉은 사람은 모든 질문에 성실히 답변해야 하고, 증인으로서 합당한 언어 예절을 갖춰야 한다. 그러지 않으면 '법정모욕죄'로 기소될 수 있으며, 판사의 판단에 따라 벌금형이나 심지어 징역형까지 받을 수 있다.

언어에 존재하는 다양한 스타일을 가능한 한 많이 알고, 가능한 한 많이 익히는 것이 사회생활에서 여러모로 유익하다. '패션 감각'이 있다는 말은 상황에 따라 어떤 옷을 입어야 할지를 직감적으로 알아채는 능력을 의미한다. 언어도 마찬가지다. 우리는 '언어 감각'을 익히고 가꾸어야 한다.

그러려면 어떻게 해야 할까? 현재 학교마다 '언어 구사력(language skills)'이나 '언어 인지(language awareness)' 같은 특별 강좌를 개설하여 학생들의 스타일 개발에 도움을 주고 있다. 이런 교육과정은 수강생이 나중에 원활한 사회생활을 영위하게 만드는 초석이 된다. 몇몇 나라에서는 학생들의 언어능력을 훈련시키고 그 결과를 시험을 통해 평가하여 특정한 자격을 부여하는 제도를 시행하는데, 그중 하나가 영국의 고급 영어 교육과정(A-level English Language syllabus)이다. 이런 형태의 교육과정이 없다면 온라인 포럼과 같은 다른 경로를 통해 언어에 관한 지식을 쌓아나갈 수 있다. 물론 지금 여러분이 읽어나가고 있는 이 책을 통해서도 가능한 일이다!

큰 틀에서 볼 때 스타일이란 사람들이 일을 처리하는 방식과 관련된 문제다. 따라서 그 형태가 사람마다, 처리하는 일의 성격에 따라 제각각일 수밖에 없다. 언어를 통해 우리 자신을 드러낼 기회는 실로 다양하다. 예를 들어 블로그나 포럼에 메시지를 보내거나, 이메일이나 리포트를 작성하거나, 소설이나 시를 쓰거나, 문자메시지를 보내거나, 가족이나 친구와 대화하거나, 연설이나 발표를 하거나, 생일 카드에 적을 문구를 떠올리는 등 다양한 일상적 활동이 언어를 통해 이루어진다.

그렇다면 어떻게 해야 자신만의 고유한 스타일을 개발할 수 있을까? 첫 번째 방법은 좋아하거나 존경하는 모델을 찾아 모방하는 것이다. 테리 프래쳇이 훌륭한 작가라고 생각하면 그의 글쓰기 방식을 따라 해보라. 스크루지에 대한 찰스 디킨스의 묘사가 환상적이라고 생각하면 그의 문체 혹은 스타일을 빌려 누군가를 직접 묘사해보라. 그런 과정을 거치다 보면 어떤 스타일이 자신에게 더 쉽게 다가오는지 느끼게 된다. 그리하여 마침내 사용하기에 가장 편안하고 자연스러운 스타일을 발견하게 되는 것이다. 그것은 결코 프래쳇이나 디킨스 혹은 여러분이 모델로 삼은 그 누군가의 스타일과 동일하지 않다. 그것은 바로 여러분 자신의 스타일이다.

두 번째 방법은 모국어의 다양한 규칙을 활용하여 자신이 선호하는 특정한 표현 방식을 가려내는 것이다. 예를 들어 한 문장 안에서 다음과 같은 식으로 단어의 배열 순서를 약간씩 바꿀 수 있다.

Quickly the soldiers ran across the field.

The soldiers quickly ran across the field.

The soldiers ran quickly across the field.

The soldiers ran across the field quickly.

'군인들이 빠른 속도로 들판을 가로질렀다'라는 의미는 변함없지만, 문장마다 리듬과 강세 혹은 강조점이 다르다. 이야기를 써나가는 중이라면 이 중에서 어느 문장을 택하겠는가? 유일한 방법은 각각의 문장을 해당 위치에 대입해보고 가장 마음에 드는 문장을 고르는 것이다. 그러기 위해서는 먼저 선택 가능한 문장 유형이 네 가지라는 사실을 알아야 한다.

모국어의 문법을 더 많이 알수록 선택할 수 있는 폭도 넓어진다. 다음은 선택 가능한 문장 유형이 여섯 가지로 확장된 사례다.

> Old, ruined, the house scared us all as soon as we saw it.
>
> The old, ruined house scared us all as soon as we saw it.
>
> The house, old, ruined, scared us all as soon as we saw it.
>
> Old and ruined, the house scared us all as soon as we saw it.
>
> The old and ruined house scared us all as soon as we saw it.
>
> The house, old and ruined, scared us all as soon as we saw it.

어느 유형이 가장 마음에 드는가? '정답'은 없다. 이야기의 도입부에는 첫 번째 문장을 배치하고 중간 부분쯤에는 세 번째 문장을 배치할 수도 있다. 전문 작가의 글쓰기 방식을 면밀히 검토하다 보면 종종 이런 문체와 마주치게 된다. 흔히 '문체 분석(stylistic analysis)'이라고 불리는 이것은 내가 생각할 때 언어 연구에서 흥미로운 활동 중 하나다.

바퀴벌레 아키의 스타일

스타일은 항상 선택의 문제다. 언어마다 다양한 말하기 방식이 존재한다. 우리는 그중 우리가 말하고자 하는 의도나 말하는 상황에 가장 어울린다고 생각되는 방식을 택한다. 그런데 어떤 작가는 거기에 만족하지 않고 언어의 규칙을 파괴하여 자신만의 독특한 스타일을 만들어낸다. 대문자를 전혀 사용하지 않는 것도 그 좋은 예다.

미국의 유머 작가 돈 마르퀴스(Don Marquis)는 바퀴벌레 아키(Archy)와 길고양이 메이타벨(Mehitabel)에 관한 이야기로 유명해졌다. 아키는 밤마다 은거지에서 기어나와 돈 마르퀴스의 타이프라이터로 자신의 시를 쓰곤 했다. 그런데 한 가지 문제가 있었다. 손발이 너무 작아 글자판과 시프트키를 동시에 누를 수 없기 때문에 대문자를 입력할 수 없음은 물론 구두점도 제대로 찍을 수 없었던 것이다. 그 결과 아키의 시는 모두 다음과 같은 형태였다.

if you get gloomy just
take an hour off and sit
and think how
much better this world

is than hell
of course it won t cheer
you up much if
you expect to go there
기분이 우울해지면
잠시 앉아 쉬면서
생각해보라
이 세상이 지옥보다
얼마나 더 좋은지를
물론 당신 스스로가
지옥에 갈 것으로 생각하고 있다면
별 도움이 되지 않겠지만 말이다

바퀴벌레가 쓴 글치고는 꽤 괜찮지 않은가!

CHAPTER 37

언어의 복잡성

'챕터 35'에서 언급한 대로 언어는 지금까지 인간이 배워온 수많은 것들 중 가장 복잡하다. 그 이유는 무엇일까?

현재 여러분이 이 책을 읽고 있는 과정을 잠시 살펴보자. 여러분의 뇌는 엄청난 속도로 소문자와 대문자의 형태로 번갈아 등장하는 26개의 알파벳과 10여 개에 달하는 문장부호를 처리한다. 이들 글자가 결합하여 단어가 구성되는데, ('챕터 3' 말미에서 살펴보았듯이) 언어마다 수많은 단어가 존재한다. 이들 단어 중 일부는 다양한 형태의 파생어를 허용한다(예를 들어 영어의 'happy', 'unhappy', happiness', 'unhappiness'). 그리고 다시 단어가 결합하여 문장이 구성되고, 문장이 결합하여 문단(paragraph)이 구성되고, 문단이 결합하여 장(chapter)이 구성되는 과정을 거쳐 최종적으로 장이 결합하여 한 권의 책이 완성된다. 그뿐만 아니라 출간된 책의 판이 거듭되면 그 과정에서 지면에 표시되는 언어의 형태에 많은 변화가 일어난다. 다시 말해 판본에 따라 활자의 크기나 모양 등이 바뀔 수도 있다.

말도 마찬가지다. 글을 읽을 때 우리는 언어의 소리를 사용해야 한다. '챕터 5'에서 살펴보았듯이 영어의 경우 소리의 숫자는 40개가 넘는다. 소리가 결합하여 음절을 구성하는데, 그 방법이 수백여 가지에 달한다. 따라서 우리는 'up', 'shoe', 'spots'와 같은 소리 연속체는 사용 가능한 말하기 방식인 반면 'ngop', 'shmfi', 'doprns' 등은 그렇지 않다는 것을 배워야 한다. 글쓰기와 마찬가지로 단어가 결합하여 문장을 구성한다. 하지만 글쓰기와 달리 문단이나 장 대신 대화와 연설의 형태를 취한다. 그리고 대화와 연설을 원활히 진행하기 위해 우리는 억양, 소리의 높낮이, 속도, 리듬 등 수백여 가지의 서로 다른 음조를 사용한다.

이 모든 것은 왜 필요할까? 우리가 쓰고 말하고 싶은 것을 가능케 해주기 때문이다. 언어의 잠재력에는 한계가 없다. 참으로 놀라운 일이 가능해진다. 일단 수천여 개의 단어와 그러한 단어를 조합하여 문장으로 만드는 기본적인 원리만 익히고 나면 우리는 이전에 그 누구도 말한 적이 없는 것들을 말할 수 있다. 예를 들어보자.

> Twelve policemen wearing yellow socks rode donkeys along the beach(노란 양말을 신은 열두 명의 경찰관이 당나귀를 타고 해안을 따라 달렸다).

감히 장담하건대, 이것은 누군가가 말이나 글로 표현한 문장으로서는 인류 역사상 최초다. 나는 방금 이 문장을 만들었다. 그런데 이전에 보거나 들은 적이 없는데도 독자 여러분은 이 문장을 이해하는 데 전혀 어려움을 느끼지 않는다. 왜 그럴까?

사실 이 책에 등장하는 문장은 대부분 새로 만들어졌다. 나뿐만 아니라 다른 누구도 사용한 적이 없으며, 따라서 당연히 여러분도 처음 대하는 문장이다. 물론 모든 문장이 다 그렇다는 말은 아니다. 앞 문단의 시작 부분에 등장하는 '이 모든 것은 왜 필요할까?'라는 문장은 전 세계에서 내가 최초로 사용한 것이 아니다. 방금 구글의 검색창에 이 문장을 입력해보니 그 결과가 50만 개에 달했다. 하지만 같은 창에 앞 문단에서 예로 제시한 열두 명의 경찰관이 등장하는 문장을 입력해보니 검색 결과가 0으로 나왔다. 물론 검색엔진이 지금까지 말하고 쓰인 모든 것을 담고 있지는 않지만, 우리에게 특정 언어에서 자주 사용되는 표현과 그렇지 않은 표현에 대한 정보를 제공한다.

원하기만 하면 우리는 이보다 훨씬 더 독창적일 수도 있다. 표현하려는 의미를 머릿속으로 떠올렸는데도 적절한 단어를 찾을 수 없는 경우 우리는 원래 의도를 관철하기 위해 새로운 단어를 만들어낼 수 있다. 다음과 같이 'un-'을 덧붙여 새로운 단어를 만드는 경우가 대표적인 예다.

uncool(멋지지 않은), unchoosy(까다롭지 않은), unfunny(재미없는), unsorry(미안하지 않은)

작가들은 수백 년 전부터 이와 비슷한 언어유희를 해왔다. 지금으로부터 약 100년 전 루이스 캐럴은 『이상한 나라의 앨리스』에서 주인공 앨리스가 테이블 주위에 빙 둘러앉은 매드 해터(Mad Hatter, 일명 '미친 모자장수')를 포함한 몇 명의 인물과 만나는 장면을 묘사하며 기발한 표현을 만들어냈다. 그날은 앨리스의 생일이 아니기 때문에 그들은 그녀에게 '생일 이외의 날(unbirthday)'을 축하한다고 말한다. 신조어 개발의 원조라고 할 수 있는 극작가 셰익스피어도 빼놓을 수 없다. 그의 희곡 「맥베스(Macbeth)」에는 끊임없이 거짓말만 늘어놓는 맬컴(Malcolm)이라는 인물이 등장한다. 거짓 행각을 시인할 수밖에 없는 상황으로 내몰린 장면에서 맬컴은 자신이 한 말을 '취소한다(unspeak)'고 말한다. 셰익스피어는 이런 유형의 신조어를 즐겨 만들었다.

이와 같이 무한한 변형 생성 가능성 때문에 언어는 의사소통을 위해 인간이 사용하는 다른 수단과 확연히 구별된다. 두 사람이 말을 주고받는 장면을 떠올려보자. 두 사람은 말을 하면서 서로 눈빛을 교환하거나 갖가지 표정을 짓기도 하는데, 실제로 그런 동작이 말에 힘을 더해준다. 말을 하는 내내 두 사람은 웃고, 얼굴을 찡그리고, 놀란 표정을 짓는다. 뿐만 아니라 어깨를 으쓱하거나 엄지손가락을 치켜세우는 것과 같은 몸동작이나, 악수나 키스와 같은 신체 접촉이 곁들여진다. 모두 의사소통의 방식이나 수단이다. 그렇다고 이것을 '언어'라고 할 수 있을까?

대답은 '아니요'다. 우리는 종종 표정, 몸동작, 신체 접촉 행위 등을 묘사하기 위해 '몸짓언어(body language)'라는 표현을 사용한다. 이것은 우리가 이 책에서 사용해오고 있는 의미에서의 '언어'는 결코 아니다. '언어'라는 단어를 사용할 때는 신중을 기해야 한다. 때로는 이 단어가 사람들 간의 특정한 형태의 연관관계를 생생하게 나타내기 위한 하나의 방법이나 수단이 되기 때문이다. 다음은 한 신문의 독자란에 실린 기고문에서 발췌한 내용이다.

> The band was brilliant. Every instrument was playing the same language(그 밴드는 아주 뛰어났다. 모든 악기가 동일한 언어를 연주했다).

도대체 무슨 뜻인가? 물론 악기가 영어나 프랑스어 혹은 다른 어떤 언어로 말을 한다는 의미는 아니다. 여기서 '언어'라는 단어는 연주자들의 연주가 멋지게 조화를 이루었다는 것을 묘사하기 위한 하나의 수단으로 사용되었다. 다시 말해 이 밴드의 연주자들은 악기의 음을 통해 서로 말을 주고받을 때 느끼는 것과 동일한 종류의 공감 혹은 교감에 도달했음을 분명히 보여주었다는 것이다. 위에 인용된 예문은 '언어'라는 단어의 특수한 용례다.

'몸짓언어(body language)'라는 어구에서도 '언어'라는 단어가 특수하게 사용되고 있다. 표정과 손동작으로 감정을 표현하는 것과, 의사소통을 위해 말하고 쓰거나 청각장애인용 수화를 사용하는 것은 엄연히 다르다. 몇 가지 중요한 차이점을 열거하면 다음과 같다.

규모의 차이

언어에는 얼마나 많은 단어가 존재할까? 영어와 같은 언어에는 그 수가 100만 개를 상회한다. 그렇다면 표정은 몇 가지나 가능할까? 10여 가지에 불과하다. 몇몇 형식의 춤에서 등장하는 섬세한 손동작까지 포함하면 그 수가 몇백 가지로 늘어날지도 모른다. 그렇더라도 언어와 비교하면 아주 미미한 숫자에 불과하다.

창의성의 차이

'unbirthday'처럼 우리는 언어에서 새로운 단어를 쉽게 만들어낼 수 있다. 그렇다면 새로운 얼굴 표정도 쉽게 만들어낼 수 있을까? 직접 시도해보면 알겠지만 불가능하다. 언어는 신체언어(body communication)와 비교할 수 없을 정도로 창의적이다.

구조의 차이

언어는 아주 흥미로운 '이중' 구조를 갖고 있다. 소리와 글자 자체만으로는 전혀 의미가 없다. 이를테면 'p', 'n', 'o' 등은 단순히 소리와 글자일 뿐 특정한 의미를 가질 수 없다. 하지만 이것들이 결합되어 'pin' 혹은 'nip'처럼 단어로 구성되는 순간 의미를 갖는다. 참으로 마술 같은 일이다. 반면 얼굴 표정은 언제나 의미를 가진다.

우리는 다양한 의미를 표현하기 위해 한 문장 안에서 단어의 배열 순서를 바꾸는 것과 같은 ('챕터 19'에서 예로 든 'the dog saw the boy'처럼) 여러 문법 규칙을 배운다. 하지만 다양한 의미를 표현하기 위해 얼굴 표정의 순서를 바꾸는 규칙은 존재하지 않는다.

비교하기 쉽도록 얼굴 표정만 언급했지만, 사실 의사소통을 위해 몸짓이나 신체 접촉을 할 때도 상황은 마찬가지다.

몸짓이 실제 언어가 되는 유일한 경우는 '챕터 18'에서 살펴본 대로 청각장애인용 수화를 하는 경우다. 하지만 수화는 정상 청력을 가진 사람들이 일상적으로 사용하는 몸짓과 전혀 다르다.

마찬가지로 무엇인가를 만져서 느낄 수 있는 우리의 능력 또한 실제 언어로 발전할 수 있다. 20세기의 유명한 작가 헬렌 켈러(Helen Keller)의 경우가 대표적인 사례다. 그녀는 태어나면서부터 귀와 눈이 멀었다. 보지도 듣지도 못했기 때문에 그녀는 주변 사람들의 성대의 움직임을 양손으로 더듬어 느낀 다음 그대로 따라하는 과정을 반복하면서 말하는 법을 배워나갔다. 하지만 이 또한 정상적인 청력과 시력을 가진 사람들이 일상적으로 행하는 신체 접촉과 전혀 다르다.

인간은 다양한 방식으로 생각과 감정을 주고받을 수 있다. 그러한 능력 덕분에 우리는 우리의 생각과 감정을 그림, 조각, 춤, 교향곡, 재즈 혹은 발레 등 이른바 '예능' 형태로 표현할 수 있다. 분야마다 고유한 특성이 있어서 대부분 다른 분야와 완전히 구별되는 표현 방식을 취한다. 그런데 '언어'라는 단어는 이 모든 예능 분야와 연계되어 사용된다. 우리가 흔히 쓰는 표현인 '그림언어'나 '음악언어'가 그 좋은 예다.

하지만 이 모든 예술형식과 이 책에서 의미하는 '언어' 사이에는 본질적인 차이가 존재한다. 그림이나 춤을 감상하거나 음악을 들을 때 보거나 듣는 대상을 즐기기 위해 언어가 필요하지는 않다. 하지만 보거나 들은 것을 묘사하거나, 그것에 이름을 부여하거나, 혹은 다른 사람들과 그것에 관해 토론할 때는 반드시 언어가 필요하다. 언어는 다른 의사소통 수단과 감히 비견조차 할 수 없을 정도로 다양하고 합리적인 방식으로 우리의 세계에 대한 경험을 말할 수 있게 해준다. 언어가 특별한 것도 바로 이 때문이다. 언어에 관한 책이 필요한 것도 바로 이 때문이다. 그리고 언어학(*linguistics*)에서 언어를 연구하는 것도 바로 이 때문이다.

동물과 외계인

흔히들 동물사회에도 언어가 존재한다고 말한다. 새, 원숭이, 벌, 고래, 돌고래의 '언어' 운운하는 것도 같은 맥락에서다. 실제로 몇몇 종의 동물은 매우 정교한 의사소통 방식을 발전시켜온 것으로 알려져 있다. 블랙버드(blackbird)가 지저귀는 소리를 들어보면 마치 서로 대화를 하는 것 같다.

그런데 동물이 소통하는 방식과 인간의 대화는 완전히 다르다. 동물은 주변에서 일어나는 일에 즉각적으로 반응할 때 짖거나 우는 소리를 낸다. 무서우면 경고음을 내고 배가 고프면 먹이를 달라고 운다. 하지만 동물은 '지난주 화요일에 무서워서 죽을 뻔했다' 혹은 '오후 5시쯤이면 배가 출출해질 것 같다' 등과 같은 표현을 할 수 없다. 오직 인간의 언어만이 할 수 있다.

동물학자들은 동물에게 인간의 언어를 가르치는 데 상당한 성과를 올렸다. 몇몇 유명한 연구 사례에 따르면 훈련받은 침팬지는 손동작으로 신호를 만들어 꽤 많은 상황을 표현할 수 있다고 한다. 심지어는 동물이 몸짓신호들을 연결하여 간단한 문장을 만들 수도 있다고 한다. 물론 그러기까지는 엄청난 시간과 훈련이 요구된다. 이러한 사례는 동물의 의사소통과 인간의 언어 사이에 존재하는 간극이 생각처럼 크지 않을지도 모른다는 점을 시사해준다.

외계인이 인간과 동일한 방식으로 언어를 사용할지, 「스타워즈」에 등장하는 R2D2처럼 말을 할지, 혹은 그보다 훨씬 더 기묘한 방식으로 소통할지를 확인할 수 있다면 참으로 흥미로울 것이라는 생각이 든다. 유감스럽게도 공상과학영화에 등장하는 외계인은 거의 대부분 영어로 말한다.

CHAPTER 38

언어학

언어학은 언어의 과학이다. 그리고 과학적인 방법으로 언어를 연구하는 사람은 *언어학자(linguist)*라고 불린다. 나는 언어학자다. 이 책을 여기까지 꾸준히 읽었다면 여러분 또한 언어학자라고 할 수 있다.

물론 'linguist'라는 단어는 다른 의미도 갖고 있다. 이 단어는 헤럴드 윌리엄스와 같이 여러 개의 외국어에 능통한 사람을 의미하기도 한다. '챕터 3'에서 언급한 대로 그는 무려 58개국 언어를 유창하게 구사할 수 있었다. 하지만 그것은 별개의 능력이다. 우리는 악기 연주법을 잘 몰라도 음악을 연구할 수 있다. 언어학도 마찬가지다. 우리는 많은 언어를 유창하게 구사할 수 없어도 언어를 연구할 수 있다.

'언어'와 '언어들'은 엄연히 구별된다. 여러분이 현재 읽어나가고 있는 이 책은 언어에 관해 다루고 있다. 이 책의 목적은 전 세계의 다양한 언어들을 소개하는 것이 아니다. 나는 여러분에게 프랑스어, 독일어, 혹은 중국어에 관해 이야기하고 있지 않다. 이따금 예로 들긴 했지만, 그것은 단지 일반적인 관점을 조명하기 위해서였다. 이 책은 일반적인 관점에 관한 것이다. 모든 언어의 공통점은 무엇일까? 언어는 서로 어떻게 다를까? 사람들은 어떤 방식으로 말하고 쓰고 수화할까? 사람들은 모국어를 어떻게 배울까? 사람들은 왜 언어를 사용할까?

단 한 가지 언어밖에 몰라도 우리는 이런 질문에 대해 연구할 수 있다. 영어 예문이 대다수를 차지하는데, 이는 이 책을 읽는 독자층은 분명 영어를 알고 있을 것이라는 점을 전제한 것이다. 이 책을 다른 언어로 번역하는 사람은 해당 언어의 독자들을 고려하여 이 책에 나오는 예를 다른 언어로 바꿀 필요가 있을지도 모른다. 하지만 언어의 작동 원리에 대한 설명은 굳이 바꿀 필요가 없다. 영어로 말하기 위해 내가 사용하는 발성기관은 프랑스어로 말하기 위해 프랑스인이 사용하는 발성기관과 동일하다. 그리고 아랍어, 스와힐리어(swahili)*, 중국어를 말하는 사람의 경우도 마찬가지다. 인간은 누구나 폐와 혀와 입술을 갖고 있다. 인간은 누구나 귀와 뇌를 갖고 있다. 우리는 우리가 우연히 말할 수 있게 된 언어의 종류와 상관없이 이런 기관의 작동 원리를 연구할 수 있다.

---

* 아프리카 남동부, 즉 탄자니아와 케냐를 중심으로 널리 사용되는 공용어.

물론 더 많은 언어를 알수록 언어가 작동하는 방식에 대한 이해의 폭도 더 넓어진다. 한 언어에 대한 기본 지식을 배우는 것은 그리 어렵지 않다. 대학에서 언어학을 전공하는 학생이라면 불과 몇 시간만 투자해도 새로운 언어에 대한 기초 지식을 얻을 수 있다. 원어민의 도움을 받으면 대략 열 시간이면 그 언어의 모든 소리를 발음하고, 수백여 개의 단어를 익히고, 간단한 대화를 할 수 있을 정도의 기본적인 문법 규칙을 활용할 수 있게 된다. 물론 새로운 언어를 유창하게 구사하려면 그 언어의 수많은 단어를 익혀야 하기 때문에 적지 않은 시간과 노력이 요구된다. 하지만 '시작이 반'이라고 하지 않는가!

언어학의 목적은 가능한 한 많은 언어를 유창하게 구사하는 것이 아니다. 언어학은 수많은 언어가 어떻게 작동하는지 그 원리를 밝히고자 하는 것이다. '챕터 19'에서 살펴보았듯이 6,000여 개에 달하는 전 세계 언어는 각기 다른 방식으로 작동한다. 언어마다 고유의 발음 규칙, 문법, 어휘, 대화 규칙이 있다. 문자로 표기될 때 언어마다 고유의 철자법과 구두법이 있다. 언어마다 각기 다른 말하기 및 쓰기 스타일, 악센트와 방언, 문학이 있다.

그런데 안타깝게도 지금까지 제대로 연구된 언어는 극소수에 불과하다. 더군다나 전혀 연구되지 않은 언어가 수두룩하다. 이들 언어도 다른 언어에서는 찾을 수 없는 멋진 소리, 단어, 문장 패턴을 갖고 있을 것으로 추정된다. 동물학자와 식물학자가 새로운 종의 곤충이나 식물을 찾아 전 세계를 누비고 다니듯이 언어학자는 바로 이런 언어적 특징을 찾아다닌다. 문제는 언어의 수에 비해 언어학자의 수가 턱없이 부족하다는 점이다. 뿐만 아니라 ('챕터 37'에서 살펴보았듯이) 언어의 모든 양상을 고려할 때 제대로 연구하려면 실로 엄청난 시간이 필요하다.

심지어는 잘 알려진 언어조차도 보다 깊은 연구가 필요하다. 수 세기 동안 연구되어왔다는 이유에서, 이를테면 영어 같은 언어의 모든 것이 이미 밝혀졌다고 생각하기 쉽다. 전혀 그렇지 않다. 앞으로 연구해야 할 과제는 산더미 같다. 무엇보다도 저 무수한 악센트와 방언을 생각해보라. 이에 대한 연구는 아직도 걸음마 단계다. 아니면 언어가 변천하는 방식을 생각해보라. 2000년대에 사용된 영어는 2010년의 영어와 다르며, 2020년이면 또 달라질 것이다. 해마다 새로운 단어와 문체가 등장하며, 심지어는 발음, 철자법, 문장 패턴까지 바뀌는 경우가 드물지 않다. 그리고 이 모든 것이 우리를 향해 '나를 연구해주세요!'라고 소리치고 있다.

엄청난 속도로 진화하고 있는 인터넷을 생각해보라. '챕터 29'에서 살펴보았듯이 새로운 기술은 새로운 방식의 언어 사용을 가능케 해준다. 그런데 이 새로운 방식은 아직 대부분 연구되지 못한 상태다. 우리의 메시지를 140자로 제한하는 트위터를 예로 들어보자. 이런 환경에서 언어에 어떤 일이 발생할까? 문자메시지처럼 트위터의 단어도 축약시킬까? 어떤 유형의 문장 패턴을 사용할까? 문장을 짧게 유지할까, 아니면 아주 길게 늘일까? 청소년은 성별에 따라 다른 방식으로 '재잘거릴(tweet)'까? 나는 이런 질문에 대해서는 그 답을 알지 못한다, 아직은.

이런 질문에 대답하는 방식을 연구하는 것 또한 언어학자가 풀어야 할 과제 중 하나다. 트위터의 언어를 연구하고 싶으면 어떤 식으로 접근해야 할까? 우리는 먼저 트위터 사용자의 언어 컬렉션[혹은 '코퍼스(corpus)']을 만들어야 한다. 그리고 언어 컬렉션에 포함된 용례를 면밀히 분석하여 어떤 유형의 언어가 등장하는지 밝혀내야 한다. 물론 그러기 위해서 언어에 대한 지식은 필수다. 우리는 문법, 어휘 등 우리가 이 책에서 논의한 모든 것을 꿰뚫고 있어야 한다. 하지만 우리에게 잠재되어 있는 이런 지식의 일정 부분을 다시 일깨워놓기만 하면 오래지 않아 아주 흥미로운 발견을 척척 해나가고 있는 우리 자신과 마주하게 될 것이다.

언어의 모든 영역은 이와 같다. 이 책에서 다루고 있는 주제는 각각 고유의 연구 영역과 결부되어 있다. 언어에 대해 보다 전문적으로 다루는 책들을 보면 각각의 영역에 고유의 명칭이 붙어 있는 것을 확인할 수 있다. 몇 가지만 예를 들어보면 다음과 같다.

- '챕터 5' 말미에서 나는 언어음에 관한 연구인 *음성학(phonetics)*에 관해 언급했다. 음성학을 연구하는 사람은 *음성학자(phonetician)*다.
- '챕터 6'에서는 문장구조에 관한 연구인 *문법(grammar)*을 다루었다. 문법을 연구하는 사람은 *문법학자(grammarian)*다.
- 나는 이 책에서 의미, 그중에서도 특히 어휘에 대해 많은 지면을 할애했다. 이것들은 모두 언어의 의미 연구인 *의미론(semantics)*의 일부분이다. 의미론을 연구하는 사람은 *의미론학자(semanticist)*다.

• 서로 다른 악센트, 방언, 그리고 우리가 사용하는 다른 변이형을 다루면서 언어와 사회의 상관관계에 대해서도 상당한 지면을 할애했다. 이것들은 모두 *사회언어학(sociolinguistics)*의 한 부분이다. 사회언어학을 연구하는 사람은 *사회언어학자(sociolinguist)*다.

• 아이들이 언어를 습득하는 방식에 관한 연구는 중요한 주제로서, 언어와 우리가 생각하고 배우는 방식의 상관관계에 관한 일반적인 연구의 한 부분을 이룬다. 이것들은 모두 *심리언어학(psycholinguistics)*에서 연구된다. 심리언어학을 연구하는 사람은 *심리언어학자(psycholinguist)*다.

• 나는 또한 시간의 추이에 따른 언어의 변천과 발음, 단어, 문장의 역사에 관해서 많은 논의를 전개했다. 이 주제들은 *역사언어학(historical linguistics)*에서 연구된다. 역사언어학을 연구하는 사람은 *역사언어학자(historical linguist)*로, 때로는 *문헌학자(philologist)*라고 불린다.

비록 언어학의 모든 분야를 언급하지는 않았지만 여러분이 연구 방향을 잡아나가는 데 길잡이 역할은 하리라 기대한다.

이런 방법으로 언어를 연구할 때 덤으로 주어지는 선물이 있다. 이 과정에서 우리가 발견한 것들이 단순한 흥미 차원을 넘어 유용할 수도 있다는 사실을 깨닫게 되는 것이다. 언어에 관한 학문적 지식이 어떤 식으로든 다른 사람들에게 도움이 될 수 있다는 사실 말이다. 이 점에 관해서는 다음 챕터에서 살펴볼 것이다.

궁극적인 질문들

인간은 누구나 똑같은 뇌와 발성기관을 가지고 태어난다. 하지만 세 살 무렵부터 각자 전 세계 6,000여 개의 서로 다른 언어 중 하나 혹은 몇 개를 빠르게 배워나가기 시작한다. 어떻게 이런 일이 가능할까? 인간의 뇌가 어떤 식으로든 언어와 '연결되어 있지(wired)' 않다면 그처럼 빠른 속도로 배우지는 못할 것이다. 그렇다면 인간은 내재된 언어능력을 갖고 태어나는 걸까? 많은 사람들은 그렇게 생각한다.

언어학자들은 흔히 아기의 뇌 속에 누군가에게 자극을 받는 순간부터 작동하기 시작하는 언어 기제(language mechanism)가 들어 있다고 생각한다. 여러분은 아마 '챕터 3'에서 내가 '언어습득 장치'라고 표현한 것을 기억하고 있을 것이다. 그것은 누군가가 자극을 주면 자동적으로 울리는 도난경보기와 비슷하다. 언어의 경우 자극의 주체는 아기에게 말을 거는 누군가다. 말소리를 듣는 순간 잠자고 있던 아기의 언어 기제가 작동하기 시작한다. 이건 문장일까? 이건 단어일까? 이 두 가지 소리는 같은 것일까?

전 세계의 모든 언어가 어떤 동일한 특징을 갖고 있다면, 아마도 그것은 인간의 뇌에 저장된 특징일 것이다. 예를 들어 모든 언어에는 명사와 동사가 있다. 아기들은 아주 이른 시기부터 이러한 특징을 어느 정도는 '알고' 있을까? 그리고 이런 공통적인 특징은 얼마나 될까?

언어학자에게 인간 언어의 본질적인 특성을 밝히는 것보다 더 흥미롭고 중요한 과제는 없다. 어떤 특징이 언어를 규정할까? 모든 언어를 하나로 묶어주는 것은 과연 무엇일까? 언어는 왜 서로 다를까? 이것들은 모든 학자가 언젠가는 대답할 수 있는 날이 올 거라고 소망하는 궁극적인 질문이다.

CHAPTER 39

응용언어학

언어는 어디에나 존재한다. 누구나 언어를 사용하고, 또 누구나 언어를 올바르게 사용하고 싶어 한다. 하지만 언어를 제대로 사용하지 못하는 사람이 있는가 하면, 심지어는 언어를 전혀 사용할 수 없는 사람도 있다.

한때 톰이라는 남자아이를 알고 있었다. 톰은 네 살인데도 말하는 수준이 두 살배기에 불과했다. 톰은 'kick ball(공을 찬다)', 'want car(차를 원한다)'와 같은 표현을 할 수 있고, '챕터 4'에서 다루었던 한 단어 문장을 적지 않게 알고 있었다. 하지만 네 살이라면 꽤 긴 문장을 이용하여 스스로 이야기를 만들어낼 수 있어야 정상이다. 뭔가 심각한 문제가 있는 게 분명했다.

적지 않은 아이들에게서 이른바 '언어 지체(language delay)'가

보인다. 무슨 까닭에서인지 정상적인 또래 집단만큼 빠르게 말을 배우지 못한다. 또래 친구들은 앞서 달려가는데, 언어 지체아들은 그 속도를 따라가지 못해서 한참 뒤처져 있다. 그 결과 이런 아이들은 늘 외톨이다. 정상적인 대화를 할 수 없으니 아무도 말을 걸지 않기 때문이다.

이런 아이들을 도와줄 방법은 없을까? 물론 있다. *언어치료사*(*speech therapist*)에게 데려가면 된다. 그들은 특수한 훈련을 받아 아이들이 안고 있는 문제를 진단하고 아이들에게 언어를 가르치는 방법을 꿰뚫고 있다. 톰도 부모의 손에 이끌려 언어치료사를 찾았다. 언어치료사는 간단한 놀이를 하며 톰이 말하는 방식을 유심히 들었다. 그녀는 톰의 말을 녹음한 뒤 그의 부모와 이런저런 이야기를 나누었다. 그들은 톰을 병원에 데려갔지만 의사는 톰에게서 특별한 이상을 발견하지 못했다고 한다. 청력검사에서도 정상이라는 결과가 나왔으며, 단지 말만 제대로 못할 뿐 나머지는 모두 극히 정상처럼 보인다고 했다는 것이다.

톰과 그의 부모가 집으로 돌아간 후 그 치료사는 녹음기를 통해 톰이 사용하는 단어, 발음, 문장 등을 다시 들으며 꼼꼼히 분석하기 시작했다. 그러고는 그 결과를 2~4세 연령대별 언어 발달 상태를 보여주는 도표와 비교했다. 알고 보니 톰은 정상적인 아이들보다 언어 발달이 한참 뒤처져 있었다.

다음 단계는 톰에게 새로운 문장을 말하는 방법을 가르치는 것이었다. 톰은 현재 'kick ball'이라고 말할 수 있으므로 거기서 출발하여 차츰 더 긴 문장을 만들어가도록 유도하면 될 것 같다고 그녀는 생각했다. 며칠 후 톰이 다시 방문하자 그녀는 언어놀이를 통해 'kick a red ball(빨간 공을 찬다)', 'kick a blue ball(파란 공을 찬다)'과 같이 말하도록 유도했다. 그러고 나서 그 표현에 어느 정도 익숙해지자 이번에는 'The clown is kicking a ball(어릿광대가 공을 차고 있다)'처럼 좀 더 길고 복잡한 문장에 도전케 했다. 그야말로 거북이걸음이었다. 새로운 문장에 적응하기가 쉽지 않았기 때문에 당연한 현상이었다. 하지만 끈기 있게 계속 시도한 결과 얼마 후부터는 서서히 진전되기 시작했다.

톰은 1년 동안 매주 두 차례씩 언어치료사를 방문했다. 그때마다 그녀는 지난번보다 조금 더 어려운 언어를 사용하도록 유도했다. 1년이 지나자 드디어 치료 효과가 나타났다. 이제 다섯 살로 접어든 톰은 또래의 언어능력에 상당히 근접해 있었다. 물론 아직은 정상적인 다섯 살배기처럼 유창하게 말하지 못했지만 또래 친구와 대화를 하는 데 별문제가 없었다. 그리고 오래지 않아 톰은 친구들과 쉴 새 없이 조잘대며 학교를 다녔다.

언어치료사가 톰을 어떻게 치료했는지 그 과정을 간단하게 정리해보자.

- 또래보다 톰이 얼마나 뒤처져 있는지를 가늠하기 위해 그녀는 아이들이 정상적으로 말을 배우는 방식에 대해 알아야 했다.
- 톰의 언어에 어떤 문제가 있는지를 정확히 진단하기 위해 그녀는 톰의 발음, 문법, 어휘, 대화 방법 등을 연구해야 했다.
- 이런 예비 단계를 거친 뒤 그녀는 톰의 언어 행위를 현재 상태

(두 살배기 수준)에서 정상적인 상태(네 살배기 수준)로 끌어올릴 효과적인 방법을 생각해내야 했다.

- 본격적인 언어치료를 시작한 순간부터 그녀는 톰의 일거수일투족을 주의 깊게 관찰해야 했다. 가르치는 속도가 너무 느리면 학습자가 지루해할 수 있고, 반대로 속도가 너무 빠르면 학습자가 혼란스러워할 수 있기 때문에 적절한 수준을 유지해나가는 것이 관건이었다.
- 그녀는 톰의 부모와 수시로 만나 상담했다. 그녀가 톰과 보내는 시간은 기껏해야 1주일에 30분씩 두 차례에 불과했다. 그렇다면 나머지 시간은 어떻게 관리해야 할까? 치료 효과를 극대화하려면 부모도 동참시켜야 했다. 그녀는 톰의 부모에게 집에서 톰을 어떻게 대해야 하는지를 가르쳐야 했다.

언어치료사는 결코 쉬운 직업이 아니다. 무엇보다도 언어에 관한 모든 것을 알아야 한다. 전문적인 언어치료사가 되려면 음성학, 문법, 유아어 등 언어학과 관련된 다양한 영역을 배우고 연구하는 데 많은 시간을 투자해야 한다. 언어는 그들에게 너무나 중요한 분야여서 최근 영국에서는 직업 명칭까지 바뀌었다. 현재 영국에서 언어치료사의 공식적인 명칭은 '말과 언어 치료사(speech and language therapist)'다. 한편 미국에서는 '언어병리학자(speech pathologist)'라고 불린다.

언어학자의 연구가 언어치료사에게 도움을 줄 수 있다는 사실을 확인하는 것은 그리 어렵지 않다. 앞에서 예로 든 언어치료사가 무수한 발음, 단어, 문장으로 이루어진 영어라는 미로를 헤치고 톰을 안내하면서 이용한 지도를 그리는 데 언어학자들이 크게 일조했다. 그들은 정상적인 아이들이 언어를 습득하는 방식에 관해 많은 연구를 해왔다. 언어학은 언어의 과학이다. 따라서 언어학이 밝혀내는 언어의 작동 원리와 언어의 학습 및 그 활용 가능성에 관한 모든 정보는 톰의 언어 지체 장애와 같은 여러 문제를 해결하는 데 곧바로 적용될 수 있다. 이와 같은 식으로 언어학이 문제를 해결하는 수단이 되는 경우 우리는 *응용언어학*(*applied linguistics*)이라는 용어를 사용한다.

20세기 내내 언어학자들은 자신들의 특수한 지식을 활용하여 언어가 중심 역할을 하는 여러 분야가 발전하는 데 큰 도움을 주었다. 그중 외국어를 가르치고 배우는 분야는 특히 중요하다. 매년 수백만 명의 사람들이 외국어와 씨름한다. 따라서 다음과 같은 사안들이 초미의 관심사다.

- 학습자가 좀 더 쉽고 효과적으로 외국어를 배우도록 도와줄 수 있는 방법은 없을까?
- 좀 더 나은 언어 교수법을 개발할 수는 없을까?
- 최신 컴퓨터 기술을 이용하여 – 특히 청소년을 대상으로 한 – 언어 학습을 좀 더 흥미로운 과정으로 만들 수는 없을까?
- 유행이 지난 언어가 아니라 살아 있는 언어를 배우도록 교사와 학습자 모두를 언어가 변천하는 방식에 따라 계속 업데이트시킬 묘책은 없을까?

이것들은 응용언어학자가 언어 교습 현장을 직접 찾아다니며 그 해답을 찾아내야 할 질문이다.

응용언어학자는 온갖 상황에서 도움을 줄 수 있다. 초등학교의 읽기 교재에 등장하는 언어를 연구하여 아이들의 읽기 학습을 개선할 수 있다. '챕터 20'에서 살펴본 대로 당장 모국어가 사멸할 위기에 처한 사람들과 협력하여 그 언어를 계속 살려나가는 방안을 모색할 수도 있다. 가게에서 판매하는 물건에 인쇄된 언어를 연구하여 표현이 정확한지를 점검할 수 있다. 언젠가 나는 한 의사로부터 '매일 두 알씩 복용하시오'라고 적힌 처방전을 받은 적이 있다. 대체 무슨 뜻일까? 하루에 한 번 두 알을 한꺼번에 삼키라는 말일까? 아니면 아침에 한 알, 저녁에 한 알을 복용하라는 말일까? 사실 조금만 신경 쓴다면 쉽게 해결할 수 있는 문제다.

범죄 수사에도 응용언어학이 큰 도움을 줄 수 있다. 우리는 종종 텔레비전에서 범죄 현장에 법의학자들(forensic scientists)이 도착하는 장면을 본다. 그들은 범행에 사용된 흉기를 분석하고 지문, 타이어 자국, 족적을 면밀히 조사하는 등 '행위자(who done it)'를 밝히기 위해 온갖 종류의 탐색 작업을 벌인다. 이른바 법언어학자들(forensic linguists)도 비슷한 역할을 한다. 그들은 글씨, 목소리, 경찰 진술, 이메일 주소록, 문자메시지, 채팅방 대화 등 온갖 유형의 언어를 분석하여 '말한 당사자(who said it)' 혹은 '기록한 당사자(who wrote it)'를 밝히는 데 주력한다. 존이 메리에게 익명의 협박성 메일을 보내거나 그녀의 명의를 도용했을 경우 두 사람이 언어를 사용하는 방식의 미묘한 차이로부터 사건의 전모를 밝힐 수도 있다. 만약 어떤 성인이 열다섯 살로 가장하고 10대들의 채팅방에 몰래 들어간다면 법언어학자들은 그를 단번에 지목할 수 있다. 그가 사용하는 언어는 10대들의 언어와 어떤 식으로든 다를 수밖에 없기 때문이다.

오늘날 응용언어학의 활용 범위가 빠른 속도로 확대되고 있는데, 이런 추세는 인터넷의 효율적인 사용에도 긍정적으로 작용한다. 그러나 때로는 나아갈 방향을 찾는 데 어려움을 겪는다. 어떤 경우에는 아주 이상한 일이 진행되고 있는 것을 목격한다. 예를 들면, 수년 전에 나는 미국의 어느 도시 대로에서 칼에 찔려 죽은 사람에 관한 웹 기사를 읽고 있었다. 그런데 잠시 후 화면 오른쪽 하단부에 '나이프 구매는 여기서!' 혹은 '멋진 나이프는 이베이(eBay)!' 등 엉뚱한 내용이 담겨 있는 광고 문구가 나타났다.

어떤 상황인지는 분명했다. 컴퓨터가 그 살인 이야기에서 '나이프(knife)'라는 단어를 찾아내고는, 그 단어를 식사용 나이프로 잘못 인식한 것이었다. 그 이야기에 어울리는 광고라면 당연히 안전이나 범죄 예방에 관한 내용이어야 했다. 해결책은 없을까? 누군가가 웹 페이지의 언어를 분석하여 무엇에 관한 내용인지를 정확히 규명한 다음, 상황에 어울리는 광고만 그 페이지로 접속하도록 허용하는 것이다. 사실 이것은 응용언어학자가 맡으면 가장 적절한 일이다.

수년 전만 하더라도 이런 종류의 연구는 전무했다. 이것은 응용언어학의 새로운 영역 중 하나로, 아마도 언어 연구와 관련하여 가장 흥미로운 일일 것이다. 앞으로 어떤 일이 전개될지 현재로서는 아무도 알 수 없다. 언어는 종종 전혀 예기치 못한 방향으로 움직인다. 언어의 미래를 예견한다는 것은 사실상 불가능하다.

언젠가는…

앞서 말했듯이 미래를 예견하기란 불가능하다. 하지만 다음의 네 가지는 어느 정도 확실하게 말할 수 있다.

기계장치가 우리에게 점점 더 많은 말을 하게 될 것이다. 자동차에서는 이미 위성 내비게이션 시스템이 큰 소리로 우리에게 방향을 지시해준다. 언젠가는 다른 온갖 종류의 기기가 우리에게 말을 걸 것이다. 소등하지 않은 채 현관문을 열면 디지털 기기가 우리에게 다시 집 안으로 돌아가 스위치를 내리라고 말할 것이다.

우리도 기계장치에 점점 더 많은 말을 걸게 될 것이다. 이미 자동응답시스템이 존재하고, 이들 기기는 우리의 말을 녹음해두었다가 수시로 재생한다. '챕터 7'에서 언급한 대로 우리의 명령에 따라 물을 데우고 빨래를 해주는 자동 세탁기도 있다. 이런 기능을 제대로 수행하려면 기기에 단어뿐 아니라 악센트까지 인식하는 고성능 소프트웨어가 장착되어야 한다. 아직은 이런 소프트웨어의 기능이 제한적이지만 오래지 않아 들리는 모든 소리를 인식하여 처리할 정도로 발전할 것이다.

기계장치를 통한 언어 번역이 보다 효율적으로 변화할 것이다. 이미 번역 서비스를 제공하는 다양한 웹 사이트가 존재하지만, 그 결과는 아직 신통치 않다. 그러나 시간이 갈수록 더욱 나아질 것이다.

뇌 속에서 언어가 어떻게 작동하는지를 보다 명확히 밝히게 될 것이다. 지금도 특수한 스캐닝 머신을 이용하여 우리가 말하고 듣고 읽고 쓸 때 뇌의 어느 부분이 가장 활발하게 움직이는지를 확인할 수 있다. 하지만 언젠가는 이 단계를 훨씬 뛰어넘어 개별적인 소리, 단어, 문장 패턴에 관여하는 뇌의 정확한 위치까지 명확히 규명하게 될 것이다.

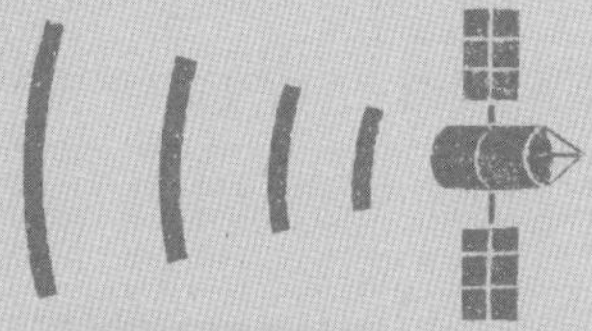

CHAPTER 40

여러분의 언어 세계

내 역할은 여기까지다. 40개 챕터로 구성된 이 작은 책에서 나는 여러분에게 언어와 관련하여 내가 할 수 있는 거의 모든 것을 말했다. 나머지는 여러분 각자의 몫이다. 흔히들 지구의 미래는 우리 손에 달렸다고 말한다. 사실이다. 그리고 이 말은 식물, 동물, 기후변화와 마찬가지로 언어에도 그대로 적용된다.

진정으로 언어에 관심 있다면 어디에 주안점을 두어야 할까? 나의 관심사는 대략 여섯 가지로 요약된다. 그리고 나는 여러분도 이들 문제에 관심을 가져, 언젠가는 여러분의 언어 세계를 보다 살기 좋은 모습으로 만들기 위해 뭔가 도움을 줄 수 있는 일을 하리라 기대한다. 왜냐하면 지금 내가 말하고 있는 대상은 나의 세계이자 여러분의 세계이니까.

I

나는 여러분이 현재 전 세계에서 수많은 언어가 사멸해가고 있다는 사실을 잊지 말고 이 점에 늘 관심을 갖기 바란다. 이와 관련해서는 '챕터 20'에서 다루었다. 전 세계 언어의 절반이 21세기가 끝나기 전에 사라질 것이라고 한다. 이들 언어 사용자들이 자신들의 모국어를 구하고 싶어 할 경우 여러분이 도와줄 수 있는 방법이 있을까? 물론 있다. 한 언어를 구하는 것은 언어 대중과 정치가가 합심하여 지대한 관심과 노력을 기울일 때에만 가능하다. 언어를 살리는 데 필요한 돈을 마련해줄 수 있는 자금줄을 쥔 사람은 정치가들이다. 그런데 이러한 정치가를 누가 뽑는가? 바로 여러분이다. 따라서 정치가들이 언어 다양성(language diversity)의 중요성을 인식하도록 만들 수 있는 주체는 다름 아닌 여러분이다.

II

나는 여러분이 비록 아직은 심각한 위기에 처해 있지 않더라도 소수 언어에 각별한 관심을 갖기 바란다. 주위를 둘러보라. 현재 여러분이 어느 나라에서 이 책을 읽고 있는지는 모르겠지만, 추측컨대 다양한 소수집단의 사람들이 수십여 개의 언어를 사용하고 있다는 사실을 확인할 수 있을 것이다. 이 문제에 관해서는 '챕터 13'에서 살펴보았다. 이들 역시 여러분과 마찬가지로 자신의 언어를 소중히 여기고 자랑스러워한다. 모국어는 사용하는 사람에게는 정체성의 일부다. 따라서 자신의 모국어가 존중받기를 원하는 것은 너무나 당연한 일이다. 그들의 언어도 우리의 언어 못지않게 아름다우며, 그들도 자신들의 언어에 긍지를 갖고 있다. 그들도 학교, 문화센터, 도서관 등과 같은 공공장소에서 자신들의 언어를 뽐내고 싶어 한다. 그런 일이 가능하도록 도와줄 방법은 없을까? 그들의 언어에 관심을 보여주는 것이 그 첫걸음이다. 주위에서 생경한 언어가 들려오면 일단 귀를 기울이고, 기회가 주어지면 언제든지 다시 들어보겠다는 마음가짐이 중요하다.

III

나는 여러분이 가능한 한 많은 언어를 배워보겠다는 의지를 갖기 바란다. 물론 '챕터 38'에서도 언급했듯이 모든 언어에 능통할 필요까지는 없다. 비록 그것이 단순히 듣기나 읽기 차원에만 머물지라도 여러분이 필요로 하는 것을 배우면 그만이다. 언어와 관련된 것이라면 무엇이라도 좋으니 가능한 한 많은 이야기를 모아, '챕터 13'에서 언급한 대로 유로패스와 같은 수단을 활용하여 여러분이 경험한 것을 하나하나 기록해나가길 바란다. 중요한 것은 스스로를 지구촌의 언어 다양성을 즐길 수 있는 다중 언어 사용 인격체로 발전시켜나가는 일이다. 새로운 언어와의 만남을 두려워하지 마라. 외국에 나갈 때는 반드시 작은 포켓사전이라도 소지하라. 적어도 매일 새로운 단어 하나씩은 사용하려고 노력하라. 그리고 실수를 겁낼 필요는 전혀 없다. 명색이 언어학자라는 나도 무시로 실수를 저지르지만, 늘 기죽지 않고 다시 시도하곤 한다. 따지고 보면 내가 집필한 언어 관련 도서도 모두 그런 도전 의식의 산물이다.

IV

나는 여러분이 여러분 자신의 언어에 존재하는 다양성에 관심을 가져주기 바란다. 다시 말해 '챕터 12'에서 다룬 악센트와 방언 등 특정한 지역 내에서 언어가 변이하는 모든 방식을 소중히 여기라는 것이다. 물론 모든 스타일의 음악에서 동일한 아름다움을 찾을 필요가 없듯이, 모든 악센트와 방언이 똑같이 아름답다고 생각할 필요는 없다. 하지만 각각의 고유한 특성을 높이 평가하려고 노력하며, 현재의 상태에 이르기까지의 과정을 되짚어보라. 그리고 과거에 흔히들 그랬듯이 어떤 방언은 '모자라게' 들리고, 그것을 사용하는 사람들을 '멍청하다'고 단정하는 것과 같은 어리석음을 경계하라. 말투만 듣고도 특정인이 정직한지 아닌지를 구별할 수 있다고 착각하는 사람이 아직도 적지 않다. 여러분이 앞장서서 그들의 잘못을 일깨워주려고 노력하라.

V

나는 여러분이 '챕터 35'에서 다룬 바와 같은, 여러분 자신의 언어에 존재하는 다양한 스타일에 관심을 갖기 바란다. 특히 오늘날에는 새로운 기술과, 그것이 제공하는 소통 기회(이를테면 페이스북과 트위터에 의한)에 너무 매료된 나머지 다른 것에 대해서는 까마득히 잊어버릴 위험이 있다. 언어학자들은 언어의 특정한 스타일에만 치중하는 법이 없다. 그들은 언어의 모든 스타일이 제각각의 방식대로 작동한다는 점에 주목하면서 균형 감각을 유지하려고 애쓴다. '챕터 36'에서 언급한 대로 '언어의 옷장'이라는 비유를 늘 염두에 두라. 사회생활에서 뒤처지지 않으려면 가능한 한 모든 종류의 스타일을 자기 것으로 만드는 노력이 필요하다. 그것은 곧 여러분 자신이 현재 사용하고 있는 언어의 표준 변이형(standard variety)을 자기화함을, 그것도 완벽하게 자기화함을 의미한다. 동시에 그것은 모호함을 피하고 분명함을 추구하기 위해, 그리고 언어가 여러분에게 미칠 수 있는 모든 영향을 자유자재로 다룰 수 있도록 최선의 노력을 기울여야 함을 의미한다. 그 첫걸음은 그런 영향의 실체를 파악하는 것으로, 이를 위해서는 언어 연구가 선행되어야 한다.

VI

나는 여러분이 모국어를 배우거나 사용하는 데 어려움을 겪고 있는 사람들에게 관심을 갖고, 그들을 돕는 데 적극적으로 앞장서기를 바란다. '챕터 39'에서 우리는 톰이라는 아이의 사례를 살펴보았다. 언어장애로 고통받는 사람들은 평소에 자신이 얼마나 부당한 취급을 받고 있는지 내게 털어놓곤 한다. 혀짤배기소리를 내거나 말을 더듬는 등 언어장애가 있는 사람들을 보면 놀려대거나 바보 취급을 하기 일쑤다. 여러분이 정말로 언어를 사랑하고 소중히 여긴다면 결단코 이런 행위를 묵과해서는 안 된다. 그리고 스스로를 표현하는 데 어려움을 겪는 사람들을 돕는 것을 두려워해서는 안 된다. 예를 들어 여러분 주위에는 아마도 뇌 속의 혈관이 터져 '뇌졸중'을 일으키면서 언어기능을 상실한 사람들의 모임인 '뇌졸중 자활 단체'가 있을 것이다. 그들은 여러분과 같은 젊은이가 찾아와 말동무가 되어주는 것을 환영한다. 주위를 둘러보라. 언어장애를 갖고 있는 사람은 정상적인 대화를 할 수 없기 때문에 늘 외로울 수밖에 없다. 이들 또한 여러분이 도와야 할 대상이다.

언어는 여러분이 앞으로 공부하게 될 그 어떤 과목과도 다르다. 언어는 그 모든 과목의 일부분이기 때문이다. 학교 밖을 벗어나도 상황은 마찬가지다. 언어는 여러분이 하는 모든 것의 일부분을 형성한다. 물론 여러분은 콘서트에서 음악을 듣거나 전시회에서 그림을 보는 것과 같이 언어와 상관없는 경험을 할 수는 있다. 그런 경우라도 나중에 듣거나 본 것에 관해 말하고 싶을 것이다.

언어는 여러분을 혼자 가만히 내버려두지 않는다. 언어는 항상 여러분의 머릿속에 존재하며 여러분이 생각하는 데 도움을 준다. 언어는 항상 여러분의 머릿속에 존재하며 여러분이 다른 사람과 관계를 맺거나 관계를 깨뜨리는 데 도움을 준다. 언어는 항상 여러분의 머릿속에 존재하며 여러분에게 생기를 준다. 그리고 다른 사람들이 우울해할 때는 그들의 기분도 북돋아준다.

물론 언어가 만능은 아니다. 말로 도저히 표현할 수 없는 상황도 존재한다. 때로는 누군가를 조용히 안아주는 것이 더 낫다. '한 장의 그림이 천 마디 말보다 낫다(A picture is worth a thousand words)'는 속담이 있다. 틀린 말은 아니다. 하지만 그런 경우라도 결코 언어가 멀리 떨어져 있는 것은 아니다. 그 그림에 대한 이야기하려면 다시 수천 마디의 단어가 필요할지도 모르기 때문이다.

우리는 언어를 사용할 때와 그러지 말아야 할 때를 구분하는 법을 배워야 한다. '웅변은 은이요, 침묵은 금이다(Speech is silver, silence is golden)'라는 속담도 있다. 말을 신중히 가려서 하라는 뜻이다. 실제로 입을 닫고 있는 게 도움이 되는 상황도 자주 발생한다. 금과옥조로 여길 만한 명언이다. 그렇다면 침묵 속에서 우리는 과연 무엇을 할까? 우리는 다른 사람들이 말하는 것을 듣는다. 그리고 듣는 행위 또한 언어의 한 부분이다.

이것은 언어에 관한 '작은 책'이다. 하지만 언어는 큰 주제다. 아니, 내 생각으로는 모든 주제의 최고봉이다. 내가 언어에 이토록 매료되는 것도 같은 이유에서다. 나와 함께 이 마지막 페이지까지 이르는 짧지 않은 여정을 마쳤다면, 여러분도 같은 생각을 갖게 되었을 거라고 기대한다.

우리는 누구나 모국어로 말하면서 (농아인인 경우에는 수화를 하면서) 성장하고, 취학연령에 이르면 대부분 학교에서 읽고 쓰는 법과 기초적인 문법 체계를 배운다. 물론 한두 개의 외국어까지 배우는 경우도 적지 않다. 그런 단계를 거친 후 우리는 평생 끊임없이 말하고 듣고 쓰고 읽는다. 하지만 특정 언어를 배운다는 것이 곧 언어 일반에 관해 배운다는 것을 의미하지는 않는다. 사실 언어 자체에 대해 제대로 아는 사람은 그렇게 많지 않다. 굳이 '언어는 존재의 집'이라는 철학자 하이데거의 말까지 빌리지 않더라도, 우리의 생각과 그에 따른 행동이 언어의 지배를 받는다는 사실은 부정할 수 없다. 따라서 언어와 관련하여 갖가지 궁금증을 품게 되는 것은 지극히 당연한 현상이다. 그러나 공기와 물이 그렇듯이, 우리에게 너무나 소중하고 우리의 삶과 불가분의 관계라는 사실이 도리어 언어를 소홀히 취급하는 원인이 되고 있다.

그렇다면 언어란 과연 무엇일까? 도대체 우리에게 언어는 왜 필요할까? 어린아이들은 비교적 쉽게 언어를 습득하는 반면, 왜 나이가 들수록 다른 언어를 배우기가 상대적으로 어려울까? 이 세상에는 왜 수많은 언어가 존재할까? 현재 전 세계적으로 과연 몇 개의 언어가 존재할까? 언어는 어떻게 전파될까? 언어들은 서로 어떤 연관관계를 맺고 있을까? 시간의 추이와 더불어 언어는 어떻게 변할까? 동일한 언어를 사용하더라도 개인에 따라 발음하는 방식이 서로 다른 까닭은 무엇일까? 방언이란 무엇일까? 표준어나 방언이 어떤 식으로 사람들에게 소속감 혹은 공동체의식을 부여할까? 사람마다 악센트 혹은 억양이 제각각인 이유는 무엇일까? 문법이란 무엇일까? 구어와 문어의 스타일이 서로 다른 이유는 무엇일까? 왜 어떤 사람은 읽고 쓰는 데 어려움을 겪을까? 침팬지도 수화를 할 수 있을까? 현재 인터넷에서 사용하는 약어들이 혹시 언어가 점점 퇴화하고 있다는 전조는 아닐까?

저자 데이비드 크리스털은 40개의 챕터로 구성된 이 책에서 일반인이 가질 수 있는 숱한 궁금증에 대해 명쾌한 답을 제시한다. 그는 영국 웨일스 대학의 명예교수이자 세계적인 언어학자로, 100여 권이 넘는 책을 펴냈으며 케임브리지 대학 출판부를 통해 방대한 분량의 언어 사전(『케임브리지 언어백과사전』, 『케임브리지 영어백과사전』 등) 및 언어학 개론서를 집필했다. 그의 학문적 관심은 언어학, 범죄언어학, 영어교육학, 놀이언어학, 언어의 위기 문제 등은 물론 셰익스피어에 이르기까지 다양한 분야에 걸쳐 있으며, 정통학자의 길을 걸어왔음에도 대중과의 소통을 중시하는 글쓰기에도 결코 소홀하지 않다.

본문에서도 밝히고 있듯이, 이 책은 '언어들'이 아니라 언어에 관한 이야기를 담고 있다. 물론 세계적 공용어로 자리매김하는 추세라 편의상 영어를 중심으로 논의가 전개되지만, 이 책이 겨냥하는 궁극적인 대상은 어디까지나 언어 일반이다.

예를 들어 '챕터 20'의 「사라져가는 언어」에서는 현존하는 6,000여 개의 언어 중 대부분을 차지하는 소수 언어가 처한 사멸 위기를 우려 섞인 목소리로 다루고 있다. 언어학자들은 앞으로 100년 내에 전 세계 언어의 절반이 사멸할 것이라는 우울한 전망을 내놓았다. 그것은 곧 1,200개월 동안에 약 3,000개의 언어가 사라진다는 말로, 그 평균치를 구해보면 2주일에 하나꼴로 죽어가는 셈이다. 진화생물학자들은 생물학적 다양성을 종들이 여러 환경에서 살아남기 위해 유전적으로 적응한 결과로 보면서, 이러한 생물종의 다양성이 건강한 생태계의 근간이라고 말한다. 언어의 다양성 또한 같은 논리로 설명할 수 있다고 저자는 주장한다. 같은 맥락에서 어느 언어학자는 '유전자풀(gene pool)과 마찬가지로 언어의 다양성도 우리 인간종이 번성하는 데 필수적'이라고 단언하면서 다중 언어 사용을 적극 권장한다. 본격적인 다문화사회로 진입하고 있는 우리나라의 입장에서도 귀담아들어야 하는 대목이다.

언어는 모든 의사소통의 출발점이며, 따라서 언어의 기초에 대해 생각하는 것은 세계인으로서의 교양을 쌓는 첫걸음이다. 이런 관점에서 보더라도 이 책은 일반 독자의 요구를 충족시키기에 충분한 미덕을 지니고 있다. '우리가 언어에 대해 알고 싶어 하는 모든 것에 관한 이야기를 담고 있기' 때문이다. 이처럼 재미있고 쉬운 책으로 인간의 가장 소중한 자산 중 하나인 언어에 대해 공부할 수 있다는 것은 그 자체만으로도 크나큰 행운이다. 진작 이런 책이 나왔더라면 하는 아쉬움이 든다. 친절한 언어학자 데이비드 크리스털이 안내하는 즐거운 언어 여행에 많은 독자가 동참하기를 기대한다.

2020년 6월 통영에서

서순승

| 찾아보기 |

|ㅎ|

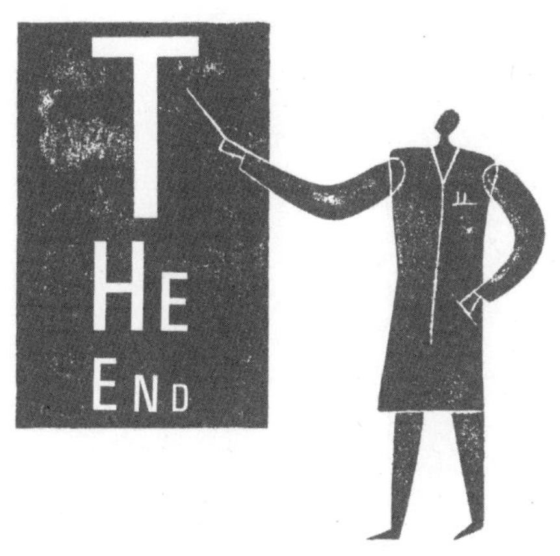
THE END

언어의 역사

초판 1쇄 발행 | 2020년 6월 17일
초판 9쇄 발행 | 2024년 2월 20일

지은이 | 데이비드 크리스털
옮긴이 | 서순승
펴낸이 | 박남숙

펴낸곳 | 소소의책
출판등록 | 2017년 5월 10일 제2017-000117호
주소 | 03961 서울특별시 마포구 방울내로9길 24 301호(망원동)
전화 | 02-324-7488
팩스 | 02-324-7489
이메일 | sosopub@sosokorea.com

ISBN 979-11-88941-46-9 03700
책값은 뒤표지에 있습니다.

이 도서의 국립중앙도서관 출판예정도서목록(CIP)은 서지정보유통지원시스템 홈페이지(http://seoji.nl.go.kr)와
국가자료공동목록시스템(http://www.nl.go.kr/kolisnet)에서 이용하실 수 있습니다. (CIP제어번호 : CIP2020021977)